U0926971

《广西审判实务与探索》编辑委员会

目　录

Contents

本辑专稿 / BENJI ZHUANGAO

司法论坛 / SIFA LUNTAN

调查研究 / DIAOCHA YANJIU

实务探讨 / SHIWU TANTAO

案例分析 / ANLI FENXI

本辑专稿

创新涉外刑事司法机制　加强人权司法保障

卢上需*

广西地处祖国南疆，与越南有1000多公里陆地边境线，邻近缅甸、菲律宾等东南亚国家，是我国面向东盟国家开放合作的重要门户。近些年，广西法院审理的涉外刑事案件表现出数量上升，类型多样，毒品、拐卖人口等特大、重大跨国犯罪时有发生的状况，形成了审理该类案件的一些做法和思路。

一、广西法院审理涉外刑事案件的主要经验做法

2016年以来，广西法院审结了黄清恒等22人特大跨国拐卖儿童案等一系列特大、重大跨国犯罪案件，其中黄清恒等人拐卖儿童案入选了2015年中国十大刑事案件。从案件类型来看，主要有偷越国境罪，组织他人偷越国境罪，运送他人偷越国境罪，走私、贩卖、运输、制造毒品罪，盗窃罪，走私犯罪。从案件类型的地域分布来看，崇左市、百色市、防城港市以跨国毒品犯罪、偷越国境犯罪、走私犯罪为主，南宁市以港、澳、台居民从事违法传销犯罪为主。全区法院在审判中总结形成了成效明显的经验做法，主要是：

（一）坚持党对人民法院工作的绝对领导，坚决维护国家主权

涉外刑事审判关乎国家主权、外交大局，更加需要强调党的领导。

* 广西壮族自治区高级人民法院副院长。

广西法院始终坚持以高标准选派政治立场坚定、业务素质过硬的同志，专门负责涉外刑事案件审判工作，并通过各种形式培训，不断增强办案法官的“四个意识”，坚定“四个自信”，做到“两个维护”，既严格公正执法，又讲究方法策略，把办好每一件涉外刑事案件当成法院的政治任务和重点工作来抓，确保党中央决策部署在人民法院得到不折不扣的贯彻执行。

（二）加强国内执法部门间配合及国际司法合作，严厉打击拐卖妇女儿童等重大跨国刑事犯罪

广西既沿边又沿海，跨国毒品、拐卖人口犯罪数量多、涉案人数多。特别是近年来，中越边境地区拐卖人口犯罪出现了新变化，表现为：一是犯罪主体的跨国性和有组织性。在这类犯罪中，有组织犯罪占 70% 左右，多数犯罪团伙或集团由境内外人员组成，犯罪组织内部分工明确，内外呼应。二是犯罪手段的多样性。在传统拐卖方式之外，社交网络平台、移动支付等互联网新技术被犯罪分子普遍用于引诱被拐卖者、联络买家、转移非法资金。三是犯罪对象的特定性。在中越边境地区有超过 82% 的被拐卖者是女性，有的妇女甚至被跨多国贩运。

针对这些变化，我区法院主要强化了以下工作：一是坚持依法审理跨国拐卖人口案件。在程序上，依法为外国籍被告人和受害人提供翻译，通知法律援助机构指派律师为外国籍被告人辩护，将外国籍当事人相关情况通知其国籍国驻华使、领馆。在量刑上，依法从重判处拐卖妇女儿童、组织或强迫卖淫的犯罪分子，重刑率分别达到 42.85% 和 58.82%。二是积极建立完善司法与行政部门之间合作机制，保护受害人权利。为确保外国籍被拐卖者得到体面的对待，并以儿童的最大利益为首要考虑，广西法院协同案件受理地民政部门，为儿童提供应有的医疗、护理和教育。对于被拐卖的妇女，协同当地妇联、公安等部门，为之提供医疗、住宿等服务，并帮助其回国。三是积极推动建立跨国司法合作机制，打击跨国拐卖人口犯罪。2016 年，中越两国在南宁召开了第一次执法合作会议，建立了中国广西与越南北方四省执法合作机制。2014 年、2017 年，最高人民法院在广西南宁先后主办了两届“中国—东盟大法官论坛”，发布了《南宁宣言》，建立了中国—东盟国家法官交流培训基地和中国—东盟国家法律与司法信息中心。借助这些平台，中国与东盟国家的法官对跨国拐卖人口等犯罪进行了多次经验交流和理论研讨，促进相关国家司法机关形成执法司法共识。

（三）完善制度机制建设，充分保护涉外刑事案件当事人诉讼权利

为规范涉外刑事案件审理，广西高院制定了《关于涉外刑事案件内部通报的规定》《涉外刑事案件翻译工作规则》《广西法院大案要案管理制度》等规范性文件，并

与广西区政府外事办公室、广西区内有关高校、翻译公司成立了广西外事翻译联席会，构建起“流程管理，上下联动，内外配合，重点指导”的审判服务保障机制，在开庭、宣判等诉讼阶段中，为不通晓中文或本地语言的被告人提供翻译服务。广西高院依法提供驻华使领馆探视会见，通过同级政府外事主管机关，及时安排外国驻华使、领馆或被告人亲属探视、会见。被告人为外国人或我国港澳台居民而没有委托辩护人的，一律为之提供法律援助服务。

（四）实行案件集中管辖制度，建立专业审判队伍

2013 年，广西高院与自治区人民检察院、公安厅建立了《关于对我区外国人犯罪案件管辖实行相对集中管辖制度》，在 15 个中院所辖基层法院中，分别指定了审判力量较强、案件相对集中的 16 个基层法院管辖一审涉外刑事案件。通过实施集中管辖制度，强化了上级法院对下级法院的指导，打造了一支政治立场坚定、业务素质过硬的涉外刑事审判队伍，提升了案件审判质效。

（五）充分发挥司法作用，维护边境经济发展和社会稳定

中越边境地区居民历史上有着通婚、互市、帮工互助的传统，防城港等地偷越国境犯罪上升的主要原因是越南籍劳动力价格低廉，国内劳动力市场需求量大。广西法院根据经济发展要求，积极推动中越跨境劳务合作的司法建议。2017 年 8 月，防城港、崇左等地先后设立了中越跨境劳务管理服务中心，规范化引进和管理在广西边境地区务工的越南籍公民。近年来，防城港、崇左、百色等地偷越国境犯罪已呈逐年下降趋势。

二、主动适应涉外刑事司法要求，坚定维护我国司法公信

虽然我区法院在涉外刑事审判工作中维护了国家主权和国家发展利益，实现了公正司法，彰显了中国社会主义司法制度的司法自信和担当，取得了良好法律社会效果，但仍然面临许多挑战和困难。全区法院在审判队伍建设、国际司法经验交流、审判服务保障等方面仍有不少短板和不足，需要进一步立足于广西实际，以问题为导向，不断总结改进。在今后工作中我区法院将着力做好以下工作：

（一）积极开展司法执法部门协调及国际司法合作

为维护边境地区秩序，打击跨国犯罪，加强人权司法保障，将进一步探索司法执法部门合作，完善保护外国籍被害人权利的常态化机制，帮助其回国。探索外国籍被告人身份查明的新方法，研究对犯罪情节轻微的外国籍被告人适用非监禁刑的新机制。探索完善外国籍证人出庭作证的工作规程。在最高人民法院指导下，加强与东

执行目标不能实现情形，如法院依职权无法查明、当事人又不能提供被申请人财产线索或人身下落导致终结程序风险，被申请执行人无财产或无足够财产供执行风险，不及时申请处分查控财产因财产灭失无法受偿风险等。一些法院还要求当事人在执行风险告知书上签字。执行风险书具有统一、客观、直观特点，能够直接、方便将执行风险知识传达当事人，帮助其建立正确认识，实践收效良好。此外，事先统一说明方式满足权威性和公平性要求，有助打消当事人疑虑。发放执行风险告知书已经成为执行立案普遍机制，但执行风险书告知属于单方行为，不能反映当事人意见；同时，告知意见千篇一律，不能针对具体案件区别对待。在现有信息技术条件下，可以仿照已经应用的诉讼风险评估系统，开发执行风险评估系统，作为执行立案的当事人服务项目，弥补上述不足。

二、执行风险评估系统的功能和原理

崇左市中级人民法院于 2016 年被确立为广西壮族自治区法院系统信息化建设试点单位，在上级法院和同级党委政府指导、支持下，智慧法院建设取得突出成绩。借助智慧法院建设之机，崇左中院根据执行工作需要，与软件公司合作，在国内率先开发执行风险评估系统，目前已进入试运行阶段。该系统曾在最高人民法院内部展示获得好评。

执行风险评估系统包括民事执行风险、仲裁裁决执行风险、先予执行风险、公证债权文书执行风险、诉前保全风险、诉讼保全风险等多个功能模块。系统评估采用问题收集—答案分析方式，当事人选择评估项目，根据案件实际情况完成项目问题并提交系统。比如，评估民事案件执行风险，需回答执行法院类别、执行给付内容是否确定、了解被申请人个人信息程度、与被执行人的关系、对案件的执行期望等一系列问题。除部分为了解申请人情况设置的问题，所有问题及选项都对应一定分值，问题和选项内容对执行结果负面影响越大，分值设定就越高。提交答卷后，系统根据问题和选项权重分套用公式，综合计算得出执行风险值。风险值在 0～100 分，数字越高，执行风险越大。同时，系统自动生成以风险值为核心的执行风险评估报告，不但向申请人释明执行风险，并就案件执行提供建议。

执行风险值计算是执行风险评估系统运作的关键，计算结果与问题和选项权重分值有关。如果申请人在高权重问题下选择高权重选项，最终风险值会较高，反之则否。每个问题和选项的权重分由中院参与开发法官根据经验及大数据分析结果设计。比如，经验表明，执行申请人对被申请人信息了解程度对执行结果有重大影响，因此对申请人是否了解被申请人信息问题的权重分设置较高；同样，申请人不了解被申请人下落的案件执行成功率低，该问题下“找不到被执行人”选项的权重分就相对较高。执行风险评估系统得出的风险值仅是参考，并非绝对答案。研发人员可以根据新的经验认识，修改问题或调整问题、选项分值及计算方法，使风险计算尽可能贴近实际。

三、执行风险评估系统的作用和意义

执行风险评估系统将弥补执行风险告知书不足，强化执行风险告知效果：

第一，执行风险评估系统结论更具说服力。系统一旦运行，在具体案件结论上即脱离法院和司法人员控制，任何当事人都可以不经过后者方便获取本人案件执行风险报告，确保结论客观性。因结论立足于具体案件情况，相较执行风险告知书的风险罗列，内容更有针对性；以百分比数字体现的风险值，也给当事人留下深刻印象。上述因素都增加了结论说服力。此外，相比发放执行风险告知书的单方告知行为，执行风险评估系统能与当事人互动，并根据后者认识作出反馈。因风险评估报告反映当事人意见，更易被接受。

第二，执行风险评估系统为当事人提供监督法院执行工作的标尺，打消其疑虑。评估结论以百分值呈现，表明权益不能实现的风险指数。从反面看，以百分之百为基数，减去该风险指数，就是法院实现当事人权益的可能性。举例来说，如果针对某案，执行风险评估系统得出 80% 风险结论，那么法院实现当事人权益的可能性就是 20%；如果评估系统得出 20% 风险结论，那么法院实现当事人权益的可能性就是 80%。风险值类似法院对执行工作的“自我承诺”：如果某案执行风险低，执行可能大，法院未达执行目标就必须说明合理理由；相对地，某案执行风险高，即使最终确未实现执行目标，除非有线索表明法院失职，当事人对结果也应予以谅解接受。执行风险值就此成为当事人监督法院执行工作的标尺，数值越具体，标尺就越明确。对照标尺衡量执行结果，有利打消当事人对法院是否尽职的疑虑。

第三，执行风险评估系统实用性强、操作简单，方便推广。无论针对何种执行项目评估，当事人最多回答十多个问题。问题表述照顾群众法律水平，简明易懂，了解案情即可作答，确保 5 分钟内完成。该系统既可以设置于终端机，配备在诉讼服务中心供当事人现场使用，也可以在网络开放链接，供访问者使用。无论在案前、案中、案后，当事人可以随时使用系统，了解案件执行风险，在结果预判基础上调整诉求或采取措施，更好维护自身权益。

经过三年努力，“基本解决执行难”已经达到预期目标。法院执行程序、执行体制在科学化、规范化方面取得长足进步，执行效能大幅提高。但当事人的主观认识仍有滞后性，如果不能帮助其建立理性认识，即便我们的执行工作客观达到“基本解决执行难”目标，也无法改变当事人的不信任、不满意情绪，影响执行工作协调开展和纠纷最终解决。执行风险评估系统将是改变这一现状的有力工具。系统不但通过快捷、直观、科学方式告知当事人案件执行风险，也会潜移默化改变当事人认识。首先，所有评估问题都与法院、被申请人、申请人情况有关，这就告诉当事人执行风险是由多种因素决定并非法院单方掌控。其次，执行评估可以反复进行，而当事人掌握的被申请人信息越具体、有效，作为结论的执行风险值就越低，说明当事人行动对执行结果存在影响，其与法院处于共同分担执行风险地位。执行风险评估系统的推广应用，有助于当事人明确自身在执行程序中定位、深入理解执行风险的产生与分担，为巩固“基本解决执行难”成果、推动法院执行工作向“切实解决执行难”迈进作出应有贡献。

中级法院内设机构实践检视和优化路径

曾　艳[*]　叶　萍[**]

引　言

人民法院内设机构改革作为司法责任制改革的重要配套改革措施之一，是党中央着眼战略全局作出的重要部署。在全国法院司法责任制、司法人员分类管理、司法人员职业保障、省以下地方法院人财物统一管理四项综合改革有序平稳推进落实之际，作为配套措施的内设机构改革肩负着完成根据组织目标设定的任务。自2016年内设机构改革开始试点以来，各试点法院积极探索，为改革作了有益铺垫。2018年5月25日中央机构编制委员会办公室和最高人民法院联合下发的《关于积极推进省以下人民法院内设机构改革工作的通知》（法发〔2018〕8号）（以下简称《通知》）更是对基层法院的内设机构改革提出具体明确的要求，为法院内设机构改革的全面推开提供了实施蓝本。但《通知》对高、中级法院的内设机构改革只是作了原则性的规定，无明晰具体的规范指引，实有进一步探讨的必要。本文拟以中级法院内设机构〔1〕改革为研究对象，拟运用实证分析法和对比分析法进行论证，以B市中级人民法院（以下简称B中院）为样本，提出中级法院内设机构设置及人员配置方案，以期对中级法院内设机构改革的落实提供有益参考。

---

* 北海市中级人民法院党组书记、院长。

** 北海市中级人民法院员额法官。

〔1〕 本文未作特殊说明的，均指中级法院内设机构。

一、中级法院内设机构发展沿革与实践

（一）中级法院内设机构发展沿革及现状

1983 年《人民法院组织法》第 24 条第 2 款规定："中级人民法院设刑事审判庭、民事审判庭、经济审判庭，根据需要可以设其他审判庭。"这里的"其他审判庭"应设置什么，在什么条件下设置没有作进一步的明确规范。自 20 世纪 90 年代末起，最高人民法院先后颁布了四个《人民法院五年改革纲要》，中级法院内设机构进行了四次改革，主要成果是："一五"改革纲要（1999—2003 年）建立起立审分立、审执分立、审监分立的内设机构模式；规范司法行政管理人员和执行人员比例；建立司法警察双重领导和编队管理模式，理顺了司法警察的进出渠道；对司法统计与司法鉴定方面进行规范。"二五"改革纲要（2004—2008 年），明确了执行过程中的实体争议事项交由专业化审判组织或审判庭实体审理；改革人民法院审判委员会制度；探索建立新型管理模式以实现司法政务管理的集中化和专门化。"三五"改革纲要（2009—2013 年），完善了人民法院司法职权运行机制；完善了法官及其辅助人员分类管理的制度和司法技术辅助机构的设置；探索设置少年法庭以及诉讼服务中心。"四五"改革纲要（2014—2018 年），确立了立案登记制，建立了法院员额和法官单独职务序列制度、审判辅助人员管理制度。[1]

作为全国四级法院的一个组成单位，B 中院的历史发展也见证了法院内设机构改革的进程。从 1984 年 6 月升格为中级法院时内设办公室、人事科、行政科、教学研究室、刑事审判庭、民事审判庭、经济审判庭七个部门，到现有机构模式规模（见表 1）：23 个内设机构，内设机构实有人数 106 名，派驻纪检组实有人数 3 名，中层部门正副职领导职数 49 名（正科长级 23 名，副科长级 26 名）。

表 1　B 中院当前内设机构、在职在编人数和中层领导职数统计

序号	内设机构	在职在编人数（人）	中层领导职数（人）		
			数量	正科长	副科长
1	立案庭	6	3	1	2
2	刑事审判第一庭（少年审判庭）	6	3	1	2
3	刑事审判第二庭	4	3	1	2

〔1〕 参见 1999—2018 年最高人民法院先后四次颁布的《人民法院五年改革纲要》。

续表

序号	内设机构	在职在编人数（人）	中层领导职数（人）		
			数量	正科长	副科长
4	民事审判第一庭	7	3	1	2
5	民事审判第二庭	8	3	1	2
6	行政审判庭	8	2	1	1
7	赔偿委员会办公室	2	2	1	1
8	审判监督庭	5	2	1	1
9	执行裁判庭	4	2	1	1
10	执行局	1	0	0	0
11	执行一庭	8	3	1	2
12	执行二庭	3	2	1	1
13	综合管理室	5	2	1	1
14	办公室	12	3	1	2
15	政治部	2	2	2	0
16	组织人事科	3	1	1	0
17	宣传教育科	2	1	1	0
18	研究室（挂新闻中心牌子）	4	2	1	1
19	司法警察支队	8	4	2	2
20	执行大队	1	1	0	1
21	司法技术管理室	3	2	1	1
22	监察室	1	1	1	0
23	审判管理办公室	3	2	1	1
合计	23	106	49	23	26

从表1可知，B中院经过历年的调整，当前内设机构呈现审判部门专业细分、审判行政事务配置交叉、垂直管理科层化等特点。其弊端是：(1)机构设置过多，在编制有限的情况下，出现1～2人庭室的现象；(2)增加组织成本，机构及机构内人员的增加导致管理成本增加；(3)机构职能细分、交叉导致管理碎片化，运转效能低下；(4)部门领导职数占总人数过半，形成了“官比兵多”的局面，员额法官改革后，只有3

名非领导职务的员额法官,“官兵”比例倒挂现象更加突出。

内设机构数量的逐年递增是应对社会复杂多变的实践产物,它形式上促进了管理的精细化,客观上解决了部分干警职级待遇问题,但通过增加职能部门数量及细化审判执行流程来应对日益繁复的司法事务,实际上反而阻碍了司法活动的高效运转。

(二)部分中级法院内设机构改革的探索和实践

自2016年始,我国部分省市法院陆续开始了内设机构改革的探索,主要有以下几种模式。

1. 设置综合审判庭和综合办公室

2014年12月30日,正式挂牌成立的跨行政区划的北京市第四中级人民法院(北京铁路运输中级法院)内设立案庭、刑事审判庭、民事审判庭、行政审判庭、审判监督庭5个审判部门,以及执行局、综合行政办公室、司法服务办公室、司法警察支队和纪检监察等机构。该院依托于法官委员会、审判委员会、司法服务办公室及综合行政办公室四大平台,将涉及执法办案、队伍建设等各项法院管理职能全面纳入四大平台,大幅度精简内设机构。[1]

2. 探索实行工作部

基于审判事务、审判辅助事务和司法行政事务之间相互区分的要求,江西省九江市中级人民法院将之前的36个内设机构重构为10个工作部。审判团队是办案团队的基础部分,由3名员额法官、2名法官助理以及1名书记员的模式构建。基于执行部门的需要,建立了4个执行团队,按照“1+2+1”的模式构建,分别负责执行案件办理和具体执行,将裁、执进行分离。[2]

3. 虚化审判庭组建审判团队

深圳市福田区人民法院在全国首开先河实行审判团队制度,弱化庭级架构。即弱化具有行政色彩的庭室,取消庭长的案件审批权和人员管理权,建立通过选任程序公开选任审判长,按照“1+2+3+4”模式,建立以审判长(1人)为核心,包括普通法官2名、法官助理3人、其他辅助人员4人在内的新型审判团队。审判长在团队中拥有案件的分配权、决定权、签发权以及团队成员的工作安排、管理考核权等。把过去以庭室为单位缩短成以团队为审判单元,使审判长直接对院领导负责,缩短了管理链

---

〔1〕 参见北京市第四中级人民法院官网“法院概况”栏目的“机构设置”,载http://bj4zy.chinacourt.org/article/detail/2011/11/id/1683563.shtml,2018年7月20日访问。

〔2〕 参见顾佰成:《九江中院以审判为中心 稳妥推进内设机构改革》,载《人民法院报》2017年9月26日。

条,形成扁平化的管理格局。[1]

上述法院通过不同模式整合管理职能、撤并内设机构,缩减内设机构数量,管理模式趋向扁平化,法院组织架构更加合理,实现了审判权和行政权的相对分离。但笔者认为仍存在一定的不足,主要表现在以下四个方面:第一,内设机构改革依据尚不清晰。尽管各法院改革以提高办案效率为改革目标,但内设机构的设置依据和具体构建方式上,基本处于分别探索、各行其是的状态,缺乏明确的指导原则和构建标准。第二,尚未明显突出审判工作的重心地位。审判权和司法行政权呈现平行运行的状况,尚未突出行政权从属和服务于审判权的属性。第三,机构精简未能紧密结合实际,追求扁平化模式的同时忽略科层管理的必要性。第四,机构名称各不相同,有违严肃性。

在选择中级法院内设机构改革样本过程中,笔者发现近年来中级法院内设机构改革处于前列的是新成立的法院或专门法院,其在遵循司法改革精神的基础上对内设机构进行了新的构建,打破了传统司法权力体系存在的障碍。而目前我国绝大多数中级法院的设置时间长,机构行政化的历史传统根深蒂固,特别是对法院内设机构进行变革就会出现机构和领导职数减少、人员重新配置以及分流等问题进而触及深层次利益关系,故各中级法院内设机构改革的内动力还不足,观望、畏难情绪仍普遍存在。

二、中级法院内设机构改革的理论框架

与以往历次机构改革不同的是,这次内设机构改革更加注重系统性、整体性、协同性。《通知》特别强调:要坚持优化协同高效原则,在理顺职能、优化分工的基础上,精干设置内设机构,严格控制内设机构规模,杜绝1人或者2人庭(科、室)现象。实行扁平化管理,减少管理层级,优化工作流程,提高运行质效。[2] 由此可见,中央强调统筹推进改革,既要解决当前最突出的矛盾和短板,又要关注基础性和长远性的体制和框架建设;既要深化基层法院机构改革,也要同步推进高、中级法院机构改革。改革力度之大,影响面之广,触及的利益关系之复杂,是一场系统性、整体性和重构性的变革。[3]

优化协同高效作为基本原则,是改革机构设置、优化职能配置、提高效率效能的着力点。优化,主要指机构和职能的设置、配置要科学合理、权责一致。坚持一类事

---

〔1〕 参见戎明昌:《深圳福田法院通过审判长负责制改革建立新型司法权运行机制　办案法官对案件真正“说了算”》,载《南方日报》2013年2月25日。

〔2〕 参见中央机构编制委员会办公室和最高人民法院联合下发的《通知》第1条内容。

〔3〕 参见王晓晖:《坚持优化协同高效推进党和国家机构改革》,载央广网:https://baijiahao.baidu.com/s?id=1595327427070465998&wfr=spider&for=pc,2018年7月10日访问。

项原则上由一个部门统筹、一件事情原则上由一个部门负责，避免事出多门、责任不明、推诿扯皮。协同，主要指相关机构之间的配合联动。机构设置和职能配置是否完善，关键要看能否有效运转起来；应当避免因为职能交叉重叠、机构间关系不清导致工作上脱节、扯皮，避免各出各招、各走各道，无法形成合力。高效，主要指体制机制运行的效率效能。提高效率，不仅要优化机构和职能，机构联动配合，也要简化中间层级，减少管理幅度，流程公开严谨，使机构运行顺畅、执行高效。[1]

基于基本原理的指引，笔者认为，在考虑内设机构设置时应坚持"四个并行"的基本框架。

（一）充分实现审判职能与有效服务当地经济社会发展并行

法院内设机构改革的目的在于实现以服务审判工作为重心，以保障审判权的公正、高效运行。但是，我国幅员辽阔，各地社会经济发展不平衡，各地法院人员编制也不同，我们应多维度观察、思考、论证，合理区分法院之间的差异，确保机构配置应有所侧重，[2]要区分不同法院的案件数、案件类型、编制总额、人员构成及外部区域特色等重要考量因素，以突出内设机构改革的层次感。同时，不同类型工作所需成本投入各异，要因事而异、按需分配。因此，在考虑审判部门的机构设置时，应按照审判工作规律和司法工作特点，以三大诉讼法为依据，各中级法院可根据本地经济社会发展的基本状况，以保障实现审判职能作用发挥、有效服务当地经济社会发展为原则来确定审判机构的数量。如案件数量与性质较单一的法院，可设置1个民事审判庭即可，至于较少发生的环境资源案件、知识产权案件、涉外案件等，由专业合议庭负责审理即可。在突出审判业务机构审判职能的同时，充分发挥非审判业务机构的服务保障职能。基于审判事务性工作相似性、综合行政保障工作可替代性强的特点，可将非核心的审判事务性工作集约管理、部分综合行政保障工作分离或外包，以减少内设机构规模，精简内设机构数量，确保综合行政部门的机构数量少于审判业务部门。

（二）管理层级扁平化与科层制并行

扁平化是通过减少中间管理层次、扩大信息沟通的范围而增加管理幅度、通过实施权力、目标和任务分解，强化责权对等的放权式管理，调动基层的创造性、积极性，

---

〔1〕 参见王晓晖：《坚持优化协同高效推进党和国家机构改革》，载央广网：https://baijiahao.baidu.com/s?id=1595327427070465998&wfr=spider&for=pc，2018年7月10日访问。

〔2〕 参见宋良波：《基层法院司法行政部门以服务审判为中心的改革路径——以精准职能定位与程序高效运转为视角》，全国法院第二十八届学术讨论会论文。

达到降低管理成本、提高管理效率的一种管理方式。[1] 科层制是将组织实体分科设层、职位与职权按层级划分、人员职责按层级分配,以规则为管理主体的组织体系和管理方式。管理层级扁平化,减少管理层级,优化工作流程,能提高运行质效。科层的层层把关,则能最大限度确保决策的正确性。虽然扁平化学说是在科层制管理无法适应环境的基础上产生的,但并不意味两者是天生对立的。公正与效率是法院永恒的主题,而公正与效率不可能永远并行不悖,也会发生冲突,需根据实际作出侧重的选择。笔者认同中级法院内设机构设置应扁平化的观点,但同时也认为要充分考虑各审判机构对不同案件把关的权限划分,切实做到审判职能优化、内部管理扁平化,防止审判监督管理虚化。应当具体根据不同内设机构职能所实现的目的不同而选择相应的模式,例如,庭长、副庭长以及审判团队的行政管理权与审判权的行使上,扁平化与科层制应有目的性地灵活使用。对于要求较高的特定行政管理事项(如"三重一大"事项)[2]的决策和对重大疑难复杂案件如"死刑"等案件的决定,应采用科层制的管理模式,层层把关,以降低决策失误的风险。在调整正、副庭长审批权限和管理权限时仍应兼顾考虑干部的综合能力培养。

(三)审判事务集约化与社会化并行

要坚持以审判业务为中心,进一步整合设置非审判业务机构,将审判实务集约化,强化服务和保障功能。在司法资源稀缺与诉讼案件剧增冲突的背景下,在可供投入的司法资源有限的前提下,要持续增加司法产出,必须改变传统的管理模式,转移到依靠要素质量的提高、要素投入的集中和要素组合的优化上来,也就是转移到内涵式增长上来。[3] 通过改变法院审判事务工作"多、小、散"的工作布局,进一步整合设置非审判业务机构,从而实现集约化的资源配置集中开展、统一管理、规范运行。将以往一些各审判庭分散工作、平行运转、现状管理的共性事务,如送达、诉讼保全等,从审判庭分离出来,采取"合并同类项"的方式集中处理,有效减轻审判庭工作负担,推动现有审判资源的结构性调整和转型升级,从而提高工作效率。此外,可将综合性行政保障工作中的信息化服务保障、档案管理、财务工作、车辆保障、环境卫生、财产安全保障等工作部分外包,将有限的人员编制更多地使用到审判执行一线的专业岗

---

〔1〕 参见李道芳:《扁平化管理与管理的变革》,载《合肥学院学报》2005年第11期。

〔2〕 重大决策、重要干部任免、重大项目安排和大额资金使用,简称"三重一大"事项。

〔3〕 参见靳学军:《以集约化工作思路应对"案多人少"挑战》,载朝阳法院网:http://cyqfy.chinacourt.org/public/detail.php?id=3124,2018年7月20日访问。

位的配置上，以确保司法行政人员编制的比例符合中央的政策要求，从而实现以服务审判工作为重心、以保障审判权公正高效运行的目的，进一步释放核心司法生产力，实现审判压力的“减法”和工作质量的“加法”。

（四）审判权放权与监督并行

审判权是一种判断权和裁量权，其有效行使的前提是法官具有高度的独立性、中立性和专业性。法院人员分类管理、建立法官员额制度、完善法官选任制、加强法官任职培训等都是围绕增强法官的独立性、中立性和专业性而开展的，这些改革为审判权公正运行奠定了前提和基础。但是，放权不等于放任，要实现司法公正必须加强对审判权的制约与监督。制约与监督是确保审判权公正运行的基本控权模式。制约是权力主体之间相互约束牵制的关系，在法院内部，体现为行使审判权的各个权力主体之间互相牵制、互相审视。监督是监督者对被监督者行使权力的行为进行单方的监察、督促，是自上而下、从外而内的，可以对被监督者的违规行为进行纠正和处罚。司法工作的性质决定法院不是科层制的官僚机构，院庭长也不是纯粹的行政长官，他们更主要是法官身份。他们既是监督者，又与其他法官相互制约，有时还成为被监督者。在法院内部，制约与监督的界限并不清晰，制约与监督的权力主体也非固定不变的。由于法院内部存在多个权力主体，同时又非等级明确、存在单纯“命令—服从”关系的科层制单位，综合运用制约与监督手段，建立法院内部的“制约—监督”均衡控权模式，是确保审判权公正运行的有效途径。因此，在新的审判权运行机制下，我们必须坚持审判权放权与监督并行，坚持有序放权和有效监督相统一，通过“放权”实现“让审理者裁判，由裁判者负责”的目标，同时又通过加强对审判权的制约与监督确保司法公正。〔1〕

三、模式选择—目标导向下的内设机构设计

基于以上“四个并行”的理论框架，在中级人民法院内设机构的设置上，可在对法

〔1〕2015年9月，最高人民法院《关于完善人民法院司法责任制改革的若干意见》出台，提出把“让审理者裁判、由裁判者负责”作为司法责任制改革的重要目标，明确改革审判权力运行机制、明确司法人员职责和权限、审判责任的认定和追究、加强法官的履职保障等内容；2016年7月，最高人民法院、最高人民检察院《关于建立法官、检察官惩戒制度的意见（试行）》发布，通过了建立法官惩戒委员会制度；2017年8月1日，《最高人民法院司法责任制实施意见（试行）》实施，再次重申“让审理者裁判，由裁判者负责”，并从审判组织和人员、审判流程、审判监督与管理等方面确立了审判机构内部各类人员特别是层级化制度下各级领导的分工和责任。2017年，最高人民法院《关于落实司法责任制 完善审判监督管理机制的意见（试行）》则明确规定：“除审判委员会讨论决定的案件外，院庭长对其未直接参加审理案件的裁判文书不再进行审核签发，也不得以口头指示、旁听合议、文书送阅等方式变相审批案件。”

院职责权限进行归类界定的前提下，进行横纵二维的整合，即横向归类整合职能部门，纵向精简管理层级。

（一）内设机构权力划分

法院内设机构的设置必须以法院权力划分和运行规律为基础，其关键在于调整和完善权力配置关系。一般认为，法院的权力结构主要包括审判权与对内的司法行政权，此即法院权力的“二元”划分。对内的司法行政权既包括对人的管理，如民警的人事管理和宣教教育等；也包括对财、物的管理，如财务、档案管理、安保、后勤保障等；还包括与立、审、执直接相关的工作及审判质量评估、流程管理和态势分析等。有学者提出将与审判工作直接相关的“审判辅助权”剥离出来作为一类独立的权力，即法院权力结构主要包括审判权、司法行政权和审判辅助权，此为法院权力结构“三元”划分学说。[1] 另有把法院权力分为审判权、司法行政权、审判辅助权、执行权的观点，此为法院权力的“四元”划分学说。[2] 该观点认为，执行权存在限制自由的权力属性，不属于司法辅助性工作范畴，且执行裁决的权力亦区别于司法行政权，应是与审判权相互作用的平级权力。笔者认为，现在的执行权实际上是包含了执行裁决权和执行裁决实施权。作为执行权的最主要权力执行裁决权，是实现生效裁决具有具体措施选择适用的判断权，由法官作出裁决，因此，属于审判权的范畴，是司法审判权的延伸。而执行裁决实施权（包括查封、扣押、冻结、拍卖等强制措施）是由执行员具体履行，是一项独立的执行措施实施权，它与法官的裁判权明显相区别。本文认同“三元”划分学说，即把法院权力划分为审判权、司法行政权和司法辅助权。其中，审判权是法院权力的核心，是法院基本职能属性的体现；审判辅助权是臂膀，其为审判权的有效运行提供帮助和支撑；司法行政权是神经系统，其为审判权和审判辅助权的有效运行提供必要的协调、服务和保障。三类权力相互联系、相互作用，构成科学的法院权力运行体系。

基于B中院的权力运行现状和近三年来各类案件数量与类型的实际，按照“三元”学说，其机构设置和职能分配可作如表2整合。

---

〔1〕 参见胡雅妮、程立武、王薇：《以服务审判为重心的法院职能整合与机构设置》，载《尊重司法规律与刑事法律适用研究（上、下）——全国法院第27届学术讨论会获奖论文集》，人民法院出版社2016年版，第111页。

〔2〕 参见叶爱英、张奇：《偏离与回归：审判中心视角下法院内设机构改革路径研究》，载《中国应用法学》2017年第6期。

表2 B中院内设机构重构对比

权力		机构	
权力类型	职责归属机构	机构类型	机构重构
审判权	立案庭、刑事审判第一庭、刑事审判第二庭、民事审判第一庭、民事审判第二庭、行政审判庭、执行局、执行一庭、执行二庭、综合管理室、赔偿委员会办公室、审判监督庭、执行裁判庭(个)	审判业务机构(5个)	立案庭、刑事审判庭、民事审判庭、行政审判庭、执行裁判庭
司法辅助权	审判管理办公室、司法技术室、研究室、司法警察支队、执行大队、监察室	司法辅助机构(4个)	诉讼服务中心、执行局(执行大队)、司法警察支队、审判监督管理办公室
司法行政权	政治部、组织人事科、宣传教育科、办公室	司法行政机构(2个)	政治部、综合保障处

(二)横向维度数量精简

机构重构依照三大诉讼法从横向机构数量上进行精简:

1. 审判执行机构整合依据

(1)将刑一庭和刑二庭以及民一庭和民二庭整合的理由。刑一庭、刑二庭的职权都来源于《刑事诉讼法》,涉及刑事的案件或事件应统一由一个刑事审判庭统筹,故原刑一庭、刑二庭应撤并为刑事审判庭。同理,民一庭、民二庭的职权都来源于《民事诉讼法》,涉及民事的案件或事件应统一由一个民事审判庭统筹,故原民一庭、民二应撤并为民事审判庭。但这样的整合被质疑抑制了专业化审判的发展。笔者认为,审判团队的建立可以使法院在精简机构的同时,继续走专业化审判道路。专业化庭室的专业根本在于“专业的法官”,“专业的法官”不仅需要“法官的专业”,还需要法官的司法经验、专业技能和司法历练相结合。正是因为拥有这样的法官群体,专业化庭室外化表现为专业。把握这个本质,才能对专业化审判道路起到指引的作用。同时,同质庭室合并后,在案件分配制度设计上,坚持简易案件由速裁团队审理,普通案件由庭室内审判团队随机分配,疑难类案指定审判团队审理相结合的方式,是培养“专”“兼”法官的很好途径。组建团队时要注重结合不同审判业务的专业化特点和规律,根据司法技能、专业特长定岗定人。

(2)裁减赔偿办和审监庭的理由。根据《国家赔偿法》第2条的规定,赔偿请求的裁判权属于赔偿委员会。赔偿委员会办公室具有行政管理属性,最高人民法院《关于审理行政赔偿案件若干问题的规定》第28条也明确规定了行政诉讼程序中对于行政赔偿请求可以由行政庭合并审理，基于赔偿案件相对较少的现实，宜直接将赔偿委员会办公室设在行政庭，由行政庭统一启动和管理赔偿案件审理。审监庭是对生效裁判的监督再审，但案件涉及刑事、民事、行政审判各领域，更需要相应领域的专业法官慎重把关。再审案件数量普遍较少，而员额法官数量有限，只要再审案件另行组成合议庭即可。撤销审监庭，无相对固定的审判团队，不会影响再审的质量，反而更能充分发挥全体员额法官的业务能力，促进办案效率提高。

(3)将执行局(执行大队)纳入辅助机构的理由。我国多年理论探索和实践表明，审执分立是保证审判和执行独立和公正的有效措施，而审执分立关键是将裁判权和实施权两项权力分离。既然裁判权是法官的审判权，那么实施权就应按照《人民法院组织法》和《民事诉讼法》的有关规定由专门的执行员负责实施。这种实施权是执行法官作出的生效裁决，采取的措施都是为了生效裁决的实现，具有审判辅助行为的性质，应由执行局(执行大队)负责。现 B 中院执行局分散在执行一庭、二庭中的执行裁判权，可归入执行裁判庭负责，只留下执行裁判实施权由执行局负责；基于综合管理室的职责与其他内设机构的职责重合，应予取消，其各项职能可分别归入审判监督管理办公室和综合保障处一并实施，以节省人力资源。

2. 司法辅助机构整合依据

审判辅助权是诉讼法规定的从事与审判直接相关的外延性事务的权力，包括监督保障、审判事务辅助、警务辅助和执行裁决。笔者认为，经对上述分散在多个机构的辅助性职能进行分析整合，司法辅助机构可以由以下三个部门组成：一是设立审判监督管理办公室。审管办作为审判委员会、院长的参谋助手及人民法院专事审判管理的综合审判业务部门，其职能作用不具有替代性，应予保留并增加权限，可将监察室的监督职能并入，成立审判监督管理办公室，以提高监督管理的有效性。目前，法院内部具有监督职能的部门主要是立案信访部门、审判管理部门和监察部门。立案信访部门通过受理涉诉信访案件，对发现的法官违法违纪线索进行初步的调查、研判。审判管理办公室的监督职能侧重于组织开展案件质量评查工作，对可能存在审判权滥用导致判决不公的案件提请审委会或院长进一步核查。监察室的职责主要侧重于对审判、执行环节的廉政风险点进行防控，负责对法官及辅助人员的违法违纪监督，并从信访举报投诉的案件中识别是否存在渎职、失职嫌疑和关系案、人情案，并开展相应的调查。基于《监察法》对监察工作的性质定位及法院工作的实际，应保留部分监察职责，为整合力量，加强监督管理的有效性，建议设立审判监督管理办公室，将上述三个部门的监督职能合并，统一实施。二是设立诉讼服务中心。将立案庭中有关诉讼服务的职能全部归由诉讼服务中心履行，取消司法技术室。三是继续保留司法警察支队，履行其规定职责。

3. 司法行政机构整合依据

从行政权的特征考察，政治部和办公室的职能可归为司法行政机构。但由于二者工作对象不同，前者主要负责法院队伍建设，后者主要负责法院行政管理，其相应职能有明显区别，故不宜合并。取消研究室，其工作职责可由其他内设机构一并完成。实际工作中，办公室的文秘、机要、对外交流、新闻宣传等职能与研究室的相关职能存在交叉重叠，为整合人力资源，可并入办公室。研究室原有的数据分析等职能并入审判监督管理办公室。考虑机构改革后行政综合保障工作均由一个部门来行使，为突出其特点，改为综合保障处。

表 3　B 中院三元权力划分后机构职能

内设机构（11 个）	机构职能
立案庭	各类案件审查立案，审理诉前保全、先予执行案件，办理不予受理等程序性的上诉案件，办理申诉复查和申请再审审查案件等
刑事审判庭	原刑事审判一、二庭职能，刑事再审案件审理，刑事审判调研
民事审判庭	原民事审判一、二庭职能，民事再审案件审理，民事审判调研
行政庭	原行政庭和赔偿委员会办公室职能，行政再审案件审理，行政审判调研
执行裁判庭	执行程序中的执行裁决，办理涉执行诉讼审判案件，办理与上述执行裁决事项有关的执行请示案件，执行裁判调研
执行局（执行大队）	负责执行生效裁判文书和其他法律文书
审判监督管理办公室	内部执纪监督、督查、督办、涉诉信访、案件管理、审判质效管理、对院党组和院长办公会决策落实情况督查，调研
诉讼服务中心	除立案审查外的其他立案工作、诉讼服务、司法技术管理、院长交办的其他事项
司法警察支队	警务保障、协助执行、协助机关安保、教育训练、政务管理、执行死刑、法律法规规定的其他职责和院长交办的其他工作
政治部	组织人事、教育培训、绩效考评、离退休老干部管理、法院文化建设及法官协会管理、院机关计划生育工作、民警卫生保健、精神文明建设和院党组交办的其他工作
综合保障处	文秘、新闻宣传、机要、保密、行政管理、财务管理、后勤服务保障、院党组和院长交办的其他事项

三大权力机构以外的非常设机构，如法官权益保障委员会、审判委员会、专业委员会、工会、团支部、妇委会、法官遴选惩戒办公室、法官协会等非常设性机构，其职能应根据工作需要由相应内设机构兼任，不再设独立机构。

（三）纵向维度繁简分流

内设机构的基本框架指出，改革要坚持扁平化和科层制并行，扁平化和科层制是依照不同管理层级对应的审批权限繁简进行分流。内设机构纵向管理层级从上、下二级体现：

1. 上层级实行法官委员会制度

一直以来，法官在法院内外的形象都是被动的，与社会发生的联系由法院内的管理部门决定。这一管理弊病在实行司法责任制后尤为突出。法官的终身责任制改革，需要实行法官对自己负责，为自己辩护的制度相匹配，法官之上不应再有“官”。笔者在比较当前法院不同改革模式的基础上，认为建立法官委员会制度较为适宜。主要是法官委员会的建立并不改变现有人员职数，构成的主体为全院法官，在决定法官重大事项时由全体法官组成的法官委员会在党组领导下，按照议事规则决定法官自己的事宜。构建法官委员会的意义在于在法院内部管理中突出法官和审判工作的重心地位，扩大法官参与决策范围，真正实现法官管理法院、管理审判和管理自己。

2. 下层级统一部门正副职管理

除了已经合并的执行一、二庭和综合管理室，B 中级法院目前办公室、政治部和司法警察支队仍设有二级机构，二级机构虽进一步细分行政职能，但也呈现行政机构的臃肿之态。应否设立下设机构其实是管理层级和管理幅度的统一问题。在机构内部，管理层级和管理幅度成反比，即管理层级越多，每一层级管理幅度就越窄。根据企业管理学共识，在最佳管理效率的限制下，一个管理者最佳的管理幅度应为 4 ~ 7 个[1]被管理单元。当管理的幅度已经超过上述幅度时，就产生是继续下设科室，还是增设副职的选择问题。如前所述，精简同质内设机构，减少内设机构数量是优化的方向。增加下设机构，意味着增加新的内设机构，而增加副职，并未改变内设机构设置，只是改变了管理的模式。因此，笔者建议，新成立的政治部、综合保障处和司法警

〔1〕 参见欧航声：《管理层次——管理幅度与管理层次》，载《金锄头文库》，http://m. jinchutou. com/p－8785193. html。文章提到丘纳斯上级所辖人数与所需处理潜在关系公式为：相互人际关系数 $= n[2^{n-1} + (n-1)]$，n 为下属人数。

察支队不再下设二级机构，而以增设副职的方式细化分工职能。这不仅避免内设机构再度臃肿，也可打破科室间的分工壁垒，便于人员调配。如前所述，有样本法院采取虚化庭室，建立审判团队的模式，意味虚化庭长和副庭长层级权力。这种庭室完全扁平化的做法笔者认为不适宜普遍推广。该法院在实行审判团队改革时名声大噪，各地法院开始效仿。但随着时间的推移，该法院的庭长和副庭长权力亦陆续坐实，其改革历程反映了以问题为导向的管理模式变化，其中关键因素是纯粹的审判团队制度无法协调好规模案件的审理与日常管理及人才培养的冲突问题。因此，笔者认为，传统庭室设置庭长和副庭长层级的科层制管理仍适合中级法院，应予以保留，不能一味追求扁平化。

经过横、纵维度的改革设想后，笔者认为，B中院内设机构设计模型按照“优化协调高效”的要求，可作如下考虑，见表4：

表4 B中院内设机构重构后与现状对比

权力（机构）类型	内设机构	与现状对比
审判权	立案庭	（1）去除1～2人庭室，机构设置精简、职能明晰，审判团队的运用使机构精简的同时保持审判专业化；（2）保持庭长、副庭长设置，兼顾二者管理权限的改革和人才培养相结合；（3）厘清执行裁判庭和执行局的执行裁判权和执行实施权的职能归属。
	刑事审判庭	
	民事审判庭	
	行政审判庭	
	执行裁判庭	
司法辅助权	诉讼服务中心	（1）合并职能同类项目，避免“多、小、散”工作格局；（2）统一审判监督入口，防止多头监督现象。
	执行局（执行大队）	
	司法警察支队	
	审判监督管理办公室	
司法行政权	政治部	（1）突出行政权从属和服务审判权的属性；（2）去除二级机构，增设副职管理，实现内设机构实质精简。
	综合保障处	

结　语

中级法院内设机构重构后,在一定程度上完善了人民法院审判权力运行体系的构建,但是仍然存在一些需要解决的具体问题:一是核减内核机构后,如何妥善做好相关领导干部的工作安置问题。二是法官等级与行政职级的有效衔接问题。三是法官和行政人员身份转换的问题。这些问题能否得到有效解决,将会影响到司法改革的成效。各地法院已结合自身实际积极开展探索,本文限于篇幅,未作深入论述。

加强破产审判优化营商环境的思考

——以荔浦法院破产案件审理方式改革试点为视角

林　杰*

近年来，以习近平同志为核心的党中央高度关注营商环境优化，在不同场合多次作出“要加快完善公平竞争的市场建设”，“营造稳定公平透明、可预期的营商环境”，“营造国际一流营商环境”等重要指示。2018年首次国务院常务会议的首个议题即对进一步优化营商环境作出部署，由此可窥见优化营商环境是我国当前乃至今后一段时间内的重要任务之一。而破产制度作为优胜劣汰的市场主体挽救及退出机制，对改善营商环境及规范市场经济秩序具有重要作用。在新形势下，法院要充分发挥破产审判职能，提高司法服务水平，为优化营商环境提供强有力的法治保障。

一、破产审判助推营商环境优化

（一）营商环境的概念

营商环境是指伴随企业活动整个过程（包括从开办、营运到结束的各环节）的各种周围境况和条件的总和。[1] 营商环境不仅直接影响企业及其他投资主体的投资和经营，同时也影响区域经济发展状况、财税收入、社会就业等，更事关一个国家或地区能否有效地开展招商引资、国际交流与合作、参与国际竞争，激发市场活力、推动经济转型升级。对企

* 阳朔县人民法院院长。

〔1〕 参见张志超：《关于新形势下优化营商环境的思考》，载《现代商业》2018年第1期。

业来说,营商环境犹如音律之于曲乐、文法之于语言,重要程度不言而喻。

当前我国社会主义市场经济体制不完善,法治不够健全,社会信用体系尚未建立,在营商环境的优化上还有很大的提升空间。优化营商环境,就是要建设一个民主法治、公平公正、诚实守信、安定有序的社会环境和发展空间,让投资者感到创业安全,去职能部门办事效率高,合法权益有保障;就是要实现企业、股东、债权人、劳动者以及其他利益相关者之间的清晰法律角色定位,实现各方市场主体各行其道、各得其所、各尽其责。[1]

(二)破产审判对营商环境的优化作用

对营商环境评级具有风向标意义的世界银行《营商环境报告》即从"开办企业、办理施工许可证、电力供应、登记财产、获得信贷、保护中小投资者、纳税、跨境贸易、执行合同和办理破产"十个领域对全球经济体进行全面评估并逐一排名,从办理破产作为营商环境的重要评估指标之一可见其对优化营商环境的重要作用。

1. 优化资源配置以实现资产价值最大化

涉破企业往往存在产能过剩,长期占用、消耗劳动力、资产、土地、资本等各种宝贵社会资源的问题,但常以维持社会稳定、避免职工失业、防止地方经济 GDP 与税收下降、避免银行坏账暴露等为借口,迫使政府补贴救助,或通过政府施压银行继续贷款,以其巨大的沉没成本绑架地方政府和银行。

而追求破产财产价值最大化是破产审判、债权人、债务人以及管理人的共同目标。破产程序中贯彻资产价值最大化的原则主要体现在:一是对破产财产采用拍卖这一公开竞价的方式;二是在不能实现对破产财产货币分配时,采用实物分配、权利分配等方式,充分实现资源的合理配置,保障破产财产的现存价值;三是破产清算、重整、和解程序的灵活转换及适用,均以使企业资产价值最大化为出发点。

党的十八届五中全会、中央经济工作会议、中央财经领导小组工作会议提出要化解产能过剩,完善企业退出机制,推动供给侧改革,积极稳妥处理破产企业,依法为实施市场化破产程序创造条件。因此通过破产程序能将企业的债务与占有的生产性资源予以剥离,使有限的资源得以最大限度的利用,进一步激发市场活力,优化营商环境。

2. 维护社会及市场经济秩序稳定、促进社会公正

营商环境的优化离不开安定有序的社会环境和公平正义的法治环境。当企业面

---

[1] 参见刘俊海:《为什么要建设法治化营商环境》,载《学习时报》2015 年 11 月 19 日,第 4 版。

临破产风险时，因涉及债权人、债务人、出资人、企业职工等众多当事人的利益无法满足，各方矛盾尖锐、突出，极易引起闹访、缠访、哄抢企业财产等群体性、突发性事件，直接影响社会及市场经济秩序稳定。

而破产程序的核心即集中公平清偿债务，破产审判的诸多制度及程序均是为保证集中公平清偿债务而设计，如债权申报、债权异议、表决破产事项等，通过公正及公开透明的破产程序，赋予利害关系人知情权及表达意见的机会及表决的权利，使其更容易接受损失的结果，保障纠纷处置的公正。

因此引导资不抵债、不能清偿到期债务的企业及时进入破产程序处理，用明确的破产法律规则来确认和维护市场主体的合法权益，保护权益人不受非法侵犯，为市场主体提供有效的权利救济途径，维护和促进营商环境的良性发展。

二、限制营商环境优化之破产审判现状

破产审判启动难、破产审判的不完善等导致大量符合破产条件的企业未能通过破产程序有序快速地退出市场，扰乱了正常的市场经济秩序，对社会信用体系的建立、民事融资环境乃至整体社会形象都造成了严重损害，不利于僵尸企业的处置，限制了营商环境的优化。

（一）“办理破产”指标下降

根据世界银行2019年《营商环境报告》显示，中国在“办理破产”的指标评价中，从2018年的第56位下降到第61位。实质上，世界银行2017年、2018年、2019年度报告中，中国“办理破产”总得分都是55.82分。因此有人认为尽管2019年度报告中我国“办理破产”排名下降，但这种下降不是因为我国“办理破产”下降造成的，而是其他国家“办理破产”能力提升所形成。[1] 与我国破产界近几年在推进破产改革方面的波澜壮阔相比，不升反降的国际排名也客观反映了我国在破产法律制度建设方面的停滞不前，更说明我国破产法律制度亟待改进，方能符合当下优化营商环境的紧迫需求。

（二）破产程序启动难

有些法院在《企业破产法》实施十多年来，从未受理过一起破产案件。这并非当地不存在符合破产条件的企业，究其原因：一方面是破产法理念普及不够，政府、市场

〔1〕 参见陈夏红：《如何看待我国“办理破产”排名的下降?》，载 https://baijiahao.baidu.com/s?id=1617199658929284352&wfr=spider&for=pc，2018年11月15日访问。

当事人对破产心存抵触，未能充分认识到破产豁免债权、公平保护债权人、挽救危困企业的巨大价值，导致债权人、债务人不愿启动破产程序。另一方面是审理破产案件涉及的当事人众多，维稳压力大，业务素养要求高，导致法院、法官存在畏难情绪，不愿审理破产案件。

（三）职工债权保障机制不完善

破产审判实践中，涉破企业常常存在三种现状：一是进入破产程序前，涉破企业已通过资产转移、挪用等方式，将仅剩一具空壳的企业纳入破产程序中清产核资，并以破产财产不足以支付破产费用而终结破产程序，包括职工债权在内的所有债权人不会得到任何受偿。二是涉破企业进入破产程序之前，已将其名下资产如建筑物、土地使用权、机械设备甚至股权均进行了抵押、质押担保，在上述财产处置未溢价的情况下，破产程序仅能实现对抵押、质押优先债权人的权益，连破产费用、管理人报酬都难以保障，兑现职工债权更是无从谈起。三是涉破企业拖欠职工工资及社保费用情况普遍存在。企业市场化运营的成本高，相关部门疏于监管，导致职工债权中工资及社会保险费用的欠缴情况较为严重。由于我国社会保障制度、社会救济制度尚未完善，职工债权保障金制度也未建立，目前在破产程序中对职工债权的保障方面存在盲区。在职工债权无法保障的情况下，破产程序的推进将引发一系列的社会问题。

（四）府院联动机制存在缺陷

破产审判不是法院一家单打独斗能完成的工作，需要政府、法院、管理人联动，分工协作，各司其职。尽管在一些破产案件的审理过程中，当地政府和法院成立了联合工作组，但属于临时性机构，协调事项不够连贯到位，缺乏长期性，影响破产整体进程和社会效果。目前府院联动的效果仍主要体现在资产处置和维稳防控方面，在打击逃废债方面的效果并不明显。府院联动机制还未充分发挥府院的职能优势，形成多部门参与，联动惩戒金融领域犯罪的机制。例如，破产债权核查中未能运用公安刑侦手段核查违法债权，追查资金流向，依法严厉打击非法吸收公众存款、集资诈骗、贷款诈骗、套路贷等行为。

（五）执转破程序运行不畅

一是当事人启动破产程序的动力不足。执转破的先决条件是执行案件当事人书面同意将案件移送破产审查。因债权兑现率低，破产审理时间长、成本大，即便存在最高人民法院《关于适用〈中华人民共和国民事诉讼法〉的解释》第516条的倒逼申请破产机制，总体来说当事人对申请执转破的积极性不高。二是执行程序与破产程序衔接不畅。最高人民法院《关于执行案件移送破产审查若干问题的指导意见》程序烦琐，涉及不同法院、不同部门的协调、衔接，常常出现法院之间或执行部门与破产审判部门之间的相互推诿，极大影响了执转破程序的适用。

（六）破产资产处置难度较大

破产资产的处置存在变现难、周期长等问题，主要是以下几个原因造成：一是破产资产结构复杂，权属不清，资产处置时涉及建筑性质、土地权属变更，需要大量的协调工作，同时存在政策障碍。二是破产资产体量大，市场需求低，造成多次流拍后闲置。三是税费负担重，交易成本高，购买意向人往往持币观望，待多次降价后再酌情参与竞买。四是破产资产变价规则不健全，参照最高人民法院《关于人民法院网络司法拍卖若干问题的规定》对破产资产进行司法网拍，但起拍价的确定、降价次数、幅度等灵活性不能完全适用于破产资产的处置要求，在资产流拍及债权人会议无法再次作出财产变价方案的情况下，采取变通处置后，因缺乏相应的规范性文件导致对资产处置的合法性提出质疑。

三、破产审判助力优化营商环境之荔浦实践

为更好地发挥破产审判在优化营商环境、推动供给侧结构性改革方面的作用，荔浦市人民法院以全国法院破产案件审理方式改革试点法院为契机，在上级法院的精心指导和当地党委、政府的高度重视和大力支持下，全面推进破产审判工作，为优化营商环境及保障经济发展发挥司法职能作用。

（一）大力转变观念，破解程序启动难题

在试点工作开展初期的近半年时间中，由于受传统观念影响，荔浦法院始终处于一种无案可审、无案可破的尴尬境地。为此，荔浦法院从大力转变社会观念入手，及时消除制约破产程序启动的观念障碍。一方面，通过积极向市委市政府汇报破产工作情况，宣传、介绍破产程序的重要作用，促进政府转变观念。另一方面，荔浦法院通过送法进企业，送法下乡、组织企业家开座谈会、深入企业调研等形式，大力宣传破产法及破产理念，促进企业、社会群体法治意识的提升。

此外，针对破产案件涉及面广、法律关系复杂、审理难度大等特点，引导法官积极应对挑战，创新求变，勇于投身到破产案件审理中，培养了一批年轻化、专业化的破产法官。

（二）积极争取多方支持，努力形成改革合力

荔浦法院的破产试点工作形成了“党委领导、政府主导、上级法院支持指导、法院各部门协调配合”的联动工作模式。如荔浦市委、市政府联合出台文件，成立了以市

委常委、政法委书记为组长,公、检、法三长为副组长,集财政、工商、工信等8个部门一把手为成员的荔浦县破产案件审理方式改革试点工作领导小组,为改革试点工作提供了强大的组织保障。又如,针对管理人破产费用等资金保障问题,市政府拨付了专项基金,用于破产案件必要费用的垫付、周转及支出,建立了破产基金保障制度,为改革试点工作提供了强大的经济保障,有效解决了"僵尸企业"中无产可破案件的处理。

(三)牢牢把握方向,探索企业破产案件快速审理

荔浦法院牢牢把握"企业破产案件快速审问题"的试点方向,大力摸索创新,努力促进破产案件的快速审理。

一是创造性运用债转股,提高重整成功率。荔浦法院在审理广西集宝家居用品有限公司申请破产重整案中,在当地党委、政府的大力支持和积极参与下,经荔浦法院法官努力协调,最终促成涉及该案的大部分民间借贷纠纷债权转为股权,从而使该案重整成功,审理用时仅100余日,极大提升了工作效率,既救活了企业,又维护了各方权益,实现了利益最大化。通过破产重整,使该案涉及1.03亿元标的、近300人债权人全部退出诉讼,产生了良好的法律效果和社会效果,得到当地党委、政府及最高人民法院相关领导的肯定。二是更快地确定管理人,创新选定方式。在破产案件审理过程中,为了更好地规范管理人的工作,荔浦法院出台了《荔浦县人民法院关于选定破产案件管理人的实施办法(试行)》,在管理人选定上探索出了以竞争为主,以轮候、债权人、债务人指定为辅的选定办法。通过实行管理人入围评分制,引入管理人组成新模式,备用债权人或债务人指定方式等举措,大大节约管理人选定时间,有效缩短了案件审理周期。三是更短的审理期限,压缩审理时间。在法定范围内,通过大幅压缩各种公告时间、会议时间,简化会议方式,从而不断缩短审理期限,切实达到快速审的目的。四是更优的审理程序,节约诉讼成本。通过深入做好受理前的准备工作,坚持先易后难,先简后繁,不断优化审理程序,广泛使用合并公告、灵活运用清算、重整,简化程序间的相互转换,促进破产程序优化。

(四)全面释放破产功能,执行转破产助力化解执行难

在试点过程中,荔浦法院的执行工作为破产改革提供了良好的土壤,而破产改革亦反哺执行工作发展。其中,执行部门通过对涉企系列案件进行全面筛查,将符合条件的企业进行执转破处理,为破产审理部门不断提供案源,而破产案件审理则不断地消化执行积案,惠及执行工作,从而使二者形成了良性循环。自开展破产试点工作以来,荔浦法院共受理15件破产案件,8件为执转破案件,现已累计共有256件涉企执行案件通过转入破产程序处理而退出执行程序,总标的近4亿元,使破产程序的功能

得到充分彰显和有力发挥。

（五）未雨绸缪，设立清算与破产审判庭

2017年3月，经自治区高级人民法院和县机构编制委员会批复同意，决定在荔浦法院设立清算与破产审判庭，审理清算与破产案件、执行异议案件及相关衍生诉讼案件。首先，设立清算与破产审判庭是完善破产案件审理机制、落实中央推进供给侧改革、依法处置“僵尸企业”工作部署的重要举措。其次，设立专门的审判庭是健全市场主体退出机制，为市场经济运行创造良好环境的必然要求。

此外，立足审判工作实际，荔浦法院在对破产审判团队的组建、人员配置、案件基数等进行了细致调研和科学论证的基础上，按照“1+1+1”（1个法官+1个法官助理+1个书记员）的模式组建标准化、专业化的破产案件审判团队，以员额法官为核心，法官助理、书记员分工协作、紧密配合，实现审判权运行的扁平化管理，保证法官独立行使审判权。

四、改革建议：通过强化破产审判优化营商环境

破产审判具有依法促进市场主体再生或有序退出，优化社会资源配置、完善优胜劣汰机制的独特功能，是保障供给侧结构性改革、推动化解过剩产能的重要司法途径。[1] 优化破产审判就是优化营商环境。

（一）释明引导，畅通破产案件受理渠道

一方面，应通过对社会加强破产法宣传，转变政府、企业、社会公众对于破产存在的偏见，介绍实行企业破产审理方式改革的意义和价值，转变传统观念，不要把破产作为失败的代名词，要看到破产的保护本质和巨大的市场价值，充分发挥破产审判在纠纷化解、产能配置、资产处置、债权清理、职工分流等方面的优势，强调破产案件审理对社会主义市场经济调节作用，普及破产法的市场出清和挽救企业的价值与理念。另一方面，要规范破产的审查、立案程序，对于符合《企业破产法》第2条规定的申请及时受理，不能以防范逃废债、无财产、无生效法律文书等非法定理由不予受理。上级法院亦要加强对破产案件的立案监督。

（二）保障职工最低工资标准的优先受偿权

《全国法院破产审判工作会议纪要》第27条企业破产与职工权益保护中规定，破产程序中要依法妥善处理劳动关系，推动完善职工欠薪保障机制，依法保护职工生存

[1] 参见聂晶、方资：《供给侧改革背景下破产审判存在的问题及对策研究》，载《河北法学》2018年第2期。

权。在我国目前社保保障体系尚不完善的情况下，确保担保债权优先地位的同时，将职工债权中符合当地最低工资标准部分优先于担保债权受偿，既保障了交易安全，又体现了对弱势群体的偏向性保护，符合公平正义理论。

（三）建立常态化的府院联动机制

破产案件涉及的矛盾复杂，许多问题仅凭法院一己之力难以解决，需要建立由政府主导风险管控与事务协调、法院主导司法程序的一体化处理模式的常态化“府院联动”机制。

一是建立联动惩戒金融领域犯罪的机制。政法委牵头，成立由公、检、法共同参与的打击破产逃废债协调机制，依法追究破产企业及其投资人等相关责任主体民事、刑事责任。二是建立破产风险预警机制。对于涉及案件标的额大，债权人及企业职工人数众多，破产可能引发群体事件、突发事件的企业，及时向当地党委汇报，在政府协调下，加强与相关部门的沟通、配合，及时采取有力措施，积极疏导并化解各种矛盾纠纷，将不稳定因素消除在萌芽状态。三是完善市场主体退出机制，在政府的主导下，加强与工商、税务部门的沟通，明确破产程序中税收债权的清偿顺位，不得以企业破产未足额清偿税收债权为由拒绝办理税务注销手续。四是设立破产审判工作专项基金，用于对“无产可破”企业的破产费用和管理人报酬的发放。

（四）加大执转破程序的推进力度

执行案件中，执行不能的涉企案件，基本均符合执转破的条件。执行部门、执行法官要站在公平保护债权人利益的高度，重新认识执转破工作的重要意义，对符合破产条件的执行案件，要引导当事人适用执转破程序。另外，法院执行部门应设立专门的执转破团队，进一步完善执转破的衔接及考评机制，简化移送程序，提高移送效率，将执行阶段进行的财产调查、强制措施等及时移送破产审判部门。通过推进执转破工作的开展，大力破解执行难题。

（五）构建兼顾效率与公平的资产处置机制

为进一步推进破产企业资产变现工作，应坚持以有效提升变现效益为导向，以保护当事人合法利益为目标，以市场化运作方式为路径，坚持统筹兼顾，改革创新，促进破产资产快速有效变现，实现生产资料经济效益和社会效益的最大化。一是建立变价引导机制。针对破产财产权属复杂、市场需求低的情况，法院要坚持对破产程序的主导，要求评估公司根据市场状况对资产进行客观评价，避免对有价无市的资产过高评估。对烂尾工程或存在违法建设等产权有瑕疵的破产企业资产，在处置前要事先与规划、住建等部门沟通，能够办理产权证照的可以按合法建筑的现有价值，以现状拍卖的形式进行处置。二是建立债权人自治机制。对破产资产经过拍卖程序之后流拍的,为充分保障和及时实现债权人的合法权益,法院可以根据资产情况,特别是无抵押财产在整个资产中占比较大的可以发挥债权人意思自治作用,将是否突破保底价限制的主动权交到债权人手中。当拍卖价格无法覆盖抵押权,且债权人会议又无法对财产变价方案另行表决通过时,应充分尊重抵押权人的意见,由抵押权人决定是否突破保底价限制,促成资产的成交变现,避免长期闲置造成资产的自然损耗。

(六)完善破产案件审判组织,优化审判资源配置

破产案件对法官的专业素养要求较高,且案件审理的评价和考核机制与传统案件不同。需要学习钻研大量的法律法规,需要进行摸索创新,对法官的能力和素质提出了新的更高要求。建议设立专门的破产审判团队,遴选一批精通法律业务、政治素质高、审判经验丰富、协调能力强的优秀法官充实到破产审判一线,培养一支专业化的破产审判队伍,在薪酬、晋升、评价机制上要有所倾斜。比较而言,美国、德国等市场经济发达国家也均采取破产专业化审判;健全完善绩效考核体系,结合破产案件的数量、质量等因素,制定破产案件与普通民商事案件相区分的绩效考评机制,力争对法官审理破产案件的工作量进行科学合理的评价,充分调动破产审判法官的积极性;同时,加强对破产案件的案例指导,加强全国法院的破产案件经验交流,加强破产专业人员的培训和教育,提升破产案件审理人员的专业水平。各级法院法官应当积极研究学习相关法律法规,并加强与有先进经验地区法院的交流与学习,吸收各地先进经验,在审判实践中解放思想,大胆进行创新探索,不断为破产案件审理改革积累新经验。

营造良好的营商环境是新时代赋予人民法院的一项重要任务,应充分认识到破产审判在化解产能过剩,推动供给侧改革,规范市场经济秩序中的积极作用,切实增强责任感、使命感、紧迫感,提高政治站位,充分发挥司法职能,主动服务中心大局,全面推进破产审判助力优化营商环境,为辖区经济发展作出更大贡献。

司法论坛

准许撤回起诉的刑事裁定能否上诉

韦宗昆*

当前，对于人民法院准许检察机关撤回起诉的刑事裁定被告人能否上诉的问题，实务界和理论界争论不休，准许上诉和不准许上诉两种观点都存在。通过上网对此类刑事裁定书的查询，发现各地法院对此类刑事裁定是否赋予被告人上诉权的做法也各不相同，有的法院赋予被告人上诉权，有的法院却不准许被告人上诉，审判实践较为混乱。现对理论困惑和实务乱状作一分析，并提出解决此一问题的个人观点，以期为今后出台相关司法解释等制度提供参考意见。

一、不准许上诉符合当前规定但存在明显漏洞

认为不准许对此类裁定提出上诉的观点，较为符合当前法律、司法解释和最高法院有关规定的精神。

1. 最高人民法院研究室对此问题曾有答复。最高人民法院研究室《关于被告人对人民法院准许人民检察院撤诉的刑事裁定能否上诉问题的答复》(〔2001〕法研明传15号)指出："第一审人民法院准许人民检察院撤回起诉的裁定，不涉及被告人诉讼权利的处分，对被告人就此类裁定提出的上诉，人民法院不予受理。"

2. 目前尚没有准许被告人对准许撤回起诉裁定提出上诉的制度安

---

* 广西壮族自治区高级人民法院刑二庭副庭长。

排。最高人民法院《关于适用〈中华人民共和国刑事诉讼法〉的解释》(本文以下简称《刑诉法解释》)第 242 条明确规定:“宣告判决前,人民检察院要求撤回起诉的,人民法院应当审查撤回起诉的理由,作出是否准许的裁定。”但上述规定没有明确被告人对检察机关撤回起诉的裁定具有上诉权,同样没有明确检察机关对人民法院不准许撤回起诉的裁定具有抗诉权。

与此相对应的是,《刑事诉讼法》(本文以下简称《刑诉法》)以及《刑诉法解释》关于刑事案件二审程序都没有对此类案件上诉审设立相应的程序,而《刑诉法》第 225 条的规定是对不服一审案件作出一审刑事判决后提出上诉的二审审理程序规定。故,准许对此类裁定上诉,二审法院即使想要进行审理也无法可依。

当然,对于如何理解《刑诉法》第 216 条“被告人、自诉人和他们的法定代理人,不服地方各级人民法院第一审判决、裁定,有权用书状或者口头向上一级人民法院上诉”中可以上诉的“裁定”,持不准许对此类裁定提出上诉的观点认为,目前只能将该条文中的“裁定”作限缩解释,理解为自诉人对地方各级人民法院“驳回自诉”作出的第一审裁定不服的,可以提出上诉,而不包括准许检察机关撤回起诉的刑事裁定。

3. 对于案件撤回起诉后如何处理,法律和司法解释对此有规定。即《人民检察院刑事诉讼规则(试行)》(本文以下简称《刑诉规则》)第 459 条规定,人民检察院撤回起诉后,应当在撤回起诉后 30 日作出不起诉决定;没有新的事实和新的证据,不能再行起诉,等等。同时,需要注意的是,对于检察机关决定不起诉的案件,如果对被告人进行羁押的,被告人还可以提起国家赔偿。《国家赔偿法》第 17 条第 2 项规定,对公民采取逮捕措施后,决定撤销案件、不起诉或者判决宣告无罪终止追究刑事责任的,受害人有取得赔偿的权利;最高人民法院、最高人民检察院《关于办理刑事赔偿案件适用法律若干问题的解释》第 2 条第 1 款第 4 项指出“人民检察院撤回起诉超过三十日未作出不起诉决定的”属于上述规定范围。也就是说,准许检察机关撤回起诉并没有损害被告人的权利。

综上,虽然目前而言不准许被告人对此类裁定提出上诉符合现有规定,但毋庸讳言,目前的规定也存在明显弊端:第一个弊端是《刑诉法解释》第 242 条“宣告判决前,人民检察院要求撤回起诉的,人民法院应当审查撤回起诉的理由,作出是否准许的裁定”规定没有相应的司法解释对接,过于笼统,即没有规定在检察机关要求撤回起诉的理由中,哪种情形可以准许裁定撤回起诉,哪种情形不准许撤回起诉。正因如此,在司法实践中,鲜见基层法院在检察机关要求撤回起诉时作出不准许撤回起诉的裁定。第二个弊端是因为此类裁定没有上诉权、一经送达即生效,带来的结果是,各基层法院作出的准许检察机关撤回起诉的裁定没有相应的程序监督或者是制约,或者说是被告人对此有异议的,没有救济的途径。

二、准许上诉缺乏制度安排但有现实需求

认为应当准许对此类裁定提出上诉的观点也并非没有道理,也能找到有关依据支撑,主要有:

1. 按照《刑诉法》第 216 条规定,被告人不服第一审人民法院作出的判决、裁定,均可以上诉。

2. 1999 年 4 月 6 日最高人民法院通过的《法院刑事诉讼文书样式》中准许撤诉用的刑事裁定书样式 10,就赋予了被告人的上诉权。

3.《刑诉法解释》第 242 条明确规定:“宣告判决前,人民检察院要求撤回起诉的,人民法院应当审查撤回起诉的理由,作出是否准许的裁定。”从上述规定看,检察机关要求撤回起诉的,由人民法院审查决定,可以准许,也可以不准许。但既然是审查,一审法院的决定可能符合法律规定,也可能不符合法院规定,被告人认为一审法院作出准许撤回起诉的裁定不符合法律规定的,当然可以上诉寻求二审法院作出正确的裁定。

4. 从撤回起诉的后果看,虽然检察机关对撤回起诉的案件应当作出不起诉决定,但不起诉决定不等同于无罪判决,被告人认为无罪判决对其评价优于不起诉决定,这涉及实体权利的处理,被告人可以上诉提出寻求司法保护。

综上,从审判实践看,一些基层法院在此类案件的刑事裁定书中赋予被告人上诉权后,也确实有一部分被告人选择了提出上诉,要求不准许检察机关撤回起诉,说明赋予被告人对此类裁定上诉权有现实的需求。

但不容回避的是,准许被告人就此提出上诉,如何审理此类案件,现行《刑诉法》及司法解释没有作出制度上的安排。正因如此,在被告人对这类裁定提出上诉后,二审法院必然面临诸多窘境:是立案庭审理还是刑庭审理?是实体审还是程序审抑或是实体、程序都审?是书面审还是开庭审?判决主文表述为“驳回上诉,维持原裁定”还是“撤销原裁定,指令继续审理”?应当依据《刑诉法》哪一条的规定?都没有明确的答案。目前在网上查到一些准许被告人对撤回起诉刑事裁定提出上诉的裁判文书实例,我们注意到,无一例外都是以引用《刑诉法》第 225 条第 1 款第 1 项规定作出“驳回上诉,维持原裁定”而告终。然而,《刑诉法》第 225 条第 1 款第 1 项内容是“原判认定事实和适用法律正确,量刑适当的,应当裁定驳回上诉或者抗诉,维持原判”,是第二审人民法院对不服第一审人民法院作出一审判决的上诉、抗诉案件进行审理、

处理的法律依据,而非审理、处理此类刑事裁定的法律依据。但二审法院除此之外别无选择,因为裁定“撤销某某法院(××)第×号刑事裁定,指令某某法院对本案继续审理”没有别的法律依据。也就是说,刑事诉讼法并没有对此类裁定的审查作出程序上或者说是制度上的安排,无法可依。而根据公法领域“法无明文规定即禁止”的一般原则,刑事诉讼程序如违法所得没收程序、强制医疗特别程序、非法证据排除程序等,都是法律上有规定、制度上有安排才可以进行操作。在制度上没有安排的情况下,准许被告人就此类裁定提出上诉,二审法院必然会面临上述窘境,无法脱困。

三、解决准许撤回起诉的刑事裁定能否上诉问题的几点建议

综上,在没有制度作出安排之前,当前人民法院对检察机关撤回起诉的裁定不宜赋予被告人上诉权。在现行刑事诉讼法的制度框架下,如果强行赋予被告人上诉权,事实上也是在上下级法院之间进行诉讼空转,并不能解决问题。要解决上述问题,应当通过立法或司法解释的方式进行适当的制度安排,从下面两个方面着手解决:

1. 及时明确准许撤回起诉以及不准许撤回起诉的情形。对《刑诉法解释》第242条“宣告判决前,人民检察院要求撤回起诉的,人民法院应当审查撤回起诉的理由,作出是否准许的裁定”的规定,通过制定或修改司法解释,从制度上进行有机的衔接,直接明确规定在检察机关申请撤回起诉的理由中,哪些理由可以准许撤回起诉、哪些理由不准许撤回起诉。以便一审人民法院审查判断哪些情形准许检察机关撤回起诉、哪些情形不准许检察机关撤回起诉,进而便于在赋予被告人时上诉二审人民法院进行相应的审查判断。

当然,也有人提出,《人民检察院刑事诉讼规则(试行)》第459条第1款对此已作了规定:“在人民法院宣告判决前,人民检察院发现具有下列情形之一的,可以撤回起诉:(一)不存在犯罪事实的;(二)犯罪事实并非被告人所为的;(三)情节显著轻微、危害不大,不认为是犯罪的;(四)证据不足或证据发生变化,不符合起诉条件的;(五)被告人因未达到刑事责任年龄,不负刑事责任的;(六)法律、司法解释发生变化导致不应当追究被告人刑事责任的;(七)其他不应当追究被告人刑事责任的。”但是,笔者认为,检察机关上述撤回起诉理由范围仍不免过于宽泛,有必要从准许或者不准许两个方面进一步限制:

(1)明确不应当准许撤回起诉的情形。对于事实不清,证据不足或者情节显著轻微、危害不大,不认为是犯罪或者对人民法院在庭前会议中建议撤回起诉的案件,人民检察院不同意的,人民法院开庭审理后,没有新的事实和理由的情形,不应当准许

撤回起诉。理由是:一方面,不准许对上述情形撤回起诉是人民群众对司法新期待的要求。事实不清、证据不足过去之所以准许撤回起诉,更多是基于"协调"、迁就检察机关,怕无罪率过高对检察机关有不良的影响,但现在随着司法理念的更新,"有罪则判,无罪放人"显然更符合人民群众对司法的新期待。另一方面,这也是人民法院督促检察机关加强对刑事案件起诉审查的有效方式,是对检察起诉权的有效制约。再一方面,此类案件准许检察机关撤回起诉可能损害被告人的合法权益,即被告人更愿意接受无罪判决,而不是不起诉决定书。

(2)可以准许撤回起诉的情形。具体包括三个方面:

一是对可以认定被告人有犯罪事实但不宜作出无罪判决的情形,包括对于被告人可能构成犯罪,但因存在过了追诉时效,或者未达到刑事责任年龄,或者法律、司法解释发生变化导致不应当追究被告人刑事责任等情形。

二是发现案件是告诉才处理或者受案法院没有管辖权的情形。

三是检察机关要求撤回起诉,人民法院经征求被告人意见,被告人没有异议的情形。

2. 及时明确哪类准许或者不准许撤回起诉的裁定可以上诉或者抗诉

对于上述准许撤回起诉或者不准许撤回起诉的刑事裁定,是否赋予被告人上诉、检察机关抗诉权,应当分别而论,笔者认为:

(1)不能上诉、抗诉的刑事裁定,具体包括以下三个方面的裁定:

一是不准许撤回起诉的刑事裁定不能提出上诉、抗诉。理由是:如上所述,不准许撤回起诉的案件属于认定事实、证据存在问题,但因一审人民法院既未对案件的事实、证据进行认定,也未作出实体判决,故此类裁定不准许上诉、抗诉。因为,如果准许上诉、抗诉,实际上是在一审人民法院未作出判决之前由二审人民法院对事实和证据进行审查,显然是二审合一,不符合程序法的要求。

二是检察机关要求撤回起诉,经人民法院征求被告人意见,被告人没有异议的刑事裁定。

三是检察机关认为受案法院对案件没有管辖权而要求撤回起诉的刑事裁定。

(2)可以上诉的刑事裁定,包括可以认定被告人有犯罪事实但不宜作出无罪判决或者发现案件是告诉才处理的情形,适用上述情形作出准许撤回起诉的刑事裁定可能损害被告人权利,赋予其上诉权利属于法律适用,由上级法院对此进行审查,作出是否准许的终审裁定。

综上所述,只有通过立法或司法解释明确上述两个方面的问题,才能从根本上解决准许检察机关撤回起诉的刑事裁定是否可以上诉的问题。

我国新型毒品纯度与量刑问题研究

——以“神仙水”为例

黄　婧*

引　言

毒品犯罪历来是我国严厉打击的犯罪之一，毒品犯罪最高刑可判处死刑，我国对毒品犯罪采取“零容忍”的政策常被欧美国家称为最严厉毒品政策的国家。刑法规定毒品犯罪“以毒品数量计算，不以纯度折算”的“唯数额论”是我国司法实务中判定毒品数额、纯度定罪量刑的主要依据。

一、我国关于新型毒品纯度问题的立法现状及理论分歧

（一）我国关于新型毒品数量与纯度问题的立法现状

遵循我国刑法中罪刑法定原则的要求，审理新型毒品犯罪的案件必须以我国有关法律规定为依据。而随着新型毒品制毒技术的日新月异以及新型毒品种类、数量不断增长，我国在打击新型毒品犯罪的司法实务中遇到了现行法律难以解决的新问题。基于法律的稳定性，法律又很难立刻跟上现在纷繁复杂的禁毒形势，继续沿用老旧的法律条文，在新形势下不对新型毒品犯罪与传统毒品犯罪的内涵和外延进行区分，不考虑新型毒品犯罪毒品纯度问题，致使我国在对同类新型毒品犯罪案件的实际处理时出现难以准确定罪量刑以及难以确定量刑法律依据的问题。

* 广西壮族自治区崇左市宁明县人民法院刑事审判庭书记员。

1. 绝对的“唯数额论”导致的量刑标准区别差距过大问题

“毒品的数量以查证属实的走私、贩卖、运输、制造、非法持有毒品的数量计算,不以纯度折算。”从现行《刑法》第357条第2款这一规定可以明确我国关于毒品纯度问题的原则:不以纯度折算原则。也就是说,在对待毒品犯罪的时候,我国刑法规定了只按照数量多少来处以刑法,而不考虑毒品纯度高低的问题。这是我国出于严厉打击毒品犯罪的目的,而保持“零容忍”的坚决态度,但是一直以来我国都在实行不以纯度折算的“唯数额论”,以致我国在司法实践中遇到毒品犯罪案件,侦查机关一般只提供缴获的物质中含有某种毒品成分的定性鉴定结论,而不进行定量分析,使法官出现容易定罪却难以准确量刑的问题。这个问题突出表现在“神仙水”、摇头丸、麻古等新型毒品案件中,持有400g“神仙水”,而“神仙水”中毒品成分复杂、在毒品含量不到5%的情况下,依然适用原有传统的“唯数额论”,与持有400g纯度为70%的海洛因适用同一量刑标准,这显然与罪责刑相适应原则相违背。

2. 仅对部分特定案件硬性要求进行含量鉴定,而忽视大多数普通案件含量鉴定的重要性

对于什么样类型的新型毒品犯罪需要对毒品纯度进行鉴定的问题,最高人民法院、最高人民检察院、公安部《办理毒品犯罪案件适用法律若干问题的意见》关于办理氯胺酮等毒品案件定罪量刑标准问题、关于死刑案件的毒品含量鉴定问题中提到“可能判处死刑的毒品犯罪案件,毒品鉴定结论中应有含量鉴定的结论”〔1〕。我们从该条规定中可以看出,法律规定必须在毒品鉴定结论中有含量鉴定的结论的特殊案件是有可能判处死刑立即执行的案件,而对其他相对情形较低的非死刑案件并未作出相关规定。

3. 我国现行的司法解释仅要求对掺假毒品和混合的新型毒品进行含量鉴定,其余类型的毒品是否应当鉴定与鉴定范围的问题都未作规定

《全国部分法院审理毒品犯罪案件工作座谈会纪要》提到:(1)对于查获的毒品有证据证明大量掺假,经鉴定查明毒品含量极少,确有大量掺假成分的,在处刑时应酌情考虑。特别是掺假之后毒品的数量才达到判处死刑的标准的,对被告人可不判处死刑立即执行。为掩护运输而将毒品融入其他物品中,不应将其他物品计入毒品

---

〔1〕 最高人民法院、最高人民检察院、公安部《关于印发〈办理毒品犯罪案件适用法律若干问题的意见〉的通知》(2007年11月8日)。

的数量。[1]对于这一规定,仅明确掺假毒品的犯罪可不判处死刑立即执行,并未明确规定如何准确量刑;对掺假毒品含量低但总量大的情况到底是判处死缓还是无期还是有期徒刑也留出空白交由法官自由裁量;在液体毒品中关于纯度含量问题如何定罪量刑也未作任何解释。(2)关于国家管制的,刑法未明确规定数量标准的精神药品和麻醉药品的量刑数量标准,若不能确定毒品成分、大小、依赖性,可以参考相关毒品非法交易的价格等因素,决定对被告人使用的刑罚,判处死刑的应当慎重掌握。这一规定相当模糊,将刑事判决刑罚与市场价格挂钩,给法律适用带来了不确定性和模糊性,根据法律前置的要求,应当更为明确地划分毒品纯度含量换算表,做到量刑有明确法律依据,这样才能更好地确保法律的公平公正。

4. 新型毒品及致瘾性毒品类似物在量刑标准和折算公式上存在一定的空白和缺失,司法认定存在困难

我国对传统毒品的严厉打击,导致传统毒品价格越来越昂贵,而随着毒品提炼技术的不断发展,致瘾性毒品带来的高额利润促使大毒枭们开始投入资金去提炼原料更为易得的"实验室毒品"。新类型的毒品通过人工化合物合成提炼即可获得,无须像海洛因一般要花费大量精力去种植罂粟,因此有的犯罪分子不断地研制新类型的毒品谋求利益,规避查处,导致不在现行法律明确规定的新类型毒品药品化学品不断出现。不同种类的新型毒品都有其不同的特质,传统毒品的数额标准并不能完美替代所有新型毒品(除甲基苯丙胺外)的数额标准。对于司法工作者来说,如何对新型毒品进行准确定罪量刑成为现实中迫切需要解决的问题。国家司法部门很难跟上新型毒品种类发展的脚步进行立法,建立一个合理的毒品纯度量刑标准和毒品纯度换算折算制度很有必要。

(二)刑法学界对于毒品纯度的理论分歧

我国在毒品犯罪问题上是否应当考虑纯度、如何对纯度进行认定和是否应当对纯度进行折算、如何进行纯度折算等问题,在司法实务与理论界仍然存在很大争议。

一种观点认为,我国司法实务受《刑法》第357条影响,不以纯度折算的"唯数额论"依然有着重要影响。其优点是:合法、简单、直接、客观,法官按照数量标准适用刑法不易出现问题。直接将案情中客观的查获毒品数量套用到法条规定的数量标准中,按刑法规定的相应刑罚判处,这是符合刑法规定的。对"唯数额论"持赞成观点的人认为:我国一直以来毒品政策十分严苛,严厉的刑罚有助于震慑毒品犯罪分子,建

[1] 最高人民法院《关于印发〈全国部分法院审理毒品犯罪案件工作座谈会纪要〉的通知》(2008年12月1日)。

立毒品纯度制度有可能会使犯罪分子钻纯度的空子,以此来逃避法律的制裁。若充分以毒品纯度为定罪量刑的考量依据,在一定程度上是在变相修改刑法。

另一种观点则认为,认定毒品纯度在新形势下对新型毒品进行准确定罪量刑很有必要。若仅仅考虑毒品数额,而不考虑毒品纯度就对新型毒品犯罪分子处以重刑,不符合现代慎刑思想和宽严相济的形势政策。

现今我国依旧对毒品犯罪的行为实行高压、严惩政策,从我国刑法依然规定毒品犯罪有死刑的情形可以看得出来,走私、贩卖、运输、制造、非法持有毒品罪这五个可以判处死刑的犯罪,犯罪嫌疑人只要符合其中一个情节便可判处死刑,并不需要一起符合多个情节,因此对量刑区间的判断仅仅需要达到相应的毒品数额量刑标准便可判处死刑。这相对于其他国家的毒品犯罪量刑标准而言相当严苛,也与轻刑罚化、去死刑化的立法精神相违背。而如何对种类繁多的毒品药品化学品确定一个准确性与公平性相衡的换算公式,制定出与毒品的毒害性、致瘾性与社会危害性相对应的量刑标准一直是一个世界性难题。就目前美国而言,美国对毒品犯罪量刑的依据是《美国量刑指南》,这本《量刑指南》中的《毒品数量表》和《毒品换算表》将种类庞大的几百种毒品囊括其中,依种类定刑罚。《量刑指南》还对实践中关于毒品纯度问题的难题进行了解释。一般人很难搞懂的计算毒品数量问题,都用清晰准确的计算方式注释在指南中,方便简明的风格深受普通民众和司法工作者的喜爱,也十分值得我们学习和借鉴。英国则比美国要更为注重毒品纯度对量刑的影响,由于毒品要达到100%纯度是不可能的,所以在英国,对于一般常见的毒品种类,英国法律规定必须根据查获毒品数量的毒品纯度去计算量刑,纯度相对较低的毒品依据一定的公式折算为纯度100%的毒品,以折算后的毒品数量进行定罪量刑。[1]英国在审理毒品案件中使用这种计算方式使毒品犯罪案件中关于毒品纯度问题的上诉率很低。

二、新型毒品纯度对定罪量刑的影响

(一)新型毒品纯度对定罪的影响

假设查获犯罪嫌疑人李四在某娱乐场所贩卖的"神仙水"200g,李四用棕色玻璃瓶装形式以200元/10g的价格出售给前来消费的顾客("神仙水"有普通"止咳药水"的芳香薄荷气味)。毒品含量鉴定中在这200g"神仙水"中检测发现毒品成分氯胺酮的含量为2%,其中新出现成分TFMPP属于哌嗪类中枢神经兴奋剂,TFMPP的化学

---

〔1〕 参见魏春明:《美英两国毒品纯度与量刑分析》,载《云南警官学院学报》2005年第3期。

药性和以往检测中常见的毒品成分MADA有一定的相同点,都具有强致幻效果,会使一般服用者对周围事物的敏感度升高,提高娱乐时的刺激感,出现开心快乐的幻觉。“神仙水”中毒品含量较少,但成分复杂,有些成分如氨基比林、氯苯那敏等属于一般药品类目中止咳药水的有效成分,也有在我国尚未被列入精麻药品管制范围的成分,如TFMPP。对于李四在该案中的行为,客观上侦查机关已在其售卖的“神仙水”中检测到有效毒品成分,公诉机关以贩卖毒品罪将其起诉至法院,但李四的辩护律师在辩论过程中辩称“该案毒品为‘神仙水’,其所含的毒品纯度过低,如果直接以贩卖毒品罪来定罪是不合适的”。法院在判决书中对此不予采纳,原因是依据法律规定,贩卖毒品罪只要在相关证据充足情况下,查获毒品中能够检测出毒品成分即可成立此罪,由于毒品纯度过低而不成立贩卖毒品罪的辩解没有法律依据。

此案是明显的新型毒品案件,毒品纯度低,成分较为复杂,其中包含了未列入管制的药品TFMPP,是典型的“实验室毒品”。那么毒品纯度是否影响定罪?从以上案例判决中可以给出一定的结论:在我国目前的司法实践中,尚未因纯度过低而出现罪与非罪的问题。“神仙水”的本质是毒品,至多能说明其社会危害性可能小于传统高纯度的毒品,犯罪嫌疑人在主客观上符合毒品犯罪的构成要件,就不会影响犯罪嫌疑人的定罪,不能以毒品纯度低否定其罪。在毒品犯罪的范围内考虑不同类型、不同纯度的毒品社会危害性的区别,即在不影响定性的范围内考虑量刑标准,是毒品纯度相关制度发展的方向。

(二)新型毒品纯度对量刑的影响

1.“唯数额论”的弊端

简单地将数额与纯度等同违反了我国刑法中罪责刑相适应基本原则。李四的案子中,犯罪嫌疑人贩卖的虽然是毒品,然而这种新型毒品“神仙水”所含的成分不仅复杂而且毒品含量仅为2%,如果依照“唯数额论”的处理方法,只要在查处到的犯罪物中检测到有毒品成分,就依据数量来确定量刑区间显然是有失公平的。在明确了罪行的量刑区间后,纯度过低的问题仅是一个酌定量刑情节加以考虑和判决,不作为量刑的主要依据来考虑。这里的考虑纯度问题,在“经鉴定毒品含量极低,掺假之后的数量才达到实际掌握的死刑数量标准的,或者有证据表明可能大量掺假但因故不能鉴定的”[1]的情况下,考虑毒品纯度问题的前提是有可能判处死刑立即执行的情况。

---

〔1〕 最高人民法院、最高人民检察院、公安部《关于印发〈办理毒品犯罪案件适用法律若干问题的意见〉的通知》(2007年11月8日)。

这就意味着,在尚未到达死刑立即执行的毒品案件中,即使毒品纯度再低,也无法降格适用法定刑幅度。

我国刑法中对于毒品犯罪以数额为首的相关规定,形成了“唯数额论”的量刑趋向,给法律的适用带来了一定的负面影响。首先,“唯数额论”的做法没有充分考虑到犯罪构成要件中的其他方面,仅仅注重客观方面里的行为对象,片面单一地套入毒品犯罪量刑情节,导致毒品犯罪案件涉及纯度问题时案件上诉率高,有时出现量刑过重的情况。其次,面对纯度过低,数量上较大但没有达到适用死刑量刑幅度的新型毒品犯罪,适用“唯数额论”则显得更为笨拙。一些数量已经达到需要判处15年以上或者无期徒刑的案件,其毒品纯度不到5%的话,直接适用“唯数额论”的话可能导致量刑畸重的情况。即使该案进行了含量鉴定和纯度检测,检测结果显示该类型物质不在现行刑法、司法解释规定的毒品种类范围内的时候就需要根据是否有条件折算为海洛因的情形区别对待,一种情形是不具备条件折算为海洛因的时候,《全国部分法院审理毒品犯罪案件工作座谈会纪要》规定:“对于国家管制的精神药品和麻醉药品,刑法、司法解释等尚未明确规定量刑数量标准,也不具备折算条件的,应由有关专业部门确定涉案毒品毒效的大小、有毒成分的多少、吸毒者对该毒品的依赖程度,综合考虑其致瘾癖性、戒断性、社会危害性等依法量刑。因条件限制不能确定的,可以参考涉案毒品非法交易的价格因素等,决定对被告人适用的刑罚,但一般不宜判处死刑立即执行。”[1]在这种情况下,如果是类似于“神仙水”类型的新研发实验室毒品中含有TFMPP这种新型哌嗪类中枢神经兴奋剂,成分新颖,纯度较低,但又不属于折算表中可折算为海洛因的管制药品成分,难以确定相关量刑因素的话,还要参考价格因素,这就显得法律上很不严谨,出现没有一个统一固定标准的问题。首先是我们司法部门很难了解到一般市场(黑市)上的毒品价格波动情况,会出现取证难的情况。另外,无法确定毒品的社会危害性,无法折算为海洛因,对其毒性鉴定困难,也没有确定的药物类别折算机制的情况下,即使能够定罪,也因为唯数额论的限制必须使用较重的量刑幅度的话,不免有失公平公正。另一种情形是在条件允许的情况下,能够折算为海洛因的,参照国家药监局制定的《非法药物折算表》,依据折算成海洛因后的数量适用刑罚。但是,此处需要注意的是,我们折算并不是按照鉴定后毒品纯度,按照毒品纯度中所含毒品多少来折算的,而是依照整体查获的毒品数量的多少来折算成海洛

〔1〕 最高人民法院《关于印发〈全国部分法院审理毒品犯罪案件工作座谈会纪要〉的通知》(2008年12月1日)。

因。比如，李四的案子中查获“神仙水”200克，其中毒品成分氯胺酮的含量为2%，即毒品成分氯胺酮仅有4g，按照折算表1克氯胺酮可折算为0.1克海洛因，若按照以数量为准的规定就要折算出海洛因20克，但是考虑毒品纯度的情况下仅折算成海洛因为0.4克。即使按照最高人民法院的新量刑标准中规定的若毒品纯度偏低，可降低30%法定刑处理，李四的200克“神仙水”因两种不同的规定折算出的海洛因数量差距明显，因此所适用的量刑标准差距也十分明显。唯数额论在毒品犯罪的司法实务当中确实有不少的漏洞，特别是在新型毒品方面，无法跟上最新时代发展的进程，规定过于刻板，难以在实务上灵活运用。这是不得不进行改变的根本原因。

2. 我国新型毒品案件因毒品纯度在司法实务中的问题

我国目前对新型毒品的成分问题，是按照侦查机关查获的新型毒品的总数量，以查获毒品中最主要生效的毒品成分为种类，对照法律规定折算成对应海洛因的数量，然后根据刑法中关于毒品犯罪中海洛因的数量来进行量刑判罚，在审理的过程中并不考虑该新型毒品的纯度。在目前新型毒品迅速发展的形势下，我国目前的毒品成分折算规定对毒品案件中出现某些新型毒品纯度很低的情况时，难以合理合法地运用到实际案子中去进行定罪量刑，我国的刑法目前也没有明确具体的新型毒品的成分折算标准。

（1）对新型毒品的毒品纯度与社会危害性之间的关系认识不足。在我国的司法实务当中，在遇到新型毒品案件时，首先是缺乏一个全国统一的指导性法律或处理办法，很多法官依然沿用老一套处理传统毒品的办法，将不同种类的毒品视作海洛因适用同样的规定处理，而无视新型毒品与传统毒品有着不一样的社会危害性这一事实。也就是说，现在我国处理新型毒品案件的关键，是没有考虑到刑法惩罚犯罪的实质——社会危害性。同等质量下，纯度高的神仙水当然比纯度低的神仙水社会危害性要大，但是目前我国的量刑折算标准居然将二者等同看待量刑。这样量刑的结果导致一些贩毒集团或者大毒枭们认为，如果贩卖运输纯度低的毒品和纯度高的毒品都将判处一样的刑罚，为什么不一次性运输走私纯度高的毒品呢？那样获得的利润更高。这也体现了由于目前的刑法没有对纯度问题进行区别对待，使条文缺乏了刑法的指示作用，容易使犯罪者在面临同等刑罚时容易选择更重的行为，贩卖纯度更高的毒品。

（2）缺乏对新型毒品量刑的标准是我国目前司法实务中面临的重要问题。目前我国对于毒品犯罪案件量刑标准中，并没有区分新型毒品与传统毒品之间的差别，《非法药物折算表》中的非法药物种类太少，难以适应目前发展迅速的毒品市场和日益增多的新型毒品种类。比如，李四贩卖的“神仙水”中就检测到了新种类的TFMPP，对于此类物质，如果没有明确的毒品条例进行规定，如何定罪量刑也成为严重的问题。再如,“神仙水”中的主要成分为氯胺酮,而且氯胺酮在2002年出台的司法解释中已经认定为“由国家进行管制的精神药品”,但是却未出台具体的实施追诉细则,导致司法实务中难以对氯胺酮以及氯胺酮相关制品的新型毒品进行有效惩处。

(3)对普通新型毒品犯罪案件中毒品纯度含量缺乏鉴定。就目前而言,我国并不是对每一例毒品犯罪案件都进行定量含量纯度成分鉴定,对于一般的案子仅仅检测鉴定其中是否含有毒品成分,不对毒品成分的纯度进行鉴定,给法院在实际审理新型毒品案件的时候带来了很多难度。当然,也有一些人认为对每一个案件进行含量纯度鉴定会影响司法效率。但是从整个案件进程和司法程序的角度来看,纯度鉴定并不必然会引起司法效率的低下,在某些意义上能够减少因为纯度鉴定的正义引起的上诉,反而能够减少被告人及司法机关的诉讼支出。因为在我国的司法实务中,有相当一部分的新型毒品案件的上诉率是相当高的,其上诉理由大多是因为该新型毒品案件的毒品数量大但是纯度低,危害性小但是量刑畸重。这一部分的案件上诉后,申请对该案进行重新鉴定毒品的纯度和含量,从而二审获得改判。在一些审理时间较长、案情比较复杂的案件中,上诉到二审或者再审时,法院认为需要对毒品的纯度问题进行重新鉴定的时候发现该案查获的毒品已经销毁而导致证据缺失,量刑时就很难处理,无论如何都很难作出一个公正的判决。所以,一审时就对毒品含量纯度进行鉴定是很有必要的,虽然我国有些地区可能没有条件做到对每一起毒品案件都进行含量纯度鉴定,但这并不是不做鉴定的理由。我们只有先确立纯度鉴定的相关规定,再通过细则办法慢慢落实,才能真正有效地解决目前存在的问题,为一审判决的公正性打下坚实的基础,也能更有利于减少上诉率,提高司法效率。

三、建立新型毒品纯度制度

(一)建立新型毒品纯度制度的必要性

1.更有效地打击、遏制新型毒品犯罪

新型毒品因其易研制性和不受植物性原料限制性,自“二战”以来一直迅猛发展,建立毒品纯度制度并不是为毒品犯罪分子脱罪,而是因为目前的毒品形势迫切需要一个针对新型毒品的相关法律制约。我国目前对毒品犯罪的制约使用的是最高刑为死刑的严厉刑罚,但是也没有对新型毒品犯罪的遏制产生实质性的效果,可见一昧地严刑峻罚似乎无法阻止我国新型毒品犯罪以每年30%的速度增长。又因为新型毒品的独特性质限制,我们如何建立一个公正合理的毒品纯度制度来对司法权力进行限制以达到制约犯罪与公平公正二者的平衡便是我们目前的重要突破口。

2. 罪刑法定原则的要求

“法无明文规定不为罪”“法无明文规定不处罚”。我们知道，对于犯罪的处罚，应该由法律事先加以规定，但在现行的法律法规没有对新型毒品纯度折算制度作出规定的情况下，依照其他标准来进行罪罚是不太合适的。在我国刑法目前尚存在缺陷和漏洞的情况下，依照罪刑法定原则这一基本原则来指导立法和司法是一个有效的途径，对定罪量刑也具有重大意义。

（二）新型毒品纯度制度的构建

通过分析对新型毒品的毒品纯度与定罪量刑之间的影响来看，从立法入手加以解决目前新型毒品纯度影响量刑的问题是根本，希望国家有关立法部门早日注意到我国关于新型毒品纯度在司法实务上出现的许多问题，能够及早通过立法来弥补目前法律的不足。

1. 扩大毒品内涵，增加新型毒品的定义和范围

前文中已经提到，我国目前的立法中并没有关于新型毒品的含义以及相关规定，使司法实务对新型毒品的认定有时会出现不一致的情况，致使各地对许多新型毒品案件的处理结果产生较大的差别。应新增关于新型毒品的定义，明确新型毒品定义的内涵与外延，其种类和范围则主要依靠《麻醉药品目录》和《精神药品目录》来确定。[1]扩大毒品内涵，增加新型毒品的相关定义，其中包括明确新型毒品的管制、扩大制毒化学物的范围、及时更新发布最新国家管制药品。

新型毒品的产生很多情况是由一些合法的麻醉药品或精神药品实验合成而来，所以很多特性与化学药品是相一致的。在难以界定新出现的某种类药品或毒品的药性时，区分该类物质是否属于“合成毒品”或“制毒化学药品”显得十分重要。此时界定该类物质是否属于新型毒品范围应严格于“合成毒品”或“制毒化学药品”，否则就有可能扩大评价该种类物质的社会危害性，违背罪刑法定原则。

2. 通过立法，制定对新型毒品案件进行定罪含量分析的要求

目前我国司法实务中对查获的毒品仅仅进行定性分析，而很少做纯度含量鉴定是普遍存在的情况。存在这种现象的原因是纯度鉴定的成本过高，鉴定过程较麻烦，鉴定需要的条件和技术较高。我们不能因为条件限制而不进行保证公正的立法，条件限制地区可以延长时间到有条件的地方进行鉴定。相对于传统毒品而言，新型毒品成分复杂，如果不能进行成分含量鉴定的话，将会影响整个案件的进展。“零容忍”

〔1〕 李莉：《关于新型毒品犯罪立法完善的几点思考》，载《前沿》2010 年第 5 期。

是我国的禁毒政策,体现在量刑和对禁毒工作的大力支持上。例如,建立健全禁毒机构、完善禁毒法规、将禁毒经费纳入各级地方政府的财政预算、建立专业的毒品检测中心等。我们只有在出台了相关毒品含量纯度检测的法律法规后,才能促使各地积极建立毒品纯度检测机构,有规定才有保障。

3. 建立毒品纯度等级折算制度

类似“神仙水”一类的毒品案件,是否以纯度折算的量刑标准来进行量刑的刑期是有很大差距的,而单纯以纯度折算有时又难以做到严肃惩处毒品犯罪,所以笔者建议,以0~25%、26%~50%、51%~75%、76%~100%这一类型的纯度含量区间来区别量刑,以便处理这类案件时有一个严格标准。我国相关实验机构也要加大重视对新型毒品种类的研究,在折算方面不仅要考虑“致瘾性”“毒害性”,更要考虑社会危害性。当然也可以通过对致瘾性药品、致幻类药品、兴奋剂类药品、可卡因类药品、鸦片类药品等种类进行折算分类。[1]

当然,毒品犯罪的复杂性并不是简单的叙述就能够说明理清的,确定毒品犯罪的量刑应当考量各方面因素,毒品纯度只是考量因素中的一个环节。我们应理性地看待毒品纯度制度,设立该制度并不是为犯罪分子减刑脱罪,而是希望通过这样的制度使毒品犯罪的刑罚更规范,而毒品犯罪作为一个长期存在的社会现象,我们更要有长期与之斗争的决心与意志。

---

〔1〕 刘冬娴、伍玉功、贺江南:《毒品犯罪量刑中毒品纯度问题刍议》,载《湖北警官学院学报》2015年第11期。

对中越边境地区毒品犯罪新动向预测及有效打击对策研究

梁媛媛*

一、崇左市审理的毒品案件的主要特点

(一)大要案数量剧增,查获毒品数量大幅度上升,毒品纯度提高

近年来,崇左市毒品犯罪大要案越来越多,涉案毒品数量已从10块、20块上升到100块、400块,从几十克迅速上升至几万克,毒品纯度从15%提高到至少80%。如2019年6月24日宣判的余某辉、甘某峰、农某荣等跨国运输、贩卖、窝藏毒品案,涉案海洛因达400块,140多公斤。在审理的毒品犯罪案件中,查获的毒品种类主要集中在海洛因和甲基苯丙胺,但也出现了毒品类型日益多样化的趋势,同宗毒品案件中出现混杂毒品的案件增多。毒品大要案数量明显上升,且毒品纯度大都在40%以上。崇左毒品犯罪方式朝着量多、纯度高的方向发展。

(二)毒品犯罪呈现双向流通的新趋势,且日益明显

近年来,由于改革发展需要,崇左市大力推进招商引资项目,进一步扩大对外交往,白糖产业、特色旅游产业等行业吸引了大量国外商客,特殊的地理位置及发展时期,使崇左地区毒品犯罪出现双向流动的迹象且日益明显,部分犯罪分子(中国国籍)出于行走路线和毒品价格、纯度的考虑(从越南进入中国境内的毒品纯度极高),从崇左进入越南走私、贩

* 崇左市中级人民法院。

卖、运输毒品回中国,一些犯罪分子(越南国籍)会出境至崇左境内专门从事毒品犯罪活动,因此,大量海洛因从越南地区流入崇左进而渗透到全国。考虑到加工成本、原料来源、技术等因素,目前出现大量甲基苯丙胺等新型毒品经崇左流出越南,进而流向其他国家。

(三)毒品犯罪与走私犯罪结合在一起

崇左地处边境地区,走私犯罪活动猖獗,近年来出现毒品犯罪与走私犯罪交织的情况。毒品犯罪分子利用走私货物时进行运输毒品或者在走私普通货物的时候走私毒品,案件中一些被告人具有毒品犯罪分子和走私犯罪分子双重身份。

(四)毒品犯罪活动"亲情模式"呈趋势化发展

近年来,崇左地区出现"亲情模式"的毒品共同犯罪活动,如亲兄弟之间、父子之间等,且有趋势化现象。崇左地处边境,大部分犯罪分子是边境农民,其利用熟悉崇左边境的地理环境、通晓越南语言等优势从事毒品犯罪活动,且拉拢自己的亲戚朋友一起参与毒品犯罪,大家相互包庇、隐瞒,很多案件是亲属间一起从事运输毒品犯罪活动,甚至出现一个家族的人从事毒品犯罪活动的现象。

中越边境通婚是崇左边境地区的常见现象,毒品犯罪分子的妻子是越南人的比例不小。近年来,崇左市查获多起越南新娘贩毒入境的案件,那些嫁到崇左来的越南新娘,利用熟悉越南环境的便利,联系货源或带毒入境。如崇左中院刑一庭审理的廖某、农某、伦某、伦某某、陈某贩卖、运输毒品 13,957.56 克一案,廖某出资,农某联系购买毒品,由非法嫁入中国崇左境内的越南籍女子黄某联系越南货主,然后伦某伙同其侄子伦某某在中越边境接取黄某从越南购进的海洛因然后进入崇左境内,后联系广东买家后由陈某运输至广东。

(五)毒品犯罪交易形式不仅局限在金钱换毒品,还出现"以毒换毒"的毒品犯罪形态

毒品买卖一般情况下是用金钱进行对价交换,近年来出现"以毒换毒"的苗头,表现为以海洛因换取甲基苯丙胺,从中国境内以甲基苯丙胺换取从越南过来的海洛因,出现越南海洛因进中国、中国甲基苯丙胺进越南的现象。

(六)毒品犯罪"零口供"案件日趋增多,加大办案难度

毒品犯罪案件具有隐蔽性,毒品犯罪分子反侦查能力强。近年来审理的毒品案件中"人赃俱获"的越来越少,幕后指挥者、毒品所有者到案后往往都是不如实供认自己的犯罪事实,想方设法掩盖自己的罪证,而被告人供述是认定被告人主观上"明知"是毒品而从事毒品犯罪行为最直接的途径,推定"明知"要依据法律规定,而法律规定

的几种推定“明知”情形不穷尽所有，毒品案件案情纷繁复杂，毒品犯罪分子犯罪手段越来越多样化，在被告人“零口供”的情况且被告人又不具有法定的几个推定主观“明知”的具体情形，给案件的审理带来很大难度。

（七）零包毒品交易成为备受青睐的犯罪手段

近年来，零包毒品交易即将毒品封装在 10 克以下进行交易，已经成为毒品犯罪分子规避处罚的手段，毒品犯罪分子将大宗毒品交易进行拆分，雇用多人进行交易，以达到降低犯罪风险的目的，且大多数受雇者多为吸毒人员，很多迫于无力支付高昂的购毒吸食费用而沦为零包贩卖毒品的犯罪分子。近年来零包贩卖毒品案件数量上升趋势明显。零包毒品交易必将成为未来崇左边境地区打击毒品犯罪的重要领域。

二、崇左边境地区毒品犯罪的原因分析

（一）特殊的地理位置及巨大的利益驱使

广西边境市县区已经成为“金三角”毒品犯罪分子将毒品带入境内、境外的过境地及重要通道，而崇左则是东南亚地区毒品犯罪分子将毒品从越南流进中国的过境地，毒品犯罪活动日益猖獗。从越南入境的毒品纯度极高，毒品犯罪分子将从越南拿来的毒品进行稀货（将毒品由 1 块变 3 块）卖到中国境内的价钱可以增加 3 倍左右，甚至有些毒品犯罪分子掺杂掺假，获取更多利润。因此在巨大的经济利益的驱使下，犯罪分子铤而走险，存在一夜暴富的侥幸心理。而往往从事帮运输毒品的“马仔”得到的报酬也只是很少，却承担着比卖家、买家更大的犯罪风险。

（二）新型毒品“频出”抢占市场，但新型毒品案件审判难

随着网络的发达，很多制毒工艺非法传播，导致出现很多制造毒品案件，被告人通过自购原料自行操作，制造出很多新型的毒品。吸毒人员对于冰毒、氯胺酮及其他的新型毒品的需求量越来越大，喜好于新型毒品的成瘾快、隐蔽性强的特点，加上目前对 KTV、酒吧等经营场所里面的吸毒行为的打击力度不够，因此出现新型毒品抢占市场的现象。目前，司法实践中出现大量的新型毒品纯度折算问题，审判方面更存在很多案件定性问题的争议，这些新型毒品案件的争议导致的审判不统一问题，必将影响到案件的审判质量，进而影响到对毒品犯罪分子的打击力度。

（三）毒品消费市场的需求以及以贩养吸问题突出

目前全国的吸毒人数只增不减，随着毒品消费需求的增大，毒品的购买力越强，使犯罪分子将境外毒品渗透入境具有了强大的市场前景动力，很多吸毒人员为了筹集购买毒品的费用，不惜铤而走险以贩养吸，从事毒品犯罪活动。崇左地区审理毒品

犯罪案件中以贩养吸的案件比例不小,且越来越多。

(四)毒品犯罪分子的反侦查能力增强,犯罪手段多样化,而打击毒品犯罪手段单一

毒品犯罪分子的反侦查能力越来越高明有目共睹,犯罪手段的多样化已经从传统方式向现代化、科技化、复杂化的方式发展,毒品犯罪分子挖空心思、机关算尽,穷尽一切可以利用的手段进行隐蔽的毒品犯罪活动,利用发达的网络进行毒品犯罪已经露出端倪,人体藏毒等毁灭性犯罪手段也成为毒品犯罪分子敢于尝试的手段,而目前我们的侦查手段还很单一,毒品犯罪分子不断破解,侦查技术也有待进一步增强,毒品上游案件破获率不高,导致未能形成对毒品犯罪的震慑性打击。

(五)公、检、法三家就毒品犯罪案件的证据标准未形成统一的标准,导致毒品案件在各环节易出现问题,尚未形成打击毒品的有效合力

公、检、法三家就毒品犯罪案件的证据标准未形成统一的标准,未真正形成打击毒品的合力,导致一些案件因为证据问题侦而不捕、捕而不诉、诉而不审,导致一些毒品犯罪分子钻了法律的漏洞,逍遥法外。

三、"一带一路"视野下对崇左地区打击毒品犯罪的对策和建议

(一)公、检、法机关进一步完善协作能力,完善刑事诉讼各环节的工作机制

1. 统一毒品犯罪案件的证据标准,完善证据收集

充分发挥公检法机关在办理刑事案件工作中的职能作用,加强各部门之间的协作,合力有效严厉打击毒品犯罪,坚持以审判为中心,对证据的收集范围、方式、程序等问题出台证据收集规则,提高侦查取证过程的证据意识和程序意识,进一步提高证据收集质量,绝不姑息任何一个毒品犯罪分子。检察机关应进一步完善毒品犯罪案件侦捕诉一体化机制,避免出现该捕的不捕、该诉的不诉现象,审判机关坚持严把证据关,确保被告人准确定罪量刑,且从严惩处毒品累犯,充分发挥财产刑应有的作用,切实加大对毒品犯罪分子的经济制裁力度,让毒品犯罪分子倾家荡产,断绝其再次进行毒品犯罪活动的经济来源。

2. 提高工作协调机制,形成打击合力

公、检、法机关应建立符合崇左边境地区域情、毒情的打击毒品犯罪联席会议制度,定期对毒品案件进行研讨,对重大案件进行交流沟通,形成三部门信息共享,加大侦查、公诉、审判专业队伍建设,进一步提高侦查、逮捕、起诉、审判各个环节的办案能力,进一步加大公检法机关在毒品犯罪案件中的密切配合程度,破解"查获难、取证

难、起诉难、定案难”的司法现实困境。

(二)技术侦查措施收集到的视听资料转化为刑事证据使用

毒品犯罪活动具有幕后指挥、单线联系、频繁更换手机电话遥控作案、交接方式百变、行为模式隐蔽、毒品犯罪分子反侦查能力越来越高超等特性,技术侦查是新时代下严厉打击毒品犯罪活动的有效手段之一;毒品犯罪分子反侦查能力日趋增强,狡辩功力与日俱增,技术侦查措施是侦破毒品犯罪案件的重要方式。在毒品案件中,毒品犯罪分子通过电话联络,使用手机遥控作案,彼此间用隐蔽的暗语进行商议,如将交易毒品称为“带人做工”“卖猪”“介绍漂亮姑娘”等,很多案件中,侦查机关是在经过长时间技术侦查之后,才锁定作案的毒品犯罪分子,案件倾注了侦查机关大量的司法精力和心血,但是,在案件进入审判阶段之后,由于没有能够将技术侦查收集到的资料有效转化为刑事诉讼证据,导致最后法院无法认定被告人有罪,造成司法资源的浪费。将技术侦查措施收集到的视听资料转化为刑事证据出示,接受控辩双方的举证、质证,对认定案件事实有着不可估量的重要作用。目前,如何在保证不泄露侦查机密的情况下进一步地将侦查机关通过采用技侦手段破获毒品犯罪案件时所搜集到的技侦资料进一步转换为符合法庭审理的有效证据,已经成为司法实践中迫在眉睫的问题。将技侦监听转化为证据才能真正破解司法实践中“主观明知认定难”“有罪我不认,定罪你不能”的难题。

(三)截源堵流,进行物理隔离,防止毒品向境内渗透

崇左地区因其特殊的地理位置为毒品犯罪分子从越南将毒品向国内渗透提供了便利的贩毒通道,崇左市是越南向中国渗透毒品的重要过境地,应加强崇左地区边境检查站建设,对边境口岸及两翼通道、便道加强管理,进行物理上隔绝,堵死毒品流进、流出的通道,在入境通道上截获毒品及毒品犯罪分子,杜绝毒品过境。

(四)加强与越南国家的国际合作,建立联合禁毒机制

毒品犯罪突破国界,危害社会。因此,与毒品犯罪作斗争是毒品生产国、消费国和过境国的共同责任,需要国家、区域和国际方面的共同努力,协同行动,从毒品的生产、走私、贩卖、消费等各个领域全面加强工作才能根除这一世界公害。[1] 与越南政府加强国际禁毒工作的密切往来,开展国际禁毒交流,助推两国禁毒工作。一些案件存在无法查清被告人身份信息,而被告人实际上是越南国籍,有时发出协查公函后越

---

〔1〕 参见熊一新:《沿海沿边地区毒品违法犯罪的对策研究》,载《中国人民公安大学学报》(社会科学版)2000年第1期。

南方面不予理睬,因此应加强与越南的沟通与合作。进一步大力整合毒品来源线索,应充分利用现代科技手段,建立与越南互通的情报信息互换共享平台,拓宽、拓广毒品情报信息的来源渠道,共同打击毒品犯罪。

(五)禁毒综合治理与精准扶贫相结合,进一步发展民族特色产业,促进就业

在崇左地区审理的毒品犯罪案件中,被告人的身份多为无业人员。2015 年习近平总书记提出中国扶贫攻坚工作实施精准扶贫方略,广泛动员全社会力量参与扶贫。综观崇左地区的毒品犯罪案件,很多毒品犯罪是与越南接壤的贫困边民,贫穷是诱发他们犯罪的社会根源之一,他们所处的边境自然环境恶劣,社会经济基础薄弱,很难找到合适自己的就业门路,那些边民迫于生计铤而走险从事毒品犯罪活动。在这些年审理的毒品案件中,在问及被告人作案的缘由时,普遍的回答是"太穷了,搏一搏,大不了一死"。将禁毒工作与精准扶贫工作相结合,充分利用崇左与越南接壤的地理区位优势,发展民族特色产业(如蔗糖方面的民族品牌"好青春"以及边境旅游业:中越跨国德天瀑布、世界文化遗产花山岩画等),促进就业,切实地为无业人员提供更多的就业机会,切实地提高农民的生活水平、质量,从根本上改变贫困边境村民对毒品犯罪经济的依赖,有利于大大降低边境贫困村民的毒品犯罪率。

(六)进一步扩大禁毒宣传,继续狠抓青少年禁毒宣传教育,将禁毒宣传教育进一步拓展到农村地区,形成全民禁毒

利用微博、微信等新型媒体与传统宣传方式结合,开展内容丰富、形式多样的禁毒宣教活动,弘扬法治,震慑犯罪,从而提高广大人民群众的辨毒、拒毒、防毒意识,营造禁毒"人民战争"的浓厚氛围。继续狠抓青少年禁毒宣传教育,推动家庭、学校、社会共防、共治,但应进一步将禁毒宣传教育拓展到农村地区。农村地区吸毒者的存在是个不容忽视的现实状况,吸毒者对毒品消费的依赖,使更多的人为了获取不等值的高额报酬而从事毒品犯罪活动,有时,吸毒者为维持自身的毒品消费,在自己无经济能力的情况下,往往会走上毒品犯罪的道路,以贩养吸。因此,应加大广大农村地区禁毒教育宣传,特别是少数民族边境地区,加强农民的法治教育,在毒品犯罪泛滥的农村地区成立农村禁毒基地,将禁毒宣传教育真正覆盖、渗透到每一个人心中。

四、深入开展毒品犯罪调研,公布毒品犯罪典型案例,完善应对策略

积极开展毒品案件调研,公布典型毒品犯罪典型案例,让学术领域与实践部门紧密配合,打破研究壁垒,实现毒品问题多学科合作深度研究,准确把握全球毒品犯罪形势,围绕当前禁毒形势和格局变化、青少年禁毒教育、禁毒国际合作等问题进行深

入研究,借鉴"一带一路"沿线国家、地区在禁毒领域的最新研究成果与实践成效,结合崇左毒品犯罪的特点,进一步增强调研工作的前瞻性,预测毒品案件发展变化的趋势规律,提高主动应对风险挑战的能力;进一步总结禁毒工作经验,研究出能够解决实际问题的工作措施。

面对毒品犯罪的高额利益诱惑,很多犯罪分子明知"死路一条"却依然"奋勇向前",很多被告人坦然表示这些高额利益可以让他们幸福全家。在边境地区的一些贩毒村庄,村里人居然羡慕贩毒家庭,羡慕他们以毒资建立的高房大屋。很多毒品犯罪分子被判处刑罚之后,犯罪的财产刑并没有执行,也难以执行。现实当中毒品犯罪财产执行难一直以来饱受争议,也没有能够真正彻底铲除毒品犯罪分子的经济基础,造成毒品犯罪严打不禁,似乎死刑也起不到威慑作用。而反观财产执行难,很大原因是法院无法清晰认定被告人财产来源和归属,因为公安机关在案件侦查过程中不注重收集被告人财产归属和来源证据或只是粗糙附带收集部分证据,导致法院对被告人财产来源和归属不能进行全面认定。造成判决中没收财产成为一纸空文,被告人及其家属仍得享受犯罪收益,因此,唯有彻底"打财断血",才能遏制住严重的毒品犯罪形势。

结 语

崇左市因其特殊的地理位置和地域环境,受到境外毒品形势的影响,毒品犯罪居高不下,本文立足于崇左地区审理的毒品案件实际情况,分析崇左边境地区毒品犯罪的新趋势,提出开展禁毒工作的有效政策和建议。相信通过这些努力,一定能打赢崇左边境地区围剿毒品犯罪这场"人民战争",遏制崇左边境地区毒品犯罪的发展速度及蔓延趋势!

《刑法修正案(九)》第37条扰乱法庭秩序罪立法扩容及司法应用

——基于对法官与律师认识差异性的实证研究

曾　芳*

党的十八届四中全会提出的诉讼制度改革是构建以审判为中心的改革,由此,维护法庭的尊严和法治的权威也是题中之义。《刑法修正案(九)》通过后,新修改的扰乱法庭秩序罪已付诸实施,在扩大扰乱法庭秩序罪范围的同时,尚没有相关的司法解释进行衔接。司法实践中,如果法官和律师对同一扰乱行为的认识及法官内部对同一扰乱行为的认识差异巨大,对该罪名能否实际应用并达到良好社会教育效果有着巨大影响。由此,人民法院在审判中如何准确理解扰乱法庭秩序罪的法条并进行规范应用,达到法律适用的统一,有着重要的现实意义。

明确法官与律师之间、法官与法官之间对于扰乱法庭罪的行为认识是否有差异是进一步研究的基础。本文将通过模拟案例问卷的实证研究方法来观察法官与律师之间、法官与法官之间对于扰乱法庭秩序行为的具体情节认识是否存在较大差异。通过问卷发放、回收和数据分析,笔者得出了扰乱法庭秩序罪中法官与律师认识差异性检验的初步结论,基于实证研究中发现的问题和研究判断,笔者分别从司法解释、司法审理和职业群体三个方面提出几点完善建议。

---

* 北京师范大学法学院法律硕士,柳州市中级人民法院法官助理。

一、研究背景:扰乱法庭秩序罪的立法扩容与司法困境

(一)扰乱法庭秩序罪的修订过程与立法扩容

在1979年《刑法》中对于情节严重的扰乱法庭秩序的行为,根据不同情况,按照妨害公务罪、阻碍执行公务罪、扰乱工作秩序罪等处理。当时对于扰乱行为有法律上的规制,不存在制裁扰乱法庭行为的法律缺失。[1]1997年《刑法》在其分则第六章妨害社会管理秩序罪第二节妨害司法罪中增设第309条扰乱法庭秩序罪,涵盖聚众哄闹、冲击法庭和殴打司法工作人员行为。

2014年6月24日及10月27日《刑法修正案(九)(草案)》在一审稿第35条及二审稿第36条中对《刑法》第309条予以修改。增加了"殴打诉讼参与人""侮辱、诽谤、威胁司法工作人员或者诉讼参与人,不听法庭制止""有其他严重扰乱法庭秩序行为"的情形。2015年8月24日《刑法修正案(九)(草案三审稿)》第37条对第二稿第36条作出修改,主要是将"其他扰乱法庭秩序的行为"的兜底条款予以具体化,其他内容则保持不变。草案历经三次审阅和修改后,《刑法修正案(九)》于2015年11月1日正式实施。

(二)当下辩审关系及主要争论理由

"辩审冲突"已成为诉讼法制研究的热点问题并受人们关注。当前"辩审冲突"集中体现在法庭秩序的缺失上。该类现象有以下特点:第一,发生无明显地域差别,无论是北上广地区法院,还是西部欠发达地区法院,扰乱法庭秩序情形均有发生;第二,无案件类型限制,扰乱法庭秩序行为在民事、刑事、行政案件中均有体现;第三,行为种类较多,不仅包括哄闹、打骂等传统手段,还包括运用互联网方式制造舆论的新型手段。死磕派律师是这类问题的极端化体现。以贵州小河案为标志事件,之后的李庄案、广西北海案、王全璋案中也多次出现死磕派律师的身影。

《刑法修正案(九)》扰乱法庭秩序罪的修改可谓一波三折。对修改持支持态度的学者认为这是在现有社会背景下实施的举措,有利于维护法庭的秩序与权威。[2]持质疑声的也较多。第一种质疑观点认为,扰乱法庭秩序罪在实践中应用少,现在修改为时过早,需要完全取消修改。第二种质疑观点认为,扰乱法庭秩序罪中部分条款

---

[1] 参见陈兴良:《扰乱法庭秩序罪的修订:以律师为视角的评判》,载《现代法学》2016年第1期。

[2] 详见《政法舆情》2015年第30期,载法制网舆情监测中心:http://opinion.legaldaily.com.cn/content/2015-08/18/content_6226369.htm?node=42598,2018年4月6日访问。

的修改存在问题，主要集中在“侮辱、诽谤、威胁”等条款上，认为尚有商榷和完善的空间。[1] 第三种质疑观点认为，律师作为私权的代表，未得到充分保护。此外，也有中立的观点认为应当通过具体的司法解释来细化应用。[2]综上，针对该罪在整个修法过程中条款的增删、法律用语的性质、具体的实施问题争议都始终存在，且各方的观点都比较鲜明、对立。

（三）司法应用困境及其影响

在司法实践中，扰乱法庭秩序行为的罪与非罪、此罪与彼罪的认识在法官和律师之间可能仍然存在较大的模糊地带。法官和律师对于法律的规定认识不一、情绪对立，司法实践中可能会导致裁判者不敢适用该罪进行裁判，最终将法律束之高阁，难以落实。如果法官和律师双方对同一行为的认识及法官内部对同一行为认识差异巨大将会引发一系列问题。一方面，在模糊地带，审判者把本不足以入罪的扰乱法庭规则的行为认定成扰乱法庭秩序罪，更加不利于审判公正的实现和树立法庭权威。另一方面，可能会使法律共同体中的法官和律师群体削弱共识、加大割裂程度，不利于法律职业共同体的建设和法治国家的长远发展。

因此，扰乱行为的主观认识差异对罪名能否实际应用并达到良好社会效果有着巨大影响。就扰乱法庭秩序罪的司法应用而言，是否能依法适用、依法追责、使罪责刑相适应，在现阶段显然更具挑战，也更为重要。

二、实证研究：基于对法官与律师认识差异性研究

（一）研究方法设计

1. 研究目的和基本思路

实证研究对法律在司法实践中的现实需要和实际情况有着天然契合性，有利于拉近立法者、司法者、研究者三者之间的距离，促进法律制度构建和完善。[3]笔者通过实证研究去判断法官和律师及法官之间对于扰乱法庭秩序行为的具体情节认识是否存在差异，在此基础之上针对现有的不足提出完善建议。笔者认为，扰乱法庭秩序罪的行为绝大多数都发生在法庭上，事实相对清楚，也较为适宜采用模拟实验的

---

〔1〕 参见《既维护法庭权威，又保障律师权利　扰乱法庭秩序罪该怎么改》，载《南方周末》2015 年 7 月 16 日。

〔2〕 参见赵秉志、商浩文：《论妨害司法罪的立法完善——以〈刑法修正案（九）草案〉的相关修法为主要视角》，载《法律适用》2015 年第 1 期。

〔3〕 参见何挺：《法律实证研究中的实验方法》，载《国家检察官学院学报》2010 年第 2 期。

方法。

需要特别说明的是,《刑法》第309条的规制对象不限于律师,还包括其他诉讼参与人、旁听人员等。本研究问卷之所以将律师设定为行为人,首先,基于矛盾集中原则,在修改过程中,律师的反映是比较强烈的,争议也主要围绕律师这一主体,具有代表性。其次,律师和法官群体同属于法律职业共同体,双方达成有效共识有利于辩审关系的良性发展。

2. 问卷设计

(1)模拟案件的设计

模拟案例中,列举的具体行为是在参考若干真实案件的基础之上改编而成的。[1] 模拟案件将此项罪名具有较大争议的具体行为在具体场景下呈现。根据行为特征,设计时进行了问题归类,将研究行为具体分为"侮辱、诽谤行为""殴打行为""威胁行为"三组。

Ⅰ. 描述"侮辱、诽谤行为"

案例一 2015年7月,被告人张某涉嫌职务侵占罪被A区法院判处有期徒刑7年。张某提出上诉,S市中级人民法院于2015年9月裁定撤销原判,发回重审。2015年12月17日,A区法院另行组成合议庭重新审理此案。	
案例一行为1	①庭审进入举证质证阶段,公诉人出示被告人供述。当法官询问辩护人是否有异议时,辩护人刘律师认为公安机关讯问被告人张某时有疲劳审讯的现象,申请排除非法证据。合议庭在评议后作出了"现有证据表明侦查行为符合法律规定,不能认定侦查人员有诱供指供的情形"的决定。刘律师发表质证意见说:"按最高院的司法解释该证据应当予以排除,中院就是因为这条证据存疑才将本案发回重审的。我曾怀疑原一审合议庭的法官们司考拿的是C证,水平明显不过关,连非法证据都不知道排除。今天我想问问在座的法官们拿到的是否是A证。"法官对刘律师给予了口头警告,刘律师仍质疑法官水平,导致旁听席议论纷纷。
案例一行为2	②庭审进行到下午6点(当日为周四),法官宣布下周一继续开庭。此时,刘律师立刻走到法官面前,表示自己是外地来的律师,来一趟A区很不容易,要求第二天接着开庭。法官表示未预料到该案庭审会持续这么长时间,第二天已经有工作安排。刘律师说:"你这不符合法律规定啊。"法官未予答复,起身要走。刘律师拦住法官说:"哎,我说你装什么乌龟啊?!"法官对刘律师给予了口头警告,刘律师仍拦住法官,要求第二天继续开庭。

〔1〕 案件来源:中国裁判文书网判例、媒体对扰乱法庭秩序相关新闻报道、现有理论争议。模拟案例中所列的行为大部分来源于真实案件,并根据调查需要进行了部分改编和组合。

续表

案例一行为3	③12月21日，庭审继续进行。刘律师在发表质证意见时说："我认为本案的法官在庭审过程中不公正，屡屡偏向控方，压制辩方，不让我充分发表辩护意见。本案已发回重审一次，我感觉法院在帮助公安和检察院完善证据链，就是要给我的当事人定罪。我认为让我去做证据都会比A区法院做得更好。"法官对刘律师给予了口头警告，刘律师仍情绪激动，指责法院不公。

Ⅱ.描述"殴打行为""威胁行为"

案例二 2015年10月，被告人李某涉嫌寻衅滋事罪被H市B区检察院起诉至B区法院。2015年12月20日，B区法院组成合议庭公开开庭审理此案。	
案例二行为1	①举证质证阶段结束，辩护人王律师对证人证言不服，拒绝法警带走证人，推搡法院工作人员十多分钟，推搡中致使法警身上受轻微伤。
案例二行为2	②12月30日，B区法院就李某寻衅滋事一案公开宣判。法庭宣布判处李某有期徒刑五年后，王律师起身说"判的不对"，同时喊到"别以为我不知道你们背后的勾当，我要到政法委和纪委去举报你们，你们给我等着"。法官对王律师给予了口头警告，王律师继续喊着"我要去举报"。
案例二行为3	③法官命令法警将王律师带出法庭，王律师表示拒绝。在与法警的推搡中，王律师大叫一声，倒在地上，后被救护车带走。事后调查显示，王律师是在与法警的推搡过程中自行顺势倒在地上，身上无明显外伤。
案例二行为4	④李某的另一名辩护人张律师在同事被带走后，大声说道"真是天下法官一般黑"，随即向被告人家属使眼色并喊道"上！"，被告人母亲拿出一瓶农药拧开瓶盖抵到嘴边，声称要当场服毒，要求改判。法院只能终止审理，庭审陷入混乱。

（2）"行为认识"选项的设计

"行为认识"选项设计分为"两步走"。首先，判断行为人的行为是否构成入罪的情形。其次，如果入罪，随之选择相应判处的刑罚，如果认为不构成入罪情形，再选择采取什么处理措施。对每个行为的评价是独立又可综合的关系。在选项设计中，还有一个以行为"叠加"的方式考察三个行为同时发生时是否构成扰乱法庭秩序罪和应采取的刑罚及处理措施，这样的设计宜对不同程度行为对比。

Ⅰ. 考察“侮辱、诽谤行为”

<table>
<tr><td colspan="3">根据案例一对庭审现场的描述，您认为①②③中所描述的刘律师的行为是否构成“扰乱法庭秩序罪（第 3 款侮辱、诽谤行为）”？</td></tr>
<tr><td rowspan="2">案例一
行为 1</td><td>构成→应判处什么刑罚？
（单选）</td><td>□罚金　□管制　□拘役（缓刑）
□拘役（实刑）　□有期徒刑（缓刑）
□有期徒刑（实刑）</td></tr>
<tr><td>不构成→采取什么措施？
（可多选）</td><td>□不采取措施　□警告制止并训诫
□强制退出法庭　□罚款　□拘留
□追究其他刑事责任：________罪</td></tr>
<tr><td>案例一
行为 2</td><td>同上</td><td>同上</td></tr>
<tr><td>案例一
行为 3</td><td>同上</td><td>同上</td></tr>
<tr><td>案例一行
为 1 +2 +3</td><td>同上</td><td>同上</td></tr>
</table>

Ⅱ. 考察“殴打行为”“威胁行为”

<table>
<tr><td colspan="3">根据案例二对庭审现场的描述，您认为①②③④描述的王律师的行为是否构成“扰乱法庭秩序罪（第 2 款殴打行为）（第 3 款威胁行为）”？</td></tr>
<tr><td rowspan="2">案例二
行为 1</td><td>构成→应判处什么刑罚？
（单选）</td><td>□罚金　□管制　□拘役（缓刑）
□拘役（实刑）　□有期徒刑（缓刑）
□有期徒刑（实刑）</td></tr>
<tr><td>不构成→采取什么措施？
（可多选）</td><td>□不采取措施　□警告制止并训诫
□强制退出法庭　□罚款　□拘留
□追究其他刑事责任：________罪</td></tr>
<tr><td>案例二
行为 2</td><td>同上</td><td>同上</td></tr>
<tr><td>案例二
行为 3</td><td>同上</td><td>同上</td></tr>
<tr><td>案例二
行为 4</td><td>同上</td><td>同上</td></tr>
</table>

3. 问卷发放和回收

2017 年 3 月笔者选取了 B 市的刑庭法官和律师进行调查。通过电子版勾选或纸质版填写的方式完成问卷并反馈。以方便抽样为基础，在法官抽样上根据所处法院的级别进行适当的分层。问卷发放至 B 市 5 个法院（包括 1 个高级法院、1 个中级法院、3 个基层法院）。发放问卷数为 67 份，回收 67 份，有效问卷 66 份，无效问卷 1 份，有效回收率为 98.5%。律师填卷与法官填卷同时进行。对填答律师的选取要求是在 B 市执业并有一定刑事辩护经验的律师。问卷发放到 B 市 7 所律师事务所。在律所发放问卷数为 50 份，回收 41 份，有效问卷 41 份，无效问卷 0 份，有效回收率为 82%。

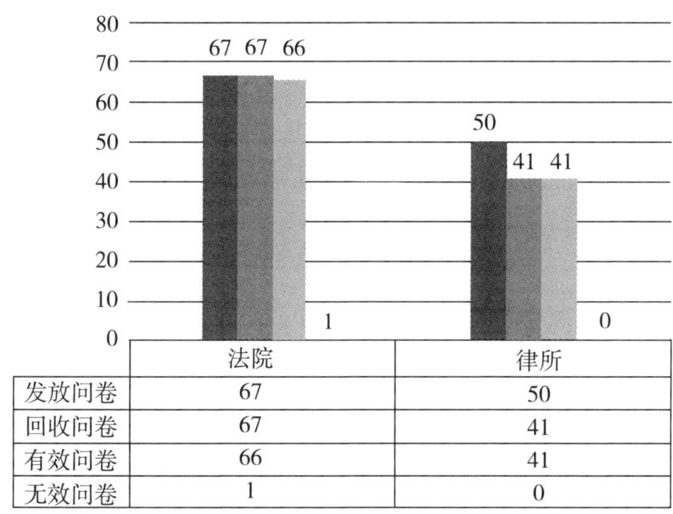

	法院	律所
发放问卷	67	50
回收问卷	67	41
有效问卷	66	41
无效问卷	1	0

图 1　问卷发放和回收情况

（二）数据分析及发现问题

本项研究数据使用 SPSS（Version 20.0）进行录入和分析，主要采用卡方检验（Chi – Square Test）分析法官和律师对同一情形的认识和判断是否具有显著差异。由于数据类型为分类数据，此分析中采用的是卡方检验。在 SPSS 软件统计结果中，不管是回归分析还是其他分析，都会看到“SIG”（SIG = significance），意为“显著性”，后面的值就是统计出的 p 值。如果 p 值 $0.01 < p < 0.05$，则为差异显著；如果 $p < 0.01$，则差异极显著。

1. 同一扰乱秩序的行为，不同群体间的认识差异

案例一（第3款侮辱、诽谤行为）

①案例一行为1（律师说法官拿的C证，水平不过关）是否构成扰乱法庭秩序罪。

卡方检验

	值	df	渐进 Sig.（双侧）	精确 Sig.（双侧）	精确 Sig.（单侧）
Pearson 卡方	12.226[a]	1	.000		
连续校正[b]	10.695	1	.001		
似然比	13.967	1	.000		
Fisher 的精确检验				.001	.000
线性和线性组合	12.112	1	.001		
有效案例中的 N	107				

a. 0 单元格（0.0%）的期望计数少于5。最小期望计数为10.73。
b. 仅对2×2表计算。

卡方检验 $\chi^2(1)=12.226, p<0.001$。它表明法官和律师对案例一中行为1是否构成扰乱法庭秩序罪的看法有极显著的差异，与法官相比，律师更倾向于认为行为1不构成犯罪。

②案例一行为2（律师要求次日开庭未果，说法官装乌龟）是否构成扰乱法庭秩序罪

卡方检验

	值	df	渐进 Sig.（双侧）	精确 Sig.（双侧）	精确 Sig.（单侧）
Pearson 卡方	9.870[a]	1	.002		
连续校正[b]	8.608	1	.003		
似然比	10.492	1	.001		
Fisher 的精确检验				.002	.001
线性和线性组合	9.778	1	.002		
有效案例中的 N	107				

a. 0 单元格（0.0%）的期望计数少于5。最小期望计数为14.56。
b. 仅对2×2表计算。

卡方检验 $\chi^2(1)=9.870, 0.01<p<0.05$。它表明法官和律师对案例一中行为2是否构成扰乱法庭秩序罪的看法有显著的差异，与法官相比，律师更倾向于认为行为2不构成犯罪。

③案例一行为3(律师声称自己做证据更好,被警告后指责法官不公)是否构成扰乱法庭秩序罪

卡方检验

	值	df	渐进 Sig.(双侧)	精确 Sig.(双侧)	精确 Sig.(单侧)
Pearson 卡方	10.699[a]	1	.001		
连续校正[b]	9.237	1	.002		
似然比	12.166	1	.000		
Fisher 的精确检验				.001	.001
线性和线性组合	10.598	1	.001		
有效案例中的 N	106				

a.0 单元格(0.0%)的期望计数少于5。最小期望计数为10.06。

卡方检验 $\chi^2(1)=10.699, p<0.001$。它表明法官和律师对案例一中行为3是否构成扰乱法庭秩序罪的看法有极显著的差异,与法官相比,律师更倾向于认为行为3不构成犯罪。

④案例一行为1、2、3叠加(同时实施以上三项行为)是否构成扰乱法庭秩序罪

卡方检验

	值	df	渐进 Sig.(双侧)	精确 Sig.(双侧)	精确 Sig.(单侧)
Pearson 卡方	14.409[a]	1	.000		
连续校正[b]	12.909	1	.000		
似然比	15.185	1	.000		
Fisher 的精确检验				.000	.000
线性和线性组合	14.271	1	.000		
有效案例中的 N	104				

a.0 单元格(0.0%)的期望计数少于5。最小期望计数为17.35。

卡方检验 $\chi^2(1)=14.409, p<0.001$。它表明法官和律师对案例一中行为1、2、3叠加是否构成扰乱法庭秩序罪的看法有极显著的差异,与法官相比,律师更倾向于认为行为叠加不构成犯罪。

案例二(第2款殴打行为)

⑤案例二行为1(律师推搡工作人员,致法警受轻微伤)是否构成扰乱法庭秩序罪

卡方检验

	值	df	渐进 Sig.(双侧)	精确 Sig.(双侧)	精确 Sig.(单侧)
Pearson 卡方	31.148[a]	1	.000		
连续校正[b]	28.614	1	.000		
似然比	31.866	1	.000		
Fisher 的精确检验				.000	.000
线性和线性组合	30.857	1	.000		
有效案例中的 N	107				

a. 0 单元格(0.0%)的期望计数少于5。最小期望计数为9.96。

b. 仅对2×2表计算。

卡方检验 $\chi^2(1)=31.148, p<0.001$。它表明法官和律师对案例二中行为1是否构成扰乱法庭秩序罪的看法有极显著的差异,与法官相比,律师更倾向于认为行为1不构成犯罪。

案例二(第3款威胁行为)

⑥案例二行为2(对判决结果不满,律师喊知道背后勾当,要去纪委举报)是否构成扰乱法庭秩序罪

卡方检验

	值	df	渐进 Sig.(双侧)	精确 Sig.(双侧)	精确 Sig.(单侧)
Pearson 卡方	12.710[a]	1	.000		
连续校正[b]	11.244	1	.001		
似然比	13.917	1	.000		
Fisher 的精确检验				.000	.000
线性和线性组合	12.591	1	.000		
有效案例中的 N	107				

a. 0 单元格(0.0%)的期望计数少于5。最小期望计数为13.41。

b. 仅对2×2表计算。

卡方检验 $\chi^2(1)=12.710, p<0.001$。它表明法官和律师对案例二中行为2是否构成扰乱法庭秩序罪的看法有极显著的差异,与法官相比,律师更倾向于认为行为2不构成犯罪。

⑦案例二行为3(推搡中律师大喊后佯装躺地,但身上无明显外伤)是否构成扰乱法庭秩序罪

卡方检验

	值	df	渐进 Sig.(双侧)	精确 Sig.(双侧)	精确 Sig.(单侧)
Pearson 卡方	7.923[a]	1	.005		
连续校正[b]	6.843	1	.009		
似然比	8.028	1	.005		
Fisher 的精确检验				.006	.004
线性和线性组合	7.849	1	.005		
有效案例中的 N	107				

a. 0 单元格(0.0%)的期望计数少于5。最小期望计数为19.93。
b. 仅对2×2表计算。

卡方检验 $\chi^2(1)=7.923, p<0.01$。它表明法官和律师对案例二中行为3是否构成扰乱法庭秩序罪的看法有显著的差异,与法官相比,律师更倾向于认为行为3不构成犯罪。

⑧案例二行为4(律师指使家属在法庭当场服毒,致庭审陷入混乱)是否构成扰乱法庭秩序罪。

卡方检验

	值	df	渐进 Sig.(双侧)	精确 Sig.(双侧)	精确 Sig.(单侧)
Pearson 卡方	.780[a]	1	.377		
连续校正[b]	.323	1	.570		
似然比	.762	1	.383		
Fisher 的精确检验				.530	.281
线性和线性组合	.773	1	.379		
有效案例中的 N	107				

a. 1 单元格(25.0%)的期望计数少于5。最小期望计数为4.60。
b. 仅对2×2表计算。

卡方检验 $\chi^2(1)=0.780, p>0.05$。它表明法官和律师对案例二中行为4是否构成扰乱法庭秩序罪的看法没有显著的差异。

2. 同一扰乱秩序的行为,群体内部的认识差异

①案例一行为 1(律师说法官拿的 C 证,水平不过关)是否构成扰乱法庭秩序罪

type * —1 是否构成交叉制表

			—1 是否构成		合计
			构成犯罪	不构成犯罪	
type	法官	计数	25	41	66
		期望的计数	17.3	48.7	66.0
		type 中的%	37.9%	62.1%	100.0%
	律师	计数	3	38	41
		期望的计数	10.7	30.3	41.0
		type 中的%	7.3%	92.7%	100.0%
合计		计数	28	79	107
		期望的计数	28.0	79.0	107.0
		type 中的%	26.2%	73.8%	100.0%

法官内部对于案例一行为 1 是否构成犯罪存在认识差异,在百分比上显示 37.9% 的法官认为构成犯罪,62.1% 的法官认为不构成犯罪,分歧较大。

②案例一行为 2(律师要求次日开庭未果,说法官装乌龟)是否构成扰乱法庭秩序罪

type * —2 是否构成交叉制表

			—2 是否构成		合计
			构成犯罪	不构成犯罪	
type	法官	计数	31	35	66
		期望的计数	23.4	42.6	66.0
		type 中的%	47.0%	53.0%	100.0%
	律师	计数	7	34	41
		期望的计数	14.6	26.4	41.0
		type 中的%	17.1%	82.9%	100.0%
合计		计数	38	69	107

续表

	一2是否构成		合计
	构成犯罪	不构成犯罪	
期望的计数	38.0	69.0	107.0
type 中的%	35.5%	64.5%	100.0%

法官内部对于案例一行为2是否构成犯罪存在认识差异,在百分比上显示47%的法官认为构成犯罪,53%的法官认为不构成犯罪,分歧巨大。

③案例一行为3(律师声称自己做证据更好,被警告后指责法官不公)是否构成扰乱法庭秩序罪

type * 一3是否构成交叉制表

			一3是否构成		合计
			构成犯罪	不构成犯罪	
type	法官	计数	23	42	65
		期望的计数	15.9	49.1	65.0
		type 中的%	35.4%	64.6%	100.0%
	律师	计数	3	38	41
		期望的计数	10.1	30.9	41.0
		type 中的%	7.3%	92.7%	100.0%
合计		计数	26	80	106
		期望的计数	26.0	80.0	106.0
		type 中的%	24.5%	75.5%	100.0%

法官内部对于案例一行为3是否构成犯罪存在认识差异,在百分比上显示35.4%的法官认为构成犯罪,64.6%的法官认为不构成犯罪,分歧较大。

④案例一行为 1、2、3 叠加(同时实施以上三项行为)是否构成扰乱法庭秩序罪

type * 一 1、2、3 是否构成交叉制表

			一 1、2、3 是否构成		合计
			构成犯罪	不构成犯罪	
type	法官	计数	36	27	63
		期望的计数	26.7	36.3	63.0
		type 中的%	57.1%	42.9%	100.0%
	律师	计数	8	33	41
		期望的计数	17.3	23.7	41.0
		type 中的%	19.5%	80.5%	100.0%
合计		计数	44	60	104
		期望的计数	44.0	60.0	104.0
		type 中的%	42.3%	57.7%	100.0%

法官内部对于案例一行为 1、2、3 叠加是否构成犯罪存在认识差异,在百分比上显示 57.1% 的法官认为构成犯罪,42.9% 的法官认为不构成犯罪,分歧巨大。

⑤案例二行为 1(律师推搡工作人员,致法警受轻微伤)是否构成扰乱法庭秩序罪

type * 二 1 是否构成交叉制表

			二 1 是否构成		合计
			构成犯罪	不构成犯罪	
type	法官	计数	62	4	66
		期望的计数	50.0	16.0	66.0
		type 中的%	93.9%	6.1%	100.0%
	律师	计数	19	22	41
		期望的计数	31.0	10.0	41.0
		type 中的%	46.3%	53.7%	100.0%
合计		计数	81	26	107
		期望的计数	81.0	26.0	107.0
		type 中的%	75.7%	24.3%	100.0%

法官内部对于案例二行为1是否构成犯罪存在认识差异，在百分比上显示93.9%的法官认为构成犯罪，6.1%的法官认为不构成犯罪，分歧不大。

⑥案例二行为2(对判决结果不满，律师喊知道背后勾当，要去纪委举报)是否构成扰乱法庭秩序罪

type * 二2是否构成交叉制表

			二2是否构成		合计
			构成犯罪	不构成犯罪	
type	法官	计数	30	36	66
		期望的计数	21.6	44.4	66.0
		type 中的%	45.5%	54.5%	100.0%
	律师	计数	5	36	41
		期望的计数	13.4	27.6	41.0
		type 中的%	12.2%	87.8%	100.0%
合计		计数	35	72	107
		期望的计数	35.0	72.0	107.0
		type 中的%	32.7%	67.3%	100.0%

法官内部对于案例二行为2是否构成犯罪存在认识差异，在百分比上显示45.5%的法官认为构成犯罪，54.5%的法官认为不构成犯罪，分歧巨大。

⑦案例二行为3(推搡中律师大喊后佯装躺地，但身上无明显外伤)是否构成扰乱法庭秩序罪

type * 二3是否构成交叉制表

			二3是否构成		合计
			构成犯罪	不构成犯罪	
type	法官	计数	41	25	66
		期望的计数	33.9	32.1	66.0
		type 中的%	62.1%	37.9%	100.0%
	律师	计数	14	27	41
		期望的计数	21.1	19.9	41.0
		type 中的%	34.1%	65.9%	100.0%

续表

		二3是否构成		合计
		构成犯罪	不构成犯罪	
合计	计数	55	52	107
	期望的计数	55.0	52.0	107.0
	type 中的%	51.4%	48.6%	100.0%

法官内部对于案例二行为3是否构成犯罪存在认识差异，在百分比上显示62.1%的法官认为构成犯罪，37.9%的法官认为不构成犯罪，分歧较大。

⑧案例二行为4（律师指使家属在法庭当场服毒，致庭审陷入混乱）是否构成扰乱法庭秩序罪

type*二4是否构成交叉制表

			二4是否构成		合计
			构成犯罪	不构成犯罪	
type	法官	计数	60	6	66
		期望的计数	58.6	7.4	66.0
		type 中的%	90.9%	9.1%	100.0%
	律师	计数	35	6	41
		期望的计数	36.4	4.6	41.0
		type 中的%	85.4%	14.6%	100.0%
合计		计数	95	12	107
		期望的计数	95.0	12.0	107.0
		type 中的%	88.8%	11.2%	100.0%

法官内部对于案例二行为4是否构成犯罪存在认识差异，在百分比上显示90.9%的法官认为构成犯罪，9.1%的法官认为不构成犯罪，分歧不大。

（三）法官与律师认识差异性检验的初步结论

1. 同一扰乱秩序的行为，不同群体间的认识因行为强度不同而产生差异

通过数据分析发现，法官和律师群体间会因扰乱法庭行为强度不同产生认识差异。问卷中严重扰乱法庭秩序行为，如“律师指使家属在法庭当场服毒，致庭审陷入

混乱”,法官和律师多认为该行为属于扰乱法庭秩序罪。对严重扰乱法庭行为两个群体间认识差异小。相对地,较轻扰乱法庭秩序的行为,如侮辱法官水平低、威胁要进行举报等,法官和律师的认识就显现较大差异,法官多认为属于扰乱法庭秩序罪,律师多认为不属于扰乱法庭秩序罪。

以殴打行为为例,《刑法》第 309 条第 2 款“殴打司法工作人员或者诉讼参与人”,案例二行为 1(律师推搡工作人员,致法警受轻微伤),法官和律师双方对该行为是否构成扰乱法庭秩序罪进行判断,卡方检验 $\chi^2(1)=31.148, p<0.001$。它表明法官和律师对案例二中行为 1 是否构成扰乱法庭罪的看法有极显著的差异,法官认为构成犯罪的有 93.9%,律师认为不构成犯罪的有 53.7%。与法官相比,律师更倾向于认为行为 1 不构成犯罪。因此,对较轻扰乱法庭行为,两个群体间认识差异大。

2. 同一扰乱秩序的行为,法官群体内部的认识差异大

分析还发现,同一群体内部认识也有不同,法官群体内部认识差异大。对同一个扰乱法庭秩序的行为进行是否入罪的判断,得出一个令人较为震惊的结论,法官在本研究列举的行为中,对 75% 的扰乱法庭秩序行为有较大或巨大差异认识。对同一行为有不同的判裁,说明在法条描述的扰乱法庭秩序行为中法官对该行为是否达到“严重扰乱法庭秩序”的认识是不同的。这也许与被调查人的经验、认识和思想有很大的关系。

三、扰乱法庭秩序罪在司法应用中的几点建议

(一)司法解释层面

1. 及时出台司法解释对主、客观行为加以限定

对于扰乱法庭秩序罪中主观、客观的行为应通过司法解释等形式加以限定,以保障法律适用的统一,体现罪刑法定原则。从本研究数据得知,对同一扰乱法庭秩序的行为,如侮辱、诽谤等扰乱法庭秩序行为,具体行为定性上还存在较大的主观性。法官和律师之间、法官和法官之间认识还存在较大差异,法官对条文含义常常有可能从不同的角度进行理解,极易导致法官差别裁判。应尽快出台具体的司法解释,帮助法官在判断行为是否入罪时有一个标准参照,也使律师对自己在法庭的行为具有预期的稳定性,有利于维护法律的统一和尊严。

2. 司法解释可参考相关罪名确定行为方式及严重程度

关于扰乱法庭秩序罪第 3 款侮辱、诽谤、威胁情节,可以参考侮辱罪、诽谤罪相关罪名和司法解释确定行为方式或严重程度。此外,“两高”《关于办理利用信息网络

实施诽谤等刑事案件适用法律若干问题的解释》中对通过信息网络实施的捏造事实诽谤他人的认定和情节严重程度作出了规定,但是笔者认为,扰乱法庭秩序罪是在庭审中的犯罪,且《刑法》第309条第3款所要求的"不听法庭制止""严重扰乱法庭秩序"在网络层面难以实现。所以扰乱法庭秩序罪的第3款行为应严格限定在法庭内实施,不宜延伸到法庭之外。

关于扰乱法庭秩序罪第1、2、4款中聚众哄闹、殴打、毁坏法庭设施、抢夺文书行为等,要确定伤害或破坏程度,可以参考寻衅滋事罪、聚众扰乱公共场所秩序罪、故意毁坏财物罪、抢夺罪相关罪名和司法解释确定行为方式或情节严重程度的客观标准。以寻衅滋事罪中随意殴打他人达到"情节恶劣"的标准为例,"两高"出台的相关司法解释规定"致1人轻伤或者2人以上轻微伤的"属于第293条第1款第1项规定的"情节恶劣"。该罪侵犯的法益是司法机关的正常审判秩序,认定时不仅要符合行为要件,即扰乱法庭秩序罪第2款殴打的程度要有所体现,而且要符合结果要件,即也要达到严重扰乱法庭秩序的程度。

(二)司法审理层面

1. 严格规范扰乱法庭秩序罪的诉讼程序

英美法系国家设立藐视法庭罪,对于当事人扰乱法庭秩序的行为,不经检察官起诉,由法官直接判决。从本研究数据来看,由于法官和律师之间、法官和法官之间对统一扰乱行为的认识还存在较大差异,为充分保障嫌疑人的辩护权利和保证法院判决一致性,我国不宜当场对扰乱法庭秩序行为构成犯罪的案件直接当场审理、判决。对于扰乱法庭秩序罪的案件,应该严格规范扰乱法庭秩序罪的诉讼程序,通过公安侦查、检察院起诉、法院审判的程序对被告人定罪量刑。

2. 严格遵循异地管辖原则和诉讼证明标准

目前对于扰乱法庭秩序罪案件的管辖规定,法律并无强制性规定。但考虑到扰乱法庭秩序案件的特殊性,笔者认为,不宜由原涉案法院管辖,应由上级法院指定异地同级别法院或直接由上级法院管辖,有利于实现司法公正,提升司法权威。对于扰乱法庭秩序罪的证据认定,也应该做到犯罪事实清楚、证据确实充分,其中庭审中录音录像应为必要的证据。

3. 严格解释扰乱法庭秩序罪的构成要件和要素

法官应恪守刑法谦抑性原则,严格解释扰乱法庭秩序罪的构成要件和要素。笔者认为,较轻行为尚未达成共识的慎重使用,较重行为具象解释可适用。首先,程度较轻,未达成普遍共识的行为,应该慎重适用。以"侮辱、诽谤、威胁"的主观规定为例，比如，律师对法官在法庭上的表现提出批评性意见（律师说法官拿的C证，水平不过关）、认为法院不公正（律师声称自己做证据更好，被警告后指责法官不公）、当庭抗议言辞激烈（对判决结果不满，律师喊知道背后勾当，要去纪委举报），单个行为不致严重扰乱法庭秩序的，也有可能被当作“侮辱、诽谤、威胁”而获罪。如何有效划清侮辱、诽谤、威胁的严重影响程度，尚有待司法解释进一步明确。笔者认为，对较轻的扰乱行为，应将扰乱法庭秩序罪的入罪门槛提高，对入罪设置必要的限制。只有用尽强制措施而不足以制止扰乱法庭秩序的行为，且行为将导致庭审秩序失控时，再考虑扰乱法庭秩序罪的适用。其次，扰乱法庭秩序行为程度较重的可适用，但应将较重的扰乱行为具象化，具体参考相关司法解释。对于律师闹庭行为，并不意味着必对其适用刑罚，立法构建了梯度有序的惩罚体系，法官应慎用刑罚，坚守刑法的谦抑性原则，保持司法克制。

（三）职业群体层面

1. 法官和律师群体应加强沟通

在正常司法活动中，法官和律师群体对于扰乱法庭行为产生认识和理解差异，是由双方的立场和各自认识局限所造成的。法官和律师群体应加强沟通，深化理解，化解紧张关系。在维护法庭正常秩序的前提下，法官要注意保障律师的辩护权，将律师为当事人权益极力辩护的激烈言论与单纯的闹庭言论区分开来，不得以扰乱法庭秩序罪的名义压制律师表达辩护观点或片面维持法庭秩序。在充分表达辩方主张基础之上，律师要注意自己的言行举止不能违反正常的法庭秩序。

2. 推动法律职业共同体的发展

法官和律师群体应当共同营造良好的法律环境，促使辩审双方对法律具有共同的理解，认可共同的法律语言，有共同的社会信念，增强共同承担社会责任的勇气和能力，努力推动法律职业共同体的健康发展。

四、研究方法总结及反思

（一）样本数量有限

本次研究对B市5个法院、7家律师事务所的66名法官和41名律师进行研究。虽然样本数量有限，但因严格遵循实证研究方法的抽样方法，得到的结论具有一定代表性。需要实际看待研究能力有限，搜集样本数量较小的现实。

（二）实证研究方法局限

实证研究是学术研究中的一种研究范式，对法律理论研究和实务工作有着重要作用。但实证研究也存在本质上的一些局限,在本研究中主要体现在三方面。第一,社会科学研究中人的思想复杂。本研究中观察到,受试的个别对象认为研究主题具有一定敏感性,不能完全消除压力环境下受调查者主观因素的影响。第二,价值中立难以实现。认识论原理基于所有研究身后都蕴含着某种无法证明的理论假设,所以主观因素或主体旨趣在一切研究中都不可能避免。[1]在本次研究中,笔者有一定的研究假设,对行为的轻重程度有一定的价值判断。第三,研究难以彻底排除其他客观因素的影响。如本次研究中,客观的司法环境和地区的司法文明水平对被调查者也可能具有影响。

结 语

扰乱行为的主观认识差异最终指向的是,是否服法服判,如果法官和律师对同一扰乱行为的认识及法官内部对同一扰乱行为的认识差异巨大,对该罪名能否实际应用并达到良好社会教育效果有着巨大影响。立法的扩容使扰乱法庭秩序罪适用的空间得到了扩展,确保扰乱法庭秩序罪敢用不滥用,需要出台有具体适用标准可操作性强的司法解释。加强管辖、证据规定等限制,司法应用中对于较轻行为尚未达共识的慎重使用,较重行为具象解释可适用。在外部环境上,法官和律师群体应加强沟通,推动法律职业共同体的发展。

---

〔1〕 参见周爱民:《实证研究的功效与局限》,载《学习时报》2014年4月14日。

论拐骗儿童罪法定刑设置的缺陷及其完善

秦　晓*

拐骗儿童罪,是指使用欺骗、利诱或者其他方法,使不满14周岁的未成年人脱离家庭或者监护人的行为。在1979年《刑法》及1997年修订的《刑法》中,拐骗儿童罪均只规定一档法定刑,且法定最高刑均为有期徒刑5年。法定刑反映国家对犯罪的危害程度的评价,因为具体犯罪法定刑的确定,是以通常情况下该犯罪的危害(包括行为的法益侵害性与行为人的罪过性)可能达到的最高程度和最低程度为依据。[1] 拐骗儿童罪无疑具有严重的危害性,它不仅侵害被拐儿童的人身自由和身体安全,还侵害家长的保护监督权,给被拐儿童的父母、亲属因骨肉分离、家人离散而造成巨大精神痛苦。拐骗儿童罪法定最高刑为有期徒刑5年,是否足以评价拐骗儿童罪可能达到的最高程度危害?这一问题值得深入研究。

一、以"抢童案"检视拐骗儿童罪法定刑的设置

以抚养为目的,使用暴力方法强抢儿童的,一般认为应以拐骗儿童罪定罪处罚,因为"拐骗"是对于拐骗儿童罪罪行的整体概括,是整体性评价,使不满14周岁的未成年人脱离家庭或者监护人行为的非法性质,采用欺骗、诱惑的方式使儿童脱离家庭或监护人的行为,是拐骗儿童,采

---

* 南宁市西乡塘区人民法院民一庭审判员。

〔1〕 参见张明楷:《刑法分则的解释原理》,中国人民大学出版社2004年版,第77页。

取偷盗、劫持、绑架等方法使儿童脱离家庭或监护人的行为,也是拐骗儿童。[1] 此外,将该行为定性为拐骗儿童罪,也是“举轻以明重”解释方法的必然结论——同样是使儿童脱离家庭或者监护人的行为,既然使用平和的方法成立拐骗儿童罪,那么,使用暴力、胁迫等强制非平和的方法,更加成立拐骗儿童罪。[2]

欺骗、利诱是拐骗儿童罪的常见犯罪手段,以抢劫方法实施拐骗儿童罪不多见,但现实中确有这样的案件,如发生在云南省宣威市的都某林拐骗儿童案。该案简要案情如下:2017年5月,在宣威市打工的都某林预谋抢点钱回老家,并抢个小孩抚养长大为其养老。选定作案目标后,都某林携带作案工具进入宣威市宛水街道杜某租住的房屋内,用手掐住杜某的脖子抢走现金400元,并用布带捆绑杜某及其大女儿蒋某媛,用封口胶封住杜某的嘴巴,后将杜某两岁的小女儿蒋某兰抢走。[3] 都某林的行为构成抢劫罪和拐骗儿童罪,前者法定最低刑为有期徒刑10年(入户抢劫),后者法定最高刑为有期徒刑5年。抢劫儿童对社会公众正义情感的损害无疑更甚于抢劫财物,但对于有预谋的入户抢劫儿童犯罪行为,法定最高刑仅为有期徒刑5年,在民众朴素的正义观看来,难免会误解刑法对人的保护不如对物的保护。

民众朴素的正义观用刑法上的“话语”来表达,就是罪刑相适应原则。罪重刑重,罪轻刑轻,罪刑均衡,罚当其罪,是罪刑相适应原则的基本要求。法定刑是刑法对具体犯罪危害程度的评价,是罪刑相适应原则在立法中的落实。刑法对具体犯罪所规定的法定刑及其幅度,是刑法依据该犯罪的严重程度对犯罪人所应承担的刑事责任作出量上的划分;法定最高刑就是标示行为最高程度危害的尺度,危害性越严重,法定最高刑就越高。例如,危险驾驶罪为轻微的犯罪,其法定最高刑仅为拘役,侵犯通信自由罪也是轻罪,其法定最高刑为有期徒刑1年;而故意杀人罪是极其严重的犯罪,其法定最高刑为死刑。法定最高刑是刑法对某一犯罪可能达到的最高程度危害的评价,这种评价是法律规范中的应然性判断。这些应然性判断大多与犯罪可能产生的最严重危害性相符,但也存在法定最高刑不匹配行为危害性严重程度的“上限”的情况,具体表现为以下两种情形:一种情形是法定最高刑低于行为危害性严重程度的“上限”。例如,在1997年《刑法》中,寻衅滋事罪法定最高刑为有期徒刑5年,不足以评价该罪可能达到的最高程度危害,故《刑法修正案(八)》将该罪法定最高刑提高

[1] 参见曲新久:《从“身份”到行为》,载《人民检察》2011年第17期。

[2] 参见张明楷:《刑法分则的解释原理》,中国人民大学出版社2004年版,第107页。

[3] 参见云南省宣威市人民法院(2017)云0381刑初350号刑事判决书。

至有期徒刑10年。另一种情形是法定最高刑高于行为危害性严重程度的"上限"。例如,盗掘国家保护的具有科学价值的古人类化石和古脊椎动物化石,固然具有严重的社会危害性,但从盗掘古人类化石、古脊椎动物化石罪所保护的法益看,规定该罪法定最高刑为死刑显然过于严厉,因此,《刑法修正案(八)》取消了该罪的死刑。

从理论上说,刑法中某些犯罪所设置的法定最高刑与该犯罪可达到的最高程度危害不相当的情况是可能存在的。对于拐骗儿童罪而言,以不同手段实施,它们之间的社会危害性程度可能存在质的区别。对于一般情形的拐骗儿童罪,最高刑有期徒刑5年足以评价其危害性,但通过前述都某林入户劫财、抢劫儿童案,我们可以直观地发现,对以抢劫方法实施的拐骗儿童罪最高只能判处有期徒刑5年,刑的严厉性与罪的严重性明显不相符。

二、现行《刑法》拐骗儿童罪法定刑设置的缺陷

拐骗儿童罪刑罚的严厉程度应根据危害程度的加重而呈现出阶梯性的特征,但现行《刑法》对拐骗儿童罪只设置一档法定刑,将法定最高刑设置为有期徒刑5年。这既不能应对拐骗儿童罪危害性表现形式的复杂性,更不足以评价拐骗儿童罪可能达到的最高程度危害,导致罪刑失衡。具体而言,现行《刑法》在拐骗儿童罪法定刑的设置上存在以下缺陷:

第一,对拐骗儿童罪能达到的危害程度缺乏深入的理性分析,忽略拐骗儿童罪犯罪手段的多样性及以不同手段实施该犯罪的危害程度的巨大差异性,导致以恶劣手段实施的犯罪与以一般手段实施的犯罪均适用同一档法定刑幅度,造成以不同手段实施的犯罪之间的罪刑失衡。判断某一具体犯罪设置的法定最高刑是否科学、合理,要从该犯罪依其性质可能产生的最严重社会危害性进行考察,但何谓"可能产生的最严重社会危害性",还是一种抽象表述,尚需要通过一定的方法使之具体化。就拐骗儿童罪而言,我们可以根据犯罪手段的不同,类型化地预判以不同手段实施的拐骗儿童罪可能达到的危害性程度。拐骗儿童罪的犯罪手段包括欺骗、利诱、抢劫等,其中,抢劫手段无疑是最为恶劣的犯罪手段之一,相较于其他手段的拐骗儿童罪,其社会危害性更为严重,因为它还侵害了拐骗儿童罪之外的其他法益,即直接侵害了被拐骗儿童的父母、亲属的人身安全。根据罪刑相适应原则,以抢劫方法实施拐骗儿童罪应处以更严厉的刑罚,虽然最高刑为有期徒刑5年可以评价侵害单一法益的一般情形的拐骗儿童罪的最高程度危害,但有期徒刑5年显然不足以评价侵害两种法益的抢劫手段的拐骗儿童罪的危害程度。另外,同样是"抢劫",抢劫罪基本犯法定刑幅度为3

年以上7 年以下有期徒刑,而以抢劫方法实施的拐骗儿童罪,其危害性不低于一般抢劫罪,但最高只能判处有期徒刑 5 年,显然不能罚当其罪。若为了满足罪刑均衡的要求,将儿童解释为"财物",适用抢劫罪的法定刑幅度,但将儿童解释为"财物"明显是违反罪刑法定原则的解释,无法为一般人所接受。[1] 可见,拐骗儿童罪只设置一档法定刑明显存在缺陷。

第二,未考虑被拐骗儿童的人数,拐骗一名儿童与拐骗多名儿童均适用同一档法定刑幅度,对拐骗多名儿童的行为不能升格处罚,造成拐骗儿童人数多寡之间的罪刑失衡。除犯罪手段外,拐骗儿童的人数也是衡量拐骗儿童罪社会危害性的重要情节。拐骗儿童人数越多,社会危害性越严重,应受到更严厉的刑罚处罚。例如,曾某胜拐骗两名儿童案,一审法院以拐骗儿童罪判处被告人有期徒刑 1 年;宣判后,公诉机关提出抗诉,称被告人拐骗两名 5 岁女童,不具有法定从轻情节,原判量刑畸轻,建议在有期徒刑 3 ~5 年幅度内对被告人量刑;二审法院支持公诉机关的抗诉意见,改判被告人有期徒刑 3 年。[2] 也许 1997 年修改《刑法》时,当时司法实践表明拐骗儿童罪绝大多数是以抚养为目的,而以抚养为目的拐骗多名儿童的情况不多见,故设置法定刑时不考虑被拐骗儿童的人数。但除不能具有出卖为目的外,抚养并不是拐骗儿童罪唯一的目的,拐骗儿童可能是为了报复他人,也可能是为了利用儿童行骗或行乞,等等。由于拐骗儿童的目的具有多样性(以出卖为目的除外),拐骗多名(3 名以上)儿童的情况是客观存在的。例如,范某等人为牟取非法利益,从河南省郏县将宁某(13 岁)、陈某(13 岁)、王某(14 岁)3 名女学生拐骗到福建省永春县的娱乐场所从事服务工作;[3] 再如,2015 年 8 月 27 日 9 时许,陈某在浙江省慈溪市浒山街道光辉路将曾某(7 岁)、吴某乙(8 岁)、吴某丙(12 岁)3 名儿童拐走。[4] 拐骗儿童罪的刑罚量与拐骗儿童的人数呈正相关关系,当拐骗儿童的人数达到一定的量时,拐骗儿童罪的法定刑就发生质变,即法定刑升格,否则会导致罪刑失衡。

第三,现行《刑法》中,拐骗儿童罪的法定刑与拐卖儿童罪的法定刑不协调,造成罪与罪之间的罪刑失衡。罪刑相适应原则不仅要求对于同一罪名,要根据犯罪的客观危害性的严重程度及行为人的主观恶性和人身危险性的大小,确定行为人应承担的刑事责任,做到罚当其罪,罪刑相当;也要求相类似犯罪之间的法定刑具有协调性,

---

[1] 参见孙洪山、陈文昊:《刑法中的归谬推理》,载《求是学刊》2017 年第 2 期。

[2] 参见四川省广元市中级人民法院(2016)川 08 刑终 171 号刑事判决书。

[3] 参见河南省郏县人民法院(2015)郏刑少初字第 5 号刑事判决书。

[4] 参见浙江省慈溪市人民法院(2016)浙 0282 刑初 640 号刑事判决书。

法定最高刑之间的差距不宜过于悬殊。因此,我们可以通过考察类似罪名之间的法定刑设置是否具有协调性,来判断某一罪名的法定刑设置是否合理。与拐骗儿童罪最相类似的罪名为拐卖儿童罪,二者的犯罪对象都是儿童,在行为方式上都可以通过"拐骗"实施,区分二者的关键在于主观目的,拐卖儿童罪须以出卖为目的,而拐骗儿童罪的目的具有多样性,但须不以出卖为目的。在现行《刑法》中,拐卖儿童罪法定最低刑为有期徒刑 5 年,拐骗儿童罪法定最高刑为有期徒刑 5 年,后者法定最高刑是前者法定最低刑,二者在法定刑幅度上存在衔接关系。法定最高刑是该犯罪可能具有的最严重危害性在刑罚上的标示,由此我们可以推定立法者认为拐骗儿童罪的危害性与拐卖儿童罪的危害性在程度上存在衔接关系,即"出拐骗儿童罪入拐卖儿童罪"。拐卖儿童是将人作为商品出售,是一种深不见底的人性之恶,是对儿童人格尊严的严重践踏,其社会危害性的严重性不言而喻,但拐骗儿童罪与拐卖儿童罪的危害性程度并不存衔接关系,理由分析如下:首先,拐骗儿童罪不是拐卖儿童罪的兜底罪名。行为人客观上实施了拐骗儿童的行为,但不能证明其具有出卖目的的,应认定其构成拐骗儿童罪,拐骗儿童罪似乎是拐卖儿童罪的兜底罪名,其实不然。因为在这种情形下只能认定为拐骗儿童罪,是刑事诉讼证明标准下的事实认定问题,与评判拐骗儿童罪的社会危害性没有关系。其次,在某些情形下,拐骗儿童罪的危害性不亚于拐卖儿童罪的危害性。根据最高人民法院、最高人民检察院、公安部、司法部《关于依法惩治拐卖妇女儿童犯罪的意见》的相关规定,以非法获利为目的,出卖亲生子女的,应当以拐卖妇女、儿童罪论处。从道德与人伦角度看,出卖至亲是天理难容的罪行,但出卖亲生子女毕竟是行为人自己决定的,骨肉分离是行为人自己选择的结果;再者,行为人虽具有非法获利的目的,但沦落至出卖亲生子女,多半是他们无奈的生存策略选择。而以抢劫方法实施的拐骗儿童罪,强行割断父母—子女这种大自然中最为牢固的关系,它除具有拐骗儿童罪通常所具有的社会危害性外,它还直接侵犯了他人人身权利,而且这种手段实施的犯罪极易引起社会恐慌。可见,以抢劫方法实施的拐骗儿童罪的危害性不亚于前述情形的拐卖儿童罪的危害性。拐骗儿童罪的危害性等于拐卖儿童罪的危害性时,二者法定刑幅度就应该存在交叉关系,而不能以后者法定最低刑的下限作为前者法定最高刑的上限。最后,从被拐者的角度看,拐骗儿童罪与拐卖儿童罪的罪质是相同的,因为二者对被拐儿童的人身自由和本来的生活场所的安全的侵害并无本质区别。《刑法》第 240 条规定,拐卖儿童 3 人以上的,或者以出卖为目的,使用暴力、胁迫或者麻醉方法绑架儿童的,法定刑升格。基于同样的逻辑,也为了协调相类似罪名之间法定刑的均衡,拐骗儿童罪也应将拐骗多名儿童及以暴力、胁迫方法拐骗儿童的情形作为法定刑升格条件，但现行《刑法》并未把这些情形规定为拐骗儿童罪法定刑升格的条件，显然是不协调的。

第四，从拐卖儿童罪（拐卖人口罪）法定刑设置的立法变迁看，拐卖儿童罪法定最高刑已从有期徒刑15年提高至死刑，但自1979年《刑法》以来，拐骗儿童罪法定最高刑一直维持在有期徒刑5年。在1979年《刑法》中，拐卖人口罪法定最高刑为有期徒刑15年。1983年9月2日，全国人大常委会通过《关于严惩严重危害社会治安的犯罪分子的决定》，提高了拐卖人口罪的法定刑，规定了拐卖人口罪可判处死刑的情形。1991年9月4日，全国人大常委会通过《关于严惩拐卖、绑架妇女、儿童的犯罪分子的决定》，将拐卖妇女、儿童罪的法定最高刑提高至死刑。1997年《刑法》取消拐卖人口罪罪名，对拐卖妇女、儿童罪法定最高刑规定为死刑。法定最低刑与最高刑的设定，不仅需要一罪不同罪刑阶段之法定刑之间达到平衡，而且在不同犯罪之间，也应该达到法定刑的平衡，若做不到这一点，罪刑相适应的罪刑法定原则要求就难以实现。[1]我们不否认拐卖儿童罪的危害性大于拐骗儿童罪，但除犯罪目的不同外，二者在很多方面是相同或相似的，尤其是在对被拐儿童权利的侵害上更无本质区别；若拐骗儿童罪与拐卖儿童罪法定最高刑的差距过于悬殊，无疑会造成罪与罪之间的法定刑失衡，不利于罪刑相适应原则的实现。因此，提高拐卖儿童罪的法定最高刑，而不提高拐骗儿童罪的法定最高刑，有失偏颇。

三、拐骗儿童罪法定刑设置的立法完善

行为的危害性及其程度是法定刑的设置根据。现行《刑法》规定拐骗儿童罪法定最高刑仅为有期徒刑5年，不足以评价拐骗儿童罪可能产生的最严重的社会危害性，其法定最高刑应予以提高。具体而言，应在拐骗儿童罪现行的法定刑幅度基础上，增加一档法定刑幅度，即规定法定刑升格的情形。以有期徒刑5年作为拐骗儿童罪基本犯法定刑幅度的上限，与拐卖儿童罪法定刑的设置相协调，也符合拐骗儿童罪危害性评价的要求，不存在量刑幅度偏大的问题。拐骗儿童罪以“人”为犯罪对象，相较于财产犯罪、经济犯罪，其危害性评价更为复杂，其基本犯法定刑幅度需要更大的空间，将拐骗儿童罪基本犯法定刑幅度的上限设置为有期徒刑3年，不足以评价拐骗儿童罪基本犯的危害程度。例如，在某些情形下，对于拐骗两名儿童的行为，最高仅能判处有期徒刑3年，不能做到罚当其罪，宋某拐骗王某甲（7岁）、王某乙（5岁）姐弟2

---

〔1〕 参见李洁：《罪与刑立法规定模式》，北京大学出版社2008年版，第162页。

人,就被判处有期徒刑4年。[1] 再如,王某珍、刘某双拐骗儿童案:被害人王某丙到其姑妈王某珍家玩耍,被其姑妈王某珍、姑父刘某双等人从贵州省毕节市拐骗到江苏省;王某丙父亲王某丁多次到王某珍家寻找,被王某珍、刘某双以各种理由隐瞒,致使王某丙脱离家庭和监护人监管近两年;最终,王某珍、刘某双分别被判处有期徒刑5年和4年。[2] 对于本案而言,从被告人的主观恶性及被害人被拐骗的时间看,若最高只能判处有期徒刑3年,则会造成刑的严厉程度与罪的危害程度不相适应的问题。

保留拐骗儿童罪现行法定刑幅度,将其作为拐骗儿童罪基本犯的法定刑幅度,要如何完善拐骗儿童罪法定刑的设置,实际上就是要研究拐骗儿童罪法定刑升格的条件及如何合理设置其法定最高刑。

(一)拐骗儿童罪法定刑升格情节的类型化

根据罪刑相适应原则,法定刑升格的基础是行为危害程度的加重,而行为的危害程度可以通过具体情节予以类型化。因此,我们可以通过情节对拐骗儿童罪的量刑升格条件进行类型化。笔者认为,对他人使用暴力、胁迫方法,使不满14周岁的未成年人脱离家庭或者监护人的,以及拐骗儿童3人以上的,量刑均应升格,理由前文已详述,不再赘述。有人认为,以收养为目的抢劫他人婴幼儿的情况少之又少,从一般预防的角度来看,没有必要对这种罕见的情况分配过高的法定刑。[3] 笔者对此不敢苟同。2013—2017年,全国各级法院共审结一审刑事案件548.9万件,其中,拐卖妇女、儿童犯罪案件4,685件。[4] 拐卖妇女、儿童犯罪案件发案率很低,该类案件只占一审刑事案件总数的0.085%,但这不影响《刑法》将拐卖妇女、儿童罪的最高刑规定为死刑。刑的严厉程度与罪的危害程度相关,与发案率的高低没有必然的关系,某类犯罪发案率虽然很低,但其具有严重的社会危害性,也应设置较高的最高刑。

笔者认为,除以抢劫方法实施拐骗儿童罪及拐骗多名儿童外,将儿童拐骗至境外的,量刑亦应升格。将儿童拐骗至境外,是指行为人将儿童拐骗至中华人民共和国境以外的其他国家和地区或者我国的香港、澳门特别行政区及台湾地区。《刑法》第240条将“将妇女、儿童卖往境外”规定为拐卖妇女、儿童罪的法定刑升格情节。相较于拐骗儿童罪,拐卖儿童罪是更为严重的犯罪,其法定最高刑为死刑。拐卖儿童罪为

[1] 参见浙江省温州市中级人民法院(2015)浙温刑终字第1183号刑事判决书。

[2] 参见贵州省毕节市七星关区人民法院(2015)黔七刑初字第502号刑事判决书。

[3] 参见王立志:《刑法解释的基本逻辑——以目的解释为中心》,载《河南警察学院学报》2018年第1期。

[4] 参见周强:《最高人民法院工作报告——2018年3月9日在第十三届全国人民代表大会第一次会议上》。

重罪,只意味着在罪与刑的比较关系中,拐卖儿童罪“刑”的上限高于拐骗儿童罪“刑”的上限,并不表示某一情节在拐卖儿童罪中危害性严重,在拐骗儿童罪中危害性就不那么严重。从被拐者的角度看,拐骗儿童罪与拐卖儿童罪对被拐儿童的人身自由和本来的生活场所的安全的侵害并无本质区别,换言之,不管是将儿童卖往境外,还是将儿童拐骗至境外,都使被拐儿童处于更为孤立无援的境地,被拐儿童的家属更难以查找被拐儿童的线索与下落,也极大地增加了相关机关查找、解救被拐儿童的难度。因此,将“将妇女、儿童卖往境外”规定为拐卖妇女、儿童罪的法定刑升格情节,也应将“将儿童拐骗至境外”规定为拐骗儿童罪的法定刑升格情节。不过,对“将儿童拐骗至境外”应作狭义的理解,即以长期或永久性将儿童拐骗至境外为目的;如果不以此为目的,短暂将儿童拐骗至境外,又将儿童带回境外的,不应升格刑罚。

(二)拐骗儿童罪法定最高刑的重新设置

法定最高刑的设置应以该犯罪可能达到的最高危害程度为依据。笔者认为,将拐骗儿童罪法定最高刑设置为有期徒刑10年,与拐骗儿童罪法定刑升格情形下可能达到的最高危害程度是相适应的。首先,相较于拐卖儿童罪,拐骗儿童罪是相对较轻的犯罪,故其最高刑不应设置为无期徒刑、死刑。其次,有学者指出,拐卖儿童罪是基本法的规定,而拐骗儿童罪是补充法的规定,二者之间存在基本法与补充法的竞合关系。[1] 笔者对此深以为然。将拐骗儿童罪升格的法定刑幅度设置为“五年以上十年以下有期徒刑”,与拐卖儿童罪基本犯的法定刑幅度相对应,不仅体现二者之间的竞合关系,更使二者的法定刑设置在横向上得到协调。最后,从域外立法例看,其他国家或地区拐骗儿童罪最高刑一般不超过有期徒刑10年。例如,我国台湾地区“刑法”第241条规定,略诱未满20岁之男女,或者和诱未满16岁之男女,脱离家庭或其他有监督权之人者,最高可判处有期徒刑7年。再如,我国香港特区《侵害人身罪条例》第43条规定,以任何方式非法引走、带走、诱走、骗走或禁锢任何14岁以下的儿童,意图剥夺其父母、监护人或其他合法照顾、看管该儿童的人对该儿童的管有,可处监禁7年。我国香港特区《刑事罪行条例》第126条规定,将一名年龄在16岁以下的未婚女童,在违反其父母或监护人的意愿的情况下,从其父母或监护人的管有下带走,可处监禁10年。又如,《日本刑法典》第224条规定,略取或者诱拐未成年人的,处3个月以上7年以下惩役。[2]

---

〔1〕 参见陈兴良:《共同正犯:承继性与重合性》,载《刑事法评论》2007年第2期。

〔2〕 参见《日本刑法典》,张明楷译,法律出版社2006年版,第83页。

四、结论

随着社会的不断发展，刑法中有些条文已不再适应社会发展的新要求，抑或刑法条文本身存在漏洞，为解决司法实践中出现的新情况、新问题，需要对刑法进行修改、补充。1997 年《刑法》施行以来，全国人大常委会除以一个单行刑法对《刑法》进行修正外，先后通过了 10 个《刑法修正案》，而根据全国人大常委会委员长栗战书 2019 年 3 月 8 日在第十三届全国人大第二次会议上所作的工作报告，制定《刑法修正案（十一）》已提上立法日程。

刑法理论研究是刑法修正的思想基础，刑事司法实践是刑法修正的现实根据，解决现实问题、完善刑事立法是刑法修正的根本目的。如前文所述，现行《刑法》规定拐骗儿童罪最高刑仅为有期徒刑 5 年，不足以评价拐骗儿童犯罪可能达到的最高危害程度，因此，拐骗儿童罪法定刑的立法设置应予以完善。笔者建议，在《刑法》第 262 条后增加一款，作为第 2 款："有下列情形之一的，处五年以上十年以下有期徒刑：（一）使用暴力、胁迫方法拐骗儿童的；（二）拐骗儿童三人以上的；（三）将儿童拐骗至境外的。"

并轨与融合:我国少年家事审判改革之路径探究

张英伦[*]　刘　蔚[**]

一、追溯:我国少年家事审判改革之实践尝试

(一)我国少年审判改革概览

1984年,上海市长宁区法院率先在刑庭设立专门审理未成年人刑事案件的合议庭,我国的少年审判制度改革就此拉开帷幕。但随着近年来未成年人刑事案件及涉案人数的不断下降,少年审判日益面临着因案源不足而导致的生存困境。为了有效解决这一问题,1993年,江苏省常州市天宁法院创建少年综合庭,将涉及未成年人的刑事、民事、行政案件纳入少年综合庭的受案范围。这期间也提出少年法院的概念和试点,2005年最高人民法院发布的《人民法院第二个五年改革纲要》确定试点设立少年法院,然而最高人民法院提出的关于设立少年法院的方案未获得全国人大常委会批准,这使设立少年法院的努力告一段落。[1] 2006年,最高人民法院开始在全国开展少年综合庭的试点工作,详细规定了少年综合庭的受案范围,并在全国15个省份选择17个试点中级人民法院推广少年综合庭建制,到2012年增加到了32个中级人民法院参与到少年案件的综合审判试点工作。目前,全国四级法院均已建立专门的少年审判机构或少年审判合议庭或指定专人审理。据不完全统计,全国共

---

* 广西壮族自治区高级人民法院民一庭副庭长。

** 广西壮族自治区高级人民法院民一庭法官助理。

〔1〕 参见陈爱武:《家事法院制度研究》,北京大学出版社2010年版,第174页。

设立少年法庭2200多个，其中包括“合议庭模式”、“综合审判庭模式”和“指定管辖、集中审判模式”等，组织机构呈现多元化发展格局，对少年审判制度改革的发展和完善起到积极的促进作用。[1]

（二）我国家事审判改革之发展现状

与我国少年审判制度的探索从实务界开始不同，我国家事审判改革的讨论是从理论界开始的。早在20世纪90年代初就有学者指出，以当前法院“当事人主义”的审判方式处理婚姻家庭纠纷以及未成年人利益保护问题，难以获得妥当的裁判。[2]司法实践中，法官对婚姻家庭纠纷案件过于机械和僵化的处理方式都使法院裁判受到了不少负面社会评价，而法官受到当事人带来的人身伤害事件也时有发生。鉴于家事审判的特殊性，近年来理论界开始反思用一般的审判方式解决家事纠纷所带来的不利影响，也开始寻求域外法院解决家事纠纷的良方，我国各地法院也纷纷为家事审判改革作出了努力。一些基层法院开始针对家事纠纷成立了专门的合议庭，如设立女子合议庭、婚姻家庭合议庭、妇女儿童维权庭等，尝试采用特别程序进行审理。[3] 2016年4月，最高人民法院发布了《关于开展家事审判方式和工作机制改革试点工作的意见》，并专门召开会议，在全国范围选择108个中基层法院，部署开展为期两年的家事审判改革试点工作。

二、反思：我国少年家事审判改革之现实困境

（一）独立少年或家事法院的构建困难重重

囿于少年审判的偏刑化导向，涉少行政案件以及大量民事案件被分流至各业务庭，全国各级法院年受理未成年人刑事案件总体受案量仍然较小。据不完全统计，2017年全国法院受理的未成年刑事案件多则100余件、少则不足20件，致使少年审判庭始终难以摆脱因案源不足而面临的生存困境。[4] 从长远来看案件数量过小，不

---

[1] 三种模式分别是长宁模式、天宁模式和柳州模式。参见方芳：《我国少年家事审判制度的构建》，载《中国青年社会科学》2016年第5期。

[2] 参见何燕：《论少年家事法庭的构建—— 一种中国式路径的思考》，载《烟台大学学报》2014年第3期。

[3] 1997年，湖北省襄樊市中级人民法院成立了婚姻家庭合议庭，1999年在各基层法院进行推广；四川、河北、北京等省市都有相关的改革举措；2010年3月广东省高级法院宣布在省内7个法院试点组建家事审判合议庭；2012年5月，徐州市贾汪区法院家事审判庭正式成立。

[4] 参见方俊：《少年家事法庭之探索与思考——以厦门市海沧区人民法院为样本》，载《司法改革论评》2016年第1期。

足以庭室正常运转,无案可办与其他业务庭案多人少的局面格格不入。少年综合庭的创立在一定程度上缓解了案源不足的压力,但又陷入"难以保持原有少年审判的特点和优势"的窘境。在诸多学者看来,建立少年法院是下一步改革的浪潮,是我国少年司法制度走向成熟的重要标志之一,由此方能解决受案范围与司法资源的"囚徒困境"。[1] 但与此同时,有学者通过分析指出,受制于司法资源的紧张,我国当前绝大部分的地区难以承载构建独立的少年法院。[2] 同样,受制于司法资源的紧张、缺乏共同认知和传统的强制权主义审判模式,构建独立的家事法院仍存在诸多现实障碍。2013年修订的《民事诉讼法》强化了法院调解的范围和方式,但对学界呼声很高的独立的家事审判程序却没有采纳,在一定程度上反映目前立法者在程序专业化构建上的态度较为谨慎。与普通法院不同的是,为了促进家事纠纷妥善解决,家事法院除了要配备大量的法官、法官助理和书记员之外,还需要专门设立家事调查员、调解员、心理辅导员等,这一情况也同样存在于家事法院。所以构建独立的家事法院或少年法院比普通法院需要更多的资源的投入,在目前缺乏充分论证和实务支持的情况下,仍很难获得财政上的支持和普通实务工作者的认同。

(二)受案范围及分类的混乱

在我国少年法庭试点过程中,由于未明确规定受案范围,各地涌现出诸多问题。有学者认为少年审判庭仅受理未成年人刑事案件,受理范围过窄,应当将涉及未成年人权益保护的民事案件和行政案件纳入其中。[3] 但也有一部分学者反对将少年案件与家事案件合并在一个庭审理,认为在我国少年司法根基尚浅的情况下,过多家事案件的审理,会冲淡少年审判的特色和优势。[4] 为了解决这一问题,2009年,最高人民法院在《关于进一步规范试点未成年人案件综合审判庭受理民事案件范围的通知》中重新对少年综合庭受理民事案件的范围进行了调整。最高人民法院以列举式的方式规定少年综合庭的受案范围,包括婚姻家庭与继承纠纷案件、侵权人或者被侵权人是未成年人的人格权纠纷案件、特殊类型侵权纠纷案件和适用特殊程序案件,其目的

[1] 参见俞亮、张弛:《关于构建有中国特色少年法院的思考》,载《中国青年研究》2010年第1期。

[2] 参见《中国审判》编辑部:《张立勇、宋玉兰等代表建议:设立少年法院势在必行》,载《中国审判》2012年第2期。

[3] 参见何燕:《关于我国未成年人民事审判机制的思考》,载齐树洁主编:《东南司法评论》(2014年卷),厦门大学出版社2014年版。

[4] 参见姚建龙:《创设少年法院必要性研究的反思》,载《青少年犯罪问题》2004年第2期。

是清晰地划分少年综合庭与普通民事法庭在受案范围的区别。[1] 但在司法实践中，除了一些有条件的试点法院将涉少民事、行政案件纳入少年庭受案范围，实际上，大部分法院的少年审判庭只审理涉少刑事案件，也有部分法院则是根据本院少年刑事案件数量的多少来决定受理涉少民事案件的种类和数量。在审理方式上，有的法院采取"大少审"审判模式，将涉少刑事、民事、行政和婚姻家庭类案件全部归口少年审判庭审理；有的法院采取"大家事"审判模式，将涉及妇女及未成年人合法权益的刑事及民事案件并轨归口由家事审判庭审理；有的法院采取"总体分离、部分融合"的审判模式，即按照法院传统分案做法，未成年刑事案件由少年审判庭审理，部分涉少家事案件亦由少年审判庭审理。其他家事案件则由民一庭审理，这种过于地方化的选择往往导致了各地少年法庭受案范围的混乱。

（三）相应激励机制的缺失

如前所述，由于少年和家事审判需要从事大量机制创新工作和案外延伸工作，这又往往导致法官审理此类案件需要更多的时间和精力，而我国现在仍主要以收结案数量来评价法官工作业绩，明显不利于对从事少年或家事审判工作的评估。笔者认为，少年或家事审判法官需要从事大量的庭前调查和调解、判后延伸等具有"后台"性质的工作，所以少年家事法官的工作量不能仅以案件数量来计算，而现有的法院业绩考核体系不能科学地体现少年、家事审判工作的特点，缺乏相应的激励机制。这些情况使少年与家事审判力量难以稳定构建，即便不少少年家事法官热爱此份工作，但能真正安心于少事家事工作的却寥寥无几。这一点在各地法院的司法实践中有所体现，但均未引起重视。

三、探寻：少年家事审判改革路在何方

（一）理论定位

"二战"以后的很多国家出现了少事和家事庭合一的发展趋势。例如，1922 年日本建立"少年裁判所"，而到了 1948 年日本把少年裁判所改成了少年及家事裁判所。1999 年，我国台湾地区高雄市建立了第一个少年法院，到了 2012 年则改成了少年和

---

〔1〕 2009 年，最高人民法院在《关于进一步规范试点未成年人案件综合审判庭受理民事案件范围的通知》明确把未成年人案件综合审判庭受理民事案件限制于：一是侵权人或被侵权人是未成年人的人格权纠纷案件；二是在婚姻家庭纠纷案件中增加了涉及子女抚养的同居析产案件；三是增加了侵权人或者直接侵权人是未成年人的特殊类型侵权纠纷案件；四是删除了兜底条款，即"其他涉及未成年人权益的案件，试点单位可以根据机构设置、人员配备及案件数量等实际情况自行确定"。

家事法院。[1] 为什么会有这种改革趋势？一个很重要的原因是，家庭是少年成长最重要的空间，少年审判与家事审判有着一脉相承的契合度，少年审判和家事审判的“理念相通”，即都遵循未成年人利益保护原则；“资源共享”，对专业法官的需求以及辅助机构和人员的介入；“程序相近”，即都主张庭前调查、寓教于乐和判后工作的持续跟进等。1993 年，在我国第一个少年综合庭成立不久，有学者就曾经预测：“江苏常州天宁区法院及其他一些基层法院所试点的综合性少年法庭，是走向家庭法院的开端。”[2] 但在过去 20 多年的改革中，少年审判并没有走与家事审判相融合的道路，而是处于分别运作的状态。然而，从少年审判的长远发展来看，案件数量过少，受案范围过窄，无疑不利于少年审判队伍的稳定和少年审判法官素质的提高，唯有通过适当地扩大少年审判的受案范围和增大受案数量，才能在法院目前极度紧张的司法资源配置中获得合理的配置。

笔者认为，充分整合少年审判和家事审判优质司法资源，将具有共同司法理念和程序设计的少年案件和家事案件合并在同一个法庭进行审理，成立少年家事法庭，探索少年家事审判庭的建制，可能是解决当下我国少年和家事审判发展困境最有效的良方，也是最务实的选择。这种将少年审判与家事审判合二为一的模式的优势在于：一是这一方案能够通过家事问题的妥当解决有效避免少年犯罪之诱因，以保障未成年人良好的生活环境和身心健康。二是这一方案将受案范围严格地控制在家事案件，这样既可以缓解我国少年审判庭因案源不足而导致的生存危机，又可有效避免因受案范围过于宽泛导致难以保持原有少年审判特点和优势的困惑。三是两者对专业法官的需求，对相关辅助机构和人员的积极介入，法官对判后工作的持续跟进等特点相似，所以，成立少年家事审判庭合并审理少年案件和家事案件具有了可行性和必要性。

（二）情境解读

2016 年 4 月，最高人民法院发布了《关于开展家事审判方式和工作机制改革试点工作的意见》，确定家事审判改革试点法院和方案，同时明确提出要整合少年审判和家事审判力量，试点法院可以根据情况自行确定少年审判与家事审判合并试点或分头试点两种模式。家事审判改革会议之后，我国部分法院根据最高人民法院的改

[1] 参见张晓茹：《日本的家事法院及其对我国的启示》，载《比较法研究》2008 年第 3 期。

[2] 陈建国：《让世界了解中国——记上海未成年人犯罪的预防、审判和矫治国际研讨会》，载上海市高级人民法院、长宁区人民法院编：《中国少年法庭之路》，人民法院出版社 1994 年版，第 215 ~218 页。

革方向，设立了少年家事审判庭。以广西为例，从 2015 年开始，广西部分法院便开始积极开展少年与家事审判机制改革创新。柳州市柳城县法院成立家事少年审判庭，形成“2 +4 +6 +3 +2 +1”(2 名审判长、4 名审判员、6 名人民陪审员、3 名书记员、2 名执行员、1 名宣传员)的家事少年审判团队，受理涉少刑事案件和涉少民事案件，以及离婚、继承、赡养、抚养等家事案件。〔1〕 广西柳州市中院成为广西第一个跨城区集中管辖家事、少年案件的法院，于 2016 年成立了柳州市家事少年案件审理中心，指定柳北区法院集中管辖四城区法院的家事及未成年人刑事案件，通过设诉前调解室，未成年人审判圆桌法庭，家事调查组、家事法庭、家事调解室、家事执行组，儿童观察室、惜缘工作室、心理疏导室，搭建了家事少年审判“立、调、审、执”一体化的信息化工作平台。〔2〕 实践表明，各地法院探索和创新的少年家事审判庭建制已初见成效，初步形成一些特色审判工作机制。因此，外国少年和家事审判的发展历史以及我国的司法实践启示我们，在我国当下的国情下，设立少年家事审判庭，将少年问题和家事事件合并在同一个法庭审理，是今后一段时期内我国少年和家事审判的发展方向。

四、建构：我国少年家事审判改革之具体设想

当然，少年家事审判庭审理少年、家事案件并非简单的“1 +1 =2”，而是少年家事审判机制在新形势下的传承和创新，在“少家合一”改革思路的指导下，该如何构建少年家事审判体系，笔者结合各地法院的司法实践，提出如下建议：

(一)机构设置：内部机构的合并与规范

1. 机构名称

从各地的少年家事审判机构设置的情况来看，目前各地法院审理少年、家事案件的机构名称有“未成年人及家事案件审判庭”“少年与家事审判庭”“少年家事审判庭”“少年及家事审判庭”“家事合议庭”“家事法庭”“家事审判庭”等，令人眼花缭乱。为此，亟待制定统一的制度予以规范。

---

〔1〕 参见赖隽群、骆丽丹：《广西首个家事少年审判庭成立》，载《广西法治日报》2016 年 1 月 19 日。

〔2〕 参见张晓军：《广西法院推进家事、少年审判改革工作现场会在柳召开》，载《柳州日报》2016 年 6 月 19 日。

2. 机构设计

(1)少年庭与民事庭的理性合并

从笔者调查的情况来看,我国大部分的中基层法院把家事案件放在民一庭,也有部分法院交给其他民事庭或派出法庭审理,民一庭的法官也在家事案件的审理上经验更为丰富,所以民一庭作为审理传统家事案件的业务庭,与原来的少年审判庭合并成立少年家事审判庭更为妥当。因此,在案件量大、司法资源较为充足的地区,可以将原来的少年审判庭与民一庭合并成立少年家事审判庭,民一庭的法官组成若干个家事审判团队,将主要从事家事案件的审理,而民一庭其他案件类型如侵权、房地产等非家事类民事纠纷则抽离出去交给其他的民事审判庭审理。合并后的少年审判团队仍然审理少年刑事案件、涉少行政、民事案件,这样少年家事审判庭就不用担心因案源不足而产生的生存问题。家事审判团队所受理的案件虽然在绝对数量上有所减少,但考虑到少年家事法官审理过程中要花更多的时间从事判前调查和判中调解、判后延伸等必要的附带工作,因此在这种情况下,合并后家事审判团队比原来独立时受案数量的减少是必要的,也是合理的。在案件量较小的地区,则可以根据各院实际情况从民一庭抽调若干名家事方面经验丰富的法官组成家事审判团队归入少年家事审判庭,继续留在民一庭的审判团队则继续审理其他民事纠纷。虽然人员有所减少,但受案范围也相应减少。这里需要特别注意的是,归入少年家事审判庭的家事审判团队,与少年审判团队是保持相对独立的,这样就不会出现同一个法官既审理涉少刑事案件又审理家事案件,同时避免出现家事审判覆盖少年审判的现象。[1] 这种相对独立的合并是可以在我国所有法院普遍推广的集约模式,对我国绝大多数中基层法院来说,组建这样的少年家事审判庭更容易得到编制和财力上的支持。

(2)中基层法院机构设置

由于我国绝大多数少年家事案件集中在中基层法院,而我国幅员辽阔,各地司法资源和案件数量差异较大,因此,设置少年家事审判机构一定要根据各地的实际情况。笔者认为,大部分中基层法院可以根据人员配置情况以及当地案件数量,灵活掌握设立少年家事审判庭,在案件量大、司法资源较为充足的地区,可以成立少年家事审理中心,跨区域集中管辖少年、家事案件;而案件量较小、司法资源不足的地区,可以合并成立少年家事法庭审判庭,优化资源配置。

---

〔1〕 参见姚建龙:《少年审判和家事审判的关系定位》,载《人民法院报》2018年1月22日。

(3)高级人民法院的机构设置

目前少年家事审判融合发展的相关制度仍在探索之中,顶层的设计和指导对少年家事审判改革的顺利开展至关重要,因此,高级人民法院应当成立独立的少年家事指导机构,统一指导少年和家事审判工作的发展,将少年家事审判理念、特色制度、工作机制自上而下贯彻落实,并及时总结经验,不断推动各项制度的完善。

(二)人员配备:保障功效的发挥

1. 打造专业的少年家事审判团队

首先,少年家事审判大量的延伸工作,需要更多的司法人力保障,在目前正在进行的法官员额制和法院人员分类管理制度改革中,应当为少年家事审判保留足够的员额法官。其次,专业化审判团队的设立,既有利于确保少年家事审判团队的适岗性,也有利于提高少年家事审判的质量和效率。在员额法官的选任上,家事审判团队需选拔一批具有一定社会阅历、熟悉婚姻家庭审判业务、热爱家事审判工作、掌握相应社会心理学知识、善于进行心理疏导的法官组成专业化的团队。少年审判团队则由热爱未成年人权益保护工作、熟悉未成年人身心特点、乐于与未成年人沟通的审判人员组成。再次,少年家事审判团队确定后,应保持一定的稳定性,避免调整交流过快,影响工作开展。最后,少年和家事法官还要加强培训,通过定期不定期培训、疑难案例解析、业务能手传授经验、专家授课点评、优秀裁判文书评选、庭审观摩评议、外出参观考察等形式,提高少年家事法官业务的专业化水平。

2. 探索配备各类司法辅助人员

这里所说的司法辅助人员除了法官助理和书记员外,还应当包括相关的家事调解员、家事调查员和心理辅导员等。在司法辅助人员的选聘上,应侧重法学、心理学、教育学、社会学方面的人才,具有良好的沟通技能以及地方威望高,被群众认可的人才也应该适当吸纳到队伍中来。通过引入第三方辅助机构和政府向社会购买服务等方式,积极配备专门从事社会调查、家事调查、家事调解、心理辅导等辅助工作人员。协调妇联、民政、司法行政等部门,建立心理干预团队、调查回访机构、家暴受害人救助机构等。通过政府购买服务等方式,支持社会组织参与婚姻家庭纠纷预防化解工作。发挥社区工作者、网格员及平安志愿者、"五老人员"等社会力量,推动工作进一步向家庭延伸、第一时间发现并处置婚姻家庭纠纷。另外,针对以往完全依赖家事调解员自主学习掌握工作细则而存在的弊端,法院可以定期开展培训课程和专题讲座,要求家事辅助人员必须到场接受培训,培训课程由法院资深法官主讲,并且定期邀请法学专家、心理学专家以及教育学专家开展专题讲座,传授知识,总结经验,确保少年家事审判团队的适岗性。

（三）范围界定：适用情形的类型化

前已论及，我国少年审判庭的生存困境主要来自受案范围的界定不明。所以合理界定少年和家事审判的受案范围是少年家事审判庭得以有效运行的关键。成立少年家事审判庭，内部应区分少年审判团队和家事审判团队，确保少年审判和家事审判的相对独立性。少年审判案件的受理范围，明确为受理未成年被告人、被害人为未成年人的刑事案件以及涉少民事、行政案件，保证少年合议庭的案源，避免少年审判因为案件少被边缘化。涉少民事案件的受理范围则是最高人民法院限定的四类案件，即侵权人或者被侵权人是未成年人的人格权纠纷案件、特殊类型侵权纠纷案件、婚姻家庭与继承纠纷案件和适用特殊程序案件。这里需要特别注意的是，虽然很多国家将少年“非刑事件”纳入少年庭（法院）的受案范围，但是目前在我国少年审判庭暂不宜将少年“非刑事件”纳入其中，少年“非刑事件”仍然交由公安、教育等行政部门处理为宜。家事案件的受案范围则包括所有的家事案件，即亲子关系案件、收养关系纠纷案件、婚姻案件及其附带案件、抚养及赡养纠纷案件、继承和分家析产纠纷案件、同居关系纠纷案件、确定身份关系的案件及基于身份关系而产生的家庭纠纷等。

（四）机制配套：优化内外部环境

1. 推进少年审判与家事审判的强强融合

设立少年家事审判庭，组建专业的少年家事审判团队，打造“大少审、大家事”审判体系，原来少年审判及家事审判中较为成熟的创新机制都可以相互借鉴。家事法官审理的强制权介入、第三方辅助机构和人员的积极介入等做法可以直接为少年审判提供参考，少年审判对犯罪未成年人给予特殊保护等做法同样可以有选择地嫁接到家事审判中，并根据实际情况不断发展完善。特别要指出的是，少年家事审判的一些制度有别于普通家事案件，值得继续推广。这些制度包括圆桌审判制度、多元调解制度、社会观护制度、不公开审理制度、国家救助制度、帮教回访制度、心理干预制度、绿色通道制度等。

2. 推动未成年人违法行为的教育矫治司法化

当前，由于现行司法体制对未成年人缺乏应有的管理和矫治，少年严重违法案件频发，引发社会强烈关注。〔1〕 世界许多国家和地区将少年犯罪和少年违法不良行为

〔1〕 参见方芳：《我国少年家事审判制度的构建》，载《中国青年社会科学》2016年第5期。

纳入少年司法体系,对行为尚未触犯刑法的未成年人或未达刑事责任年龄进行教育和矫治,是少年司法体系的重要一环。通过司法机关的介入,由司法辅助机构对违法犯罪的未成年人进行辅导和治疗,这种"准医学"的矫正模式,体现司法的预防性、教育性、保护性和人文关怀,以便未成年人能在社会中顺利成长,最终使其恢复正常的社会生活。

3. 健全适应家事纠纷案件的特别程序

家事审判职能的特殊性,决定了家事审判的程序设计与普通民事案件有所区别,家事审判改革的推进必然伴随着制定家事审判特别程序的需求,同时家事特别程序的制定也会进一步提升少年家事审判专业化水平。家事程序法应当包括以下几个方面的主要内容:一是贯彻调解优先原则。家事审判工作要把调解当作化解矛盾的利器,耐心细致地做好各阶段诉讼调解工作,把调解贯穿在审理全过程。二是合理分配举证责任,除了适用"谁主张,谁举证"的一般举证责任分配原则外,应当合理分配举证责任。三是强化法官职权干预,对于当事人客观上举证困难,但如果不调查又会影响到案件审理结果的,人民法院应当根据当事人的申请及提供的线索,依职权调查取证。四是探索灵活的审限管理模式。探索建立家事案件有别于一般民事案件的审限管理制度,对于情况紧急亟须解决的案件,应当优先审结,实现未成年人利益的最大保护。对于各方当事人矛盾激烈、对抗情绪严重的家事案件,要重视案件的处理效果,应当适当放宽审限的限制,积极作各方当事人的调解工作,力争实现案结事了。五是强化不公开审理原则。我国自古就有家丑不可外扬的传统习俗,鉴于此,家事案件的公开审理不利于当事人对涉及个人隐私、家庭隐私保护,不利于法院全面掌握案情和探求当事人的真实想法。因此,在家事案件审理中要向当事人释明,以不公开审理为原则、以公开审理为例外。

4. 构建多元化纠纷解决机制及犯罪预防模式

少年家事审判工作离不开党委、政府和社会多种力量的大力支持。人民法院要充分利用好诉前调解、行政调解、妇联调解、人民调解等社会矛盾多元化解平台,进一步加强与公安、检察、司法、妇联、共青团、基层组织等单位的沟通协调,完善联动机制,形成有效化解家事矛盾纠纷的社会合力,不断提高少年家事审判工作的社会参与程度,从源头上减少少年家事案件的发生。

结　语

少年家事制度改革正在如火如荼地进行当中,本文结合司法实践,就当前我国少年家事审判路径选择作了初步探究，以期通过少年与家事审判融合发展的制度构建，实现对未成年人、对婚姻家庭的保护及人文关怀。我们坚信，随着少年家事改革各项配套机制的不断完善，我国少年家事审判制度改革一定能拨开层层迷雾，见到向阳花开。

家事审判中实现未成年人利益最大化的思考

——以未成年人抚养权归属为视角

张　尧[*]　刘　强[**]

一、未成年人利益最大化原则的由来和内涵

（一）未成年人利益最大化原则的提出和确立

20 世纪以来，随着“儿童保护原则”“国家干涉主义”“尊重青少年的权利与自由”等新思潮的兴起，未成年人在家庭和社会中的权利主体地位日益受到重视，推动未成年人利益最大化原则逐步在国际法上得到确立。1924 年，国际联盟通过的《儿童权利宣言》（《日内瓦宣言》）提出的“以儿童的最大利益为前提作适当的考量”，成为未成年人利益最大化原则的先驱。1959 年，联合国大会通过的《儿童权利宣言》首次提出了“the best interests of the child”，明确“儿童的最大利益应成为对儿童的教育和指导负有责任的人的指导原则”[1]“（以保护儿童为目的）制定法律时，应以儿童的最大利益为首要考虑”[2]，成为未成年人利益最大化原则的雏形。1989 年，联合国大会通过的《儿童权利公约》正式确立了未成年人利益最大化原则，规定“关于儿童的一切行动，不论是由公私社会福利机构、法院、行政当局或立法机构执行，均应以儿童的最大利

* 广西壮族自治区高级人民法院民一庭法官助理。

** 广西壮族自治区高级人民法院民一庭法官助理。

〔1〕《儿童权利宣言》原则七。

〔2〕《儿童权利宣言》原则二。

益为一种首要考虑”[1]，明确指出“关于儿童的一切行为”都要首先考虑儿童的最大利益。

需要指出的是，对于英文“the best interests of the child”，国内有“子女利益最大化原则”“儿童利益最大化原则”“未成年子女最佳利益原则”等不同表述，主要分歧源自于对“child”之不同翻译。由于在我国语境下“儿童”是一个比较容易被混淆的概念，而“未成年子女”含有过多婚姻家庭法的标签，有直接限缩原则适用范围之虞，故笔者认为，宜将“child”翻译为“未成年人”，进而可以把“the best interests of the child”表述为“未成年人利益最大化原则”。

（二）未成年人利益最大化原则的内涵

未成年人利益最大化原则，是指充分尊重未成年人的权利主体地位，在解决有关未成年人的问题时，最大限度确保未成年人的生存和发展利益。《儿童权利公约》第3条第1款最为典型地反映了未成年人利益最大化原则，该条规定：“关于儿童的一切行为，不论是由公私社会福利机构、法院、行政当局或立法机构执行，均应以儿童的最大利益为一种首要考虑。”但公约没有对这一原则的具体内涵进行明确界定。经过学理分析，该原则应当体现三个方面的要求：①主体性，即未成年人的最大利益是未成年人作为独立主体的最大利益，强调尊重未成年人的独立主体权利和地位；②优先性，即未成年人利益最大化原则要求不仅要考虑未成年人的利益，而且要把它作为“首要考虑”，如未成年人利益与父母利益相冲突时，未成年人利益应处于优先地位；③全面性，即未成年人利益最大化原则就是要实现未成年人的全面发展，“为使其能在健康而正常的状态和自由与尊严的条件下，得到身体、心智、道德、精神和社会等方面的发展”。[2]

（三）未成年人利益最大化原则的国内外立法现状

未成年人利益最大化原则在国际法上得到确立之后，已经被许多国家认同并纳入本国国内法。英国1989年《儿童法》第1条规定：“法官在处理涉及子女问题时，应以儿童最大利益为首要考虑因素。”澳大利亚1995年《家庭法改革法案》正式确立“儿童最大利益优先原则”。美国1997年《收养和家庭保障条例》中也确立了“儿童最大利益优先原则”。大多数大陆法系国家的立法中没有直接规定“儿童最大利益优

---

[1] 《儿童权利公约》第3条第1款。

[2] 李明建：《离婚后未成年子女最佳利益原则的内涵及意义》，载《赤峰学院学报》（汉文哲学社会科学版）2009年第5期。

先原则”,但在婚姻家庭立法中关于子女监护权、亲权、父母照顾权、探视权的行使等规定都体现了该原则,典型如《法国民法典》《德国民法典》的相关规定。

我国是《儿童权利公约》的缔约国,根据“条约必须信守”原则,在制订和实施影响未成年人的国内法时,应与《儿童权利公约》保持一致,体现未成年利益最大化原则的精神和要求。2001 年 5 月公布的《中华人民共和国九十年代儿童发展状况报告》和《中国儿童发展纲要(2001—2010 年)》最早提出“儿童优先”这一概念。2006 年修订后的《未成年人保护法》[1]总则第 3 条中首次确定“未成年人优先保护”这一宗旨。与国外一样,在我国未成年人利益最大化原则集中体现于婚姻法及相关司法解释中,在离婚后未成年人抚养权归属方面主要有:①1980 年《婚姻法》第 29 条规定:“……哺乳期后的子女,如双方因抚养问题发生争执不能达成协议时,由人民法院根据子女的权益和双方的具体情况判决。”②最高人民法院《关于人民法院审理离婚案件处理子女抚养问题的若干具体意见》(1993 年)(以下简称《抚养意见》)规定:“人民法院审理离婚案件,对子女抚养问题,应当依照《中华人民共和国婚姻法》第二十九条、第三十条[2]及有关法律规定,从有利于子女身心健康,保障子女的合法权益出发,结合父母双方的抚养能力和抚养条件等具体情况妥善解决。”

二、我国涉及抚养权归属问题的法律依据

抚养权,是指父母对其子女的一项人身权利,拥有该权利的一方或双方,在子女成年之前,有权决定是否与子女共同生活,该权利在子女成年时消灭。而婚姻关系的解除,意味着父或母一方才能享有子女的抚养权,未成年子女由谁抚养的问题随之而来。我国关于夫妻离婚后子女抚养权问题的法律规定,贯彻子女利益最大化原则,具体体现在《婚姻法》第 36 条和《抚养意见》中,总体确立了以子女年龄为基准和以夫妻协议为基准确定子女抚养权归属的一系列裁判规则。

(一)以子女年龄为基准的确定规则

1. 子女两周岁以下

子女两周岁以下,以母方抚养为原则、父方抚养为例外。

首先,两周岁以下的子女,一般随母方生活。母方有下列情形之一的,可随父方生活:①患有久治不愈的传染性疾病或其他严重疾病,子女不宜与其共同生活的;

---

[1] 现行《未成年人保护法》是 2012 年修订的,总则第 3 条第 1 款保留“未成年人优先保护”的规定。

[2] 这里指 1980 年颁布的《婚姻法》,2001 年修订后的《婚姻法》规定在第 36 条、第 37 条。

②有抚养条件不尽抚养义务,而父方要求子女随其生活的;③因其他原因,子女确无法随母方生活的。[1] 其次,父母协议两周岁以下子女随父方生活,并对子女健康成长无不利影响的,可予准许。[2]

此外,哺乳期内的子女,也属于两周岁以下的子女,当然适用以随哺乳的母亲抚养为原则。对于哺乳期的期间问题,虽然法律没有明确规定,但结合《婚姻法》第 34 条"女方在怀孕期间、分娩后一年内或中止妊娠后六个月内,男方不得提出离婚"及原劳动部关于《女职工劳动保护规定问题解答》(1989 年)第 14 条"凡哺乳(包括人工喂养)一周岁以内婴儿的女职工,都应按本规定执行"、《女职工劳动保护特别规定》第 9 条"对哺乳未满 1 周岁婴儿的女职工,用人单位不得延长劳动时间或者安排夜班劳动"等规定,哺乳期应不得短于孩子出生至孩子满 1 周岁这一期间。

2. 子女两周岁以上

首先,对两周岁以上的未成年子女,父方和母方均要求随其生活,一方有下列情形之一的,可予优先考虑:①已做绝育手术或因其他原因丧失生育能力的;②子女随其生活时间较长,改变生活环境对子女健康成长明显不利的;③无其他子女,而另一方有其他子女的;④子女随其生活,对子女成长有利,而另一方患有久治不愈的传染性疾病或其他严重疾病,或者有其他不利于子女身心健康的情形,不宜与子女共同生活的。[3]

其次,父方与母方抚养子女的条件基本相同,双方均要求子女与其共同生活,但子女单独随祖父母或外祖父母共同生活多年,且祖父母或外祖父母要求并且有能力帮助子女照顾孙子女或外孙子女的,可作为子女随父或母生活的优先条件予以考虑。[4] 适用本条时,需注意子女"单独"随祖父母或外祖父母共同生活"多年"的限制条件。

最后,对 10 周岁以上的未成年子女,父母双方就随父或随母生活发生争执的,还应考虑该子女的意见。这是由于,已满 10 周岁的未成年子女已不再是无民事行为能力人,而属于限制民事行为能力人,有自己的诉求和愿望,且已具备一定的辨认与判断能力,所以应当充分尊重子女主体地位,重视子女个人意愿。在这类案件中,子女

[1] 《抚养意见》第 1 条。

[2] 《抚养意见》第 2 条。

[3] 《抚养意见》第 3 条。

[4] 《抚养意见》第 4 条。

的意见是法院判决的重要依据,往往决定着抚养权的归属。[1]

(二)以夫妻协议为基准的确定规则

在我国,离婚分为协议离婚和诉讼离婚两种。协议离婚得夫妻双方签订离婚协议书,而离婚协议书应当含有子女抚养问题的内容,否则无法在婚姻登记机关办理离婚登记。[2] 诉讼离婚虽不以双方达成关于子女抚养等问题的离婚协议为前提,但法律对于双方就子女抚养问题达成的协议亦予以尊重。《婚姻法》第36条规定:"哺乳期内的子女,以随哺乳的母亲抚养为原则,哺乳期后的子女如双方因抚养问题发生争执不能达成协议时,由人民法院根据子女的权益和双方的具体情况判决。"《抚养意见》第2条规定:"父母双方协议两周岁以下子女随父方生活,并对子女健康成长无不利影响的,可予准许。"《抚养意见》第6条规定:"在有利于保护子女利益的前提下,父母双方协议轮流抚养子女的,可予准许。"也就是说,如双方因子女抚养问题达成协议的,可以根据双方的协议确定。但是,在以夫妻协议为基准确定子女抚养权时,必须遵循未成年人利益最大化原则,理由是:第一,上述法律规定均明确适用夫妻协议"对子女健康成长无不利影响""有利于保护子女利益"等前提条件;第二,子女抚养协议的效力不同于一般民事意义上的合同,它具有涉及身份关系和第三人(子女)切身利益的特殊性,所以不应适用《合同法》的有关精神而过分强调夫妻双方的"意思自治",应当适用《婚姻法》《民法总则》的有关规定。

三、家事审判改革以来未成年人抚养权归属的审判实践

自2016年6月1日最高人民法院在全国开展家事审判方式和工作机制改革试点工作以来,家事审判改革的良好效果不断凸显。广西从2014年就率先开展了家事审判方式和工作机制改革,积极探索家事审判方式和工作机制创新,多项工作走在全国前列。广西全区各级法院转变旧观念,树立新理念,探索新方式,在家事审判特别是在审理涉及未成年人抚养权归属问题的案件中,切实贯彻未成年人利益最大化原则,维护未成年人的合法权益,审判质效不断提升。下面,我们择取广西法院近两年

---

〔1〕《抚养意见》第5条。

〔2〕《婚姻登记条例》第11条规定:"办理离婚登记的内地居民应当出具下列证件和证明材料:(一)本人的户口簿、身份证;(二)本人的结婚证;(三)双方当事人共同签署的离婚协议书……离婚协议书应当载明双方当事人自愿离婚的意思表示以及对子女抚养、财产及债务处理等事项协商一致的意见。"第12条规定:"办理离婚登记的当事人有下列情形之一的,婚姻登记机关不予受理:"(一)未达成离婚协议的……"

审理的三起典型案例，管窥家事审判改革以来抚养权归属的审判实践。

(一)抚养权无“归属”不准离婚

案例一：丁某诉李某离婚纠纷案

2012 年丁某与李某登记结婚，2013 年双方生育孩子。2015 年，丁某以夫妻感情破裂为由向法院起诉要求离婚，孩子由李某抚养。李某虽同意与丁某离婚，但不同意抚养孩子。

法院经审理认为，《婚姻法》第 21 条第 1 款规定：“父母对子女有抚养教育的义务。”本案中，丁某与李某双方均不愿携带抚养孩子，如准许离婚，势必导致双方消极对待孩子的抚养教育义务，不利于孩子身心健康及合法权益的保障，更不利于社会和谐稳定，故判决不准许丁某与李某离婚。

(二)抚养协议太离谱不予确认

案例二：陆某诉李某离婚纠纷案

2005 年陆某与李某登记结婚，2006 年生育孩子。2010 年，李某因犯贩卖毒品罪被判处死缓，入狱服刑。2017 年，陆某向法院起诉要求离婚，孩子由李某抚养。李某同意与陆某离婚，也同意抚养孩子。

法院经审理认为，陆某与李某虽然就离婚及孩子抚养问题达成协议，但结合本案实际，孩子是未成年人，正处于青春期，需要父母悉心照顾和监管，而李某尚余刑期较长，无法履行监护人的职责和义务，双方达成的离婚协议不具有可操作性，因此对该离婚调解协议不予确认。从有利于子女身心健康、保障子女的合法权益出发，判决准许陆某与李某离婚，孩子由陆某抚养。

(三)抚养孩子继母未必不如生母

案例三：方某与凡某抚养权纠纷案

方某与前夫邓某协议离婚，约定两个孩子由邓某抚养。2015 年 3 月，邓某查出癌症，请求方某在其死后照顾孩子，但因抚养费问题协商未果，方某未将孩子接走。无奈之下，邓某转而请求其朋友凡某，凡某应允与邓某登记结婚并照顾孩子。邓某去世后，方某认为其作为孩子生母，应是孩子的唯一监护人，孩子不应当由继母凡某抚养，向法院起诉要求凡某交还孩子。

案件受理后，为了准确查明案件事实，认定双方抚养孩子的能力和条件，法院首先利用单面镜观察室判断孩子与哪一方相处更为融洽；然后通过走访调查，对比生母与继母的家庭环境和工作现状；还委托妇联“惜缘工作室”的心理咨询师运用“沙盘模型游戏”对孩子进行心理评估。

法院经审理认为,孩子应当由哪一方当事人抚养,需从保护未成年人最大利益原则及有利于孩子身心健康成长出发,结合双方的抚养能力和抚养条件等情况综合评判。首先,从抚养孩子的立场来看,方某作为被抚养人的生母,在其前夫邓某病重去世前,因没有协商好抚养费用数额,未将孩子接回家中抚养,没有主动担负起母亲的责任;相反凡某与被抚养人并无血缘关系,其应邓某临终托付,在没有提出条件和代价的情形下,担负起两个孩子的抚养教育责任,让孩子得到了稳定良好的抚育和教育。其次,从抚养孩子的条件来看,方某的工作和收入不稳定,名下尚无房产,居住和生活不够稳定,而凡某的居住环境较好,经济收入较为稳定可观,有能力为被抚养人提供良好的学习、生活环境。再次,从个人生活习惯和抚养孩子实际情况来看,方某曾经照顾被抚养人一段时间,有一定的抚养经验,孩子对其也有一定的依恋和感情,但方某曾有赌博行为,且与孩子的祖父母存在矛盾,容易引发家庭纠纷等,存在不利于孩子身心健康成长的因素;凡某在邓某去世后一直抚养孩子至今,尚未出现不和谐情况,与孩子建立起了感情,凡某抚养孩子也得到了孩子祖父母的认可、支持和帮助。最后,从观察室的观察情况来看,方某只对其中的一名被抚养人关注较多,对另一名被抚养人的关注较少,而凡某与二被抚养人相处较方某更为和谐、融洽,其对二被抚养人的关注更为均衡。综合以上情况,法院认为目前由凡某携带抚养两个小孩更有利于小孩身心健康成长以及两个小孩间感情的培养和增进,判决驳回方某的诉讼请求。

四、家事审判中实现未成年人最大利益保护的立法思考

抚养权归属问题是家事审判纠纷涉及未成年人利益保护的重要领域,具有很强的代表性。这充分反映了我国婚姻家庭立法及司法在实现未成年人利益最大化保护方面的现状和问题。从婚姻家庭方面的立法看,我国尚未明确规定未成年人利益最大化原则,也缺乏相关的具体规定,已经日益成为家事审判中实现未成年人最大利益的突出制约因素,亟须加以完善。

(一)实体立法建议

1.明确规定“未成年人利益最大化原则”

在民法典分编婚姻家庭编中明确规定“未成年人利益最大化原则”作为处理包括抚养权归属等涉及子女事项的一个基本原则,并在民法典分编婚姻家庭编离婚章增加规定:“处理有关子女抚养、探视、监护等问题,应当以未成年子女的利益最大化为首要考虑。”

2. 规定判定“未成年人利益最大化原则”应考虑的相关因素

在民法典分编婚姻家庭编离婚章中增加规定，处理子女抚养、探视、监护等问题时，判定“未成年子女最大利益”，应当考虑下列因素：①子女的意愿，以及与子女愿望相关的子女的年龄和理解能力等因素；②子女与父母及其他人员的关系；③子女生活环境的变化可能对其产生的影响；④子女与父或母探视、交往的现实困难或花费，及其是否影响维系定期接触的父母子女间的感情；⑤父母各自的能力，或其他抚养人的能力，能否满足子女感情和智力上的需求；⑥子女的年龄、性别、生活背景及其他相关的因素；⑦保护子女不受虐待，家庭暴力或其他违法行为的伤害；⑧对待子女的态度、责任心；⑨其他因素。[1]

3. 保障未成年人独立陈述意见的权利

《抚养意见》第 5 条规定：“父母双方对十周岁以上的未成年子女随父或随母生活发生争执的，应考虑该子女的意见。”但是，一方面，该款规定考虑子女意见需以父母对子女抚养权存在争议为前提，显然不符合未成年人利益最大化的要求；另一方面，该条“十周岁以上”的规定系以《民法通则》第 12 条对无民事行为能力人与限制民事行为能力人的年龄划分为依据，而《民法总则》对此已进行修改，因此该规定已然滞后。有鉴于此，建议立法明确规定具备相应认知能力的 8 周岁以上的未成年子女对于其抚养问题有向法庭陈述意见的权利（不必以父母双方发生争议为前提）。

4. 将未成年人利益保护作为是否准予离婚的考量因素

父母对未成年子女有抚养、教育和保护的义务。法律赋予婚姻主体自主决定是否结束婚姻关系的权利，但离婚这种法律行为必将带来家庭关系和社会关系的变化。因此，在充分尊重离婚自由的同时，也要保护因为父母离婚而生活遭受影响的未成年子女的权益，对离婚自由进行适当的限制。现行《婚姻法》以夫妻感情破裂作为判决准予离婚的唯一标准，显然不利于对未成年子女权益的保护，立法应当将未成年人利益的保护作为是否准予离婚的考量因素之一。人民法院在处理离婚案件对涉及子女抚养问题的处理时，应当优先考虑是否有利于未成年子女身心健康，保障未成年子女的合法权益，促使双方当事人履行对未成年子女的抚养教育义务，对双方当事人均同意离婚但均不愿意抚养未成年子女的不予准许离婚。

---

〔1〕 参见陈苇、王鹍：《澳大利亚儿童权益保护立法评介及其对我国立法的启示——以家庭法和子女抚养（评估）法为研究对象》，载《甘肃政法学院学报》2007 年第 5 期。

（二）程序立法建议

1. 确立职权探知主义原则

家事案件不同于一般民事案件，人民法院审理家事案件应当贯彻职权探知主义原则，向当事人释明举证义务，必要时依职权进行调查取证，弥补当事人举证能力之不足，以查明案件事实。在审判实践中，由于受到认知能力等因素限制，作为利害攸关方的未成年子女无法和父母平等地进行对话，无法实质性地参与到与己相关的事务中。为了在解决抚养权归属等家事纠纷时，最大限度地实现对未成年人利益的保护，人民法院在审理案件中就有必要适度扩张职权范围，通过单面镜观察法、社会调查等多种形式，对涉及未成年人利益事项进行主动调查，采取理性、科学的司法能动干预。

2. 引入心理辅导评价机制

未成年人身心具有脆弱性、模糊性、易变性的特点。在审理涉未成年人的抚养权归属等家事纠纷案件中，可以根据案件情况，对未成年人进行心理辅导评价。心理辅导评价机制，可由家庭、学校、社区、心理辅导机构组成心理评价团队，对未成年人进行心理咨询、情感疏导，同时对未成年人的身心状况、抚养意愿等事实进行调查和评估。这有利于让未成年人在家事纠纷中，保持一个相对平和的心态和被保护的状态，不受心灵上的伤害。心理评价团队在案件审结后，也需要再次进行心理状态评价，可根据实际情况对未成年人后续的身心发展进行跟踪。

3. 设立家事案件回访制度

为最大限度地修复或者重建婚姻家庭关系，促进家事纠纷的有效解决，增强家事审判的社会辐射功能，体现司法人文关怀，建议设立家事案件回访制度，对法院审结并已生效的离婚纠纷、抚养纠纷或探望权纠纷等特殊敏感的家事案件进行回访。回访应遵循保障非直接抚养方的探视权利、最大限度保护未成年子女权益、回访与服务相结合等原则。可采用电话回访、实地回访、委托社会调查等多种形式，认真听取回访对象的意见，对回访对象反映的问题及时给予解答，协调解决回访对象在生效裁判履行过程中出现的矛盾。对于涉未成年人抚养归属案件，回访时主要关注未成年人的后续生活状况、直接扶养人的态度及未成年人的身心发展等情况，如发现未成年人出现心理问题的，应及时安排专业人士对其进行心理疏导。认真做好回访记录，以作为再次发生涉未成年人抚养纠纷时的裁判依据。

结　语

随着家事审判机制和工作方法改革的顺利推进，未成年人利益最大化原则在审判实践中得到日益广泛的运用。但是,当前我国婚姻家庭方面的立法尚未明确规定未成年人利益最大化原则及相关具体规定,与时代要求和实践需要存在一定差距。为此,本文提出了一些立法建议。虽然我们无法保证上述制度构想能够保障在家事审判中实现未成年子女最大利益,但至少我们希望,制度的改革和完善以及司法实践中的创新能够最大限度地保障未成年子女的合法权益。

司法体制改革引发的民事诉讼独任制适用范围的困境及扩张对策

——以广西法院采集数据为引

杨　钉[*]　蒋维维[**]

一、问题引出

广西法院司法体制改革自2016年全面铺开,通过司法体制改革,至2018年5月,全区现有员额法官4,492名,改革前全区法官人数为7,296。而自2015年5月1日全区法院落实立案登记制,大量纠纷涌入法院,案件数量更是进一步增长。2017年当场立案率达90%。据统计,2015年5月1日至2016年4月30日,全区法院一审登记立案共计322,154件(不包括刑事公诉案件),同比增长25.14%。其中,民商事案件230,855件,占登记立案总数的71.66%,同比增长22.24%。2016年5月1日至2017年4月30日,全区法院一审登记立案共计347,265件(不包括刑事公诉案件),同比增长7.79%。其中,民商事案件256,371件,占登记立案总数的73.83%,同比增长11.05%。2017年5月1日至2018年4月30日,全区法院一审登记立案共计358,728件(不包括刑事公诉案件),同比增长3.3%。其中,民商事案件268,354件,占登记立案总数的74.8%,同比增长4.67%。通过这笔数据的分析,不难看出案多人少的矛盾相对突出。全区各法院也纷纷探索高效率

* 广西壮族自治区高级人民法院立案庭员额法官。

** 广西壮族自治区高级人民法院立案庭法官助理。

解决这一矛盾的途径,扩大独任制的适用范围便是其选择的方式之一。而在我国现行立法设计中,独任制的适用范围被限定得很狭小,不能发挥其高效率的优势。合议制又在案多人少的情形下流于形式,出现了"行合实独"的尬境,独任制存在范围扩大的现象,让我们不得不思索独任制适用范围的扩张乃为司法实践所需,亦为司法体制改革配套制度所需。本文旨在分析独任制适用范围扩大面临的困境及其特点,从而寻求独任制"版图"扩张的对策,以期为更好地促进案件纠纷解决、提升司法公信力提供浅薄之见。

二、我国独任制适用范围的主要特点及形成原因

(一)我国独任制适用范围的主要特点

独任制,作为与合议制并存的一种审判组织形式,自立法之初发展至今,呈现出具有中国特色的具体形式,从我国民事诉讼法及民诉法司法解释等现行法律条文的规定及目前司法审判的实践分析,独任制在发展的过程中主要呈现出以下几个方面特点:

1. 与简易程序相重合。

诉讼程序分为简易程序和普通程序,审判组织形式分为独任制与合议制,两组概念从法理上应该是有区别的,不可混为一谈。但根据我国《民事诉讼法》第39条的规定,我国的立法设计就是将独任制与简易程序、合议制与普通程序互相捆绑在一起的,从而致使在司法实践中,独任制与简易程序之间是画等号的存在。正如学者所言:"我国简易程序将简易程序与独任制对应、将普通程序与独任制截然分开,这在世界范围都是特立独行的。"[1]我国简易程序最大的特点就是由一名法官独任审理案件,这种审判程序和审判组织形式设计上的混同给司法审判带来了很多问题。

2. 仅适用于一审程序。

我国民诉法是将独任制放在第一审的审判组织形式中,第二审、重审程序、再审程序均不得适用独任制,只能适用合议制和普通程序审理案件。这就严格将独任制完全排除在了除第一审程序之外的其他民事审判程序。

3. 仅在基层法院或派出法庭适用。

我国《民事诉讼法》第157条规定,基层人民法院和它派出的法庭审理事实清楚、权利义务关系明确、争议不大的简单的民事案件,适用简易程序。这是法律对其适用

---

[1] 傅郁林:《繁简分流与程序保障》,载《法学研究》2003年第1期。

范围进行了限定。这就排除了中级人民法院对独任制的适用。这在实践中也是存在较大问题的。按照我国目前对第一审民事案件的管辖标准来说，达到一定标的额的民事案件，第一审民事案件就不归基层法院管辖了，而是由中级人民法院管辖。但实际上，进入中级人民法院的案件，并不是每一件都是疑难复杂案件。例如，有些简单的民间借贷纠纷，仅仅是因为数额较大就被排除了基层法院的管辖，如此亦排除了独任制的适用，"一刀切"地适用合议制审理，是对审判资源的极大浪费。

4. 范围限定在事实清楚、权利义务关系明确、争议不大的案件。

《民诉法解释》第256条对此进行了解释，即《民事诉讼法》第157条规定的简单民事案件中的事实清楚，是指当事人对争议的事实陈述基本一致，并能提供相应的证据，无须人民法院调查收集证据即可查明事实；权利义务关系明确是指能明确区分谁是责任的承担者，谁是权利的享有者；争议不大是指当事人对案件的是非、责任承担以及诉讼标的争执无原则分歧。尽管对此进项了概括性的描述和解释，但在具体应用的过程中，由于缺乏具体的操作规程和适用的区分标准，很容易在实践中被作扩大性的解释。

（二）我国独任制适用范围的形成原因

通过前文分析，我国对独任制的适用范围限定得比较严格，相对于合议制而言，现行法律对其着墨不多，与其相关的法律条文篇幅很少，独任制在立法设计上完全是作为对合议制的一种补充和辅助，立法当初之所以如此设计是具有一定的背景和缘由的，探究起来，应该是基于以下几点原因：

1. 慎用独任制，有利于防止个人独裁及抑制司法腐败。我国现行立法采取的是合议制为主、独任制为辅的形式。合议制，是指由3名以上的审判人员组成合议庭，代表法院行使审判权，对案件进行审理并作出裁判的制度。[1] 合议制注重的是合议庭全体成员意志的贯彻执行，更多强调的是一种集体智慧和决议的体现。而独任制更加注重的是独任，是法官个人专业素养、个人品质的体现。立法当时，由于历史条件所限，以及当时大环境下，立法者更愿意相信，合议制通过合议庭成员共同合议，共同决策，能较大程度地克服个人认知上的缺陷，通过集体智慧和决议产生的裁判结果更能被外界信服及推崇。而法官个人独任审理，由于受认知、个人专业水平、个人情感喜恶等因素的影响，不可避免地容易形成主观偏执和裁判武断。因此合议制被认为具有独任制不可比拟的优势，故立法之初立法者更加推崇合议制而非独任制，法律

〔1〕 参见江伟、肖建国主编：《民事诉讼法》（第7版），中国人民大学出版社2015年版，第61页。

青睐于更能体现“民主”形式的合议庭制度就不难理解了。

2. 立法初期，案件数量与审判力量之间的相对均衡态势，致使独任制在与合议制的博弈中处于下风。立法之初，放眼我国经济形势，市场经济主体参与经济活动的形式还较为单一，老百姓的物质生活水平普遍还比较低，民众法律意识不强，民风较为淳朴，民众更看重邻里和谐，即使产生案件纠纷，也因早期“厌诉，怕诉，诉丑”思想的影响，更倾向于求助私力救济，或者选择民间组织的调解斡旋，不愿将纠纷诉至法院，对诉讼是不主张和不推崇的心理。因此，立法初期，进入法院的案件数量相对较少，以法院当时的审判力量，组成合议庭审理案件，尚能应对和消化当时缓慢增长的案件数量，亦能平衡案件数和法官办案压力的矛盾，故独任制的优势当时并未完全体现出来，其在与合议制的博弈中败下阵来，也在情理当中。

3. 在立法当时独任制缺乏法治大环境，尚未建立起一支专业化、职业化、团队化的法官队伍。独任制，是在一名法官的独任审理下，通过对案件事实和法律关系的抽丝剥茧，运用法律知识和业务技能对案件作出客观公正的判决的审判制度。较合议制而言，首先就要求法官要具备更高的专业素养及业务才能。而立法初期，进入法院审判队伍的人员，有转业军人、工勤人员等非法学科班出身的人，他们并未经过法学知识的系统性学习，也没有经历过法学教育和法学思想的洗礼和沉淀，个人对法律的理解和认识都存在偏差，专业水平参差不齐，办案能力高低不一，还未形成一支专业性的法官队伍。在这种情况下，适用独任制审理案件，极有可能会出现个人独裁，导致案件不公，让法院裁判的公信力大打折扣。而适用合议制，即使部分合议庭成员的法律素养在水平上存在偏差，但经过集体商讨，集体决策，能够弥补这方面的不足，总体上更能保障案件裁判结果的审慎和公正。“换言之，裁判的主体人数越多，事实认定的真实程度越高，进而使裁判的公正性越高。”[1]

故鉴于以上这些因素，立法更倾向于选择更能体现集体智慧和集体决议的合议制。

三、司法体制改革背景下独任制适用范围的困境与适用范围扩大的必然性

如上所述，目前日益增长的案件数量和法官队伍参差不齐产生的矛盾，促使我国法院加快了司法体制改革的步伐。对此，我国正在且已经构建了一支高素质、高效率的审判团队，致力于实现“让审理者裁判，由裁判者负责”的目标。通过法官人数的精

---

[1] 林剑锋、陈中晔：《合议制与独任制》，载《人民法院报》2006年4月14日，第B04版。

简以及人员的优化配置,让法官从一大堆行政事务中解放出来,专心致志地办案。诚然,这极大地促进了审判效率的提高。但是,法官人数的精简,也对法官的个人素质及专业才能提出了更高的要求,只有符合条件的法官才能进入员额法官的队伍,才能有能力担负起审判的责任。在此背景下,独任制运用存在急需突破的困境,也存在扩大适用的必然性。

(一)司法体制改革背景下独任制适用范围的困境

1. 司法体制改革引起的员额法官人数精减与立案登记制实施过程中触发的案件数激增的矛盾日益突出,现行立法对独任制适用范围的规定已不再适应现实需要。

就拿广西法院的数据来进行对比,法官员额制实行以来,法官人数相对司法体制改革前已经减少了2/5,但案件数却呈爆炸式的增长态势,尤其是基层人民法院,案件数更是呈井喷式增长的趋势。由于合议制至少需要3个人以上单数的人员进行审理、合议,那么其在运行中,则可能会在各个审判流程的节点上出现较多的问题,或因为各合议庭成员时间上的安排不一致,或者因合议庭成员其他事务性工作的影响,在案件审理合议过程中,案件会拖延,很难高效率地解决案件纠纷。如果仍然继续采用合议制为主、独任制为辅的制度,已经很难满足目前所要求的高效率审判的需求,笔者在基层法院和中院工作过,亲身经历诉讼爆炸带来的改变,由于承办案件的法官办案压力巨大,虽然案件挂着合议制的名义,但实际上案件还是由主办人全程负责和把控,从庭前准备、开庭审理再到案件合议、出具文书,主办人都是全程掌控。合议庭成员很多时候迫于自己办案的压力(就南宁市的一些基层法院来看,平均每年法官人均收案数多达400件已不是什么稀奇的事),对参与合议的案件没有时间和精力去详细审查,更有甚者对案件的基本情况都不清楚,只是简单附和主办人的意见,有的更是合议过后,再次提起该案件时,都无甚印象,更别提合议庭对案件质量负责了。另有陪审员参加的合议制,还需用非专业化的语言向他们阐明事实和法律问题,以便他们能正确理解并形成公正裁断,这往往旷日费时。[1] 因此,在主办人怠于解释和阐明的情形下,陪审员也只能是陪坐陪审而已,真正对案件参与的往往是案件主办人,而立法对独任制适用范围的限制又无法突破,在一些基层法院不可避免地出现"一人审理,两人陪坐"的尬境,从而使合议庭合议的案件显现出"形合实独"的境遇。由此可见,一些基层法院合议庭制度的运用不但不能保证案件的质量,反而是极大地浪费了司法资源。

---

〔1〕 参见汤火箭:《合议制度基本功能评析》,载《河北法学》2005年第6期。

2. 立法上缺乏对独任制适用范围的完整性设计,其只是作为合议制的辅助性或补充性角色存在。

纵观我国民事诉讼法及司法解释等现行法律,立法上对合议制、普通程序规定得很详尽,但对独任制、简易程序的规定则是含糊笼统的,缺乏完整性设计。例如,运用独任制审理案件,能否适用审限延长?适用简易程序审理的案件,转为普通程序审理后,原主办人在合议庭中能否继续审理本案?当事人是否可以申请回避?独任制与合议制转换的标准是什么?等等。如前所述,我国现行民事诉讼法将审判组织形式与民事诉讼程序相混同的做法,势必会导致部分简单案件由于审限的限制被迫选择合议制,而一些繁案由于缺乏繁简案的区分标准被编入适用独任制的行列。

3. 独任制适用范围过于狭窄化,导致一些法院人为对适用范围作扩大解释,不利于法治的同一性,也不利于维护司法公信力。

前文亦述,在案多人少的压力下,许多基层法院存在"形合实独"的现状,在具体适用上,为了解决案多人少的矛盾,提高办案效率,一些法院存在对独任制的适用范围作扩大解释的现状。就拿广西某些基层法院来说,一些案件压力特别巨大,案件数量急剧增长的基层法院,会将房地产开发合同纠纷的系列案件列为简易程序案件,适用独任制审理。而在同辖区的案件相对来说压力不大的其他基层法院,则又将此类案件列为普通程序案件,适用合议制审理。如此立案标准不统一,将会引起公众对司法公信力的合理质疑,司法权威也会遭受破坏,故统一独任制适用范围极有必要。

(二)独任制适用范围扩大的必然性

1. 司法体制改革框架下的法官责任终身制及错案终身追究制,使独任制运行中的腐败现象越来越缺乏滋生的土壤。

在未实行员额法官责任终身制前,法院审判遵循的是行政化管理模式,即文书的签发需要庭长、院长等行政级别的领导来完成,庭长、院长对文书的签发具有决定权。这就很难避免领导干涉过问案件的现象,而案件主办人基于个人人情、面子问题、日后升迁等各方面因素的考虑,都不得不屈服于这种行政干预下,剥夺了主办人的自主裁判权,导致所处理的案件最终可能都不是主办人的裁判原意,而是行政命令的体现,极大地损害了裁判的公正性,损害了司法裁判公信力。司法体制改革后,司法审判贯彻的是"让审理者裁判,由裁判者负责"理念,对法官个人的责任加重,法官要对自身所办理的案件负责,而且错案也会被终身追究责任。在这种背景下,领导干预案件,过问案件的情形会大大减少。此外,司法体制改革后,去行政化的模式赋予了合议庭、员额法官极大的审判权力,同时也建立了与之相重的责任,从而使该种权力的行使在制度的笼子里得以有序运用，这将会减少司法腐败的土壤，法官的主观能动性提高，从而使独任制审理具备了较好的法治环境。

2. 扩大独任制适用范围是现行司法体制改革与司法实践的必然要求。

"案多人少"的矛盾，已经引起广大学者及立法者的重视和思考，也促使法院不断探索，研究各种途径来解决这一矛盾。司法体制改革的目的就是集合法院的精英力量去解决这一矛盾，高效率解决纠纷是改革的应有之义。独任制，因具有快速决断、高效率、节省诉讼资源的优势越来越多地被运用。正如范愉所说的"近代以来形成的司法正义观，正当性理念逐步让位于现实主义的法理念，对效率、效益的强调成为司法的主要因素或动力"，[1]因为法官人数的精减，案件数量大幅度上升，合议制的实行也不可能大范围地适用，俗语有云，"迟来的正义非正义"，如此独任制适用范围的扩大则呼之欲出。就广西法院系统为例，广西高院分别于2016年、2017年出台了《全区法院诉讼服务中心升级版建设方案》《关于进一步推进民商事案件繁简分流优化司法资源配置的实施细则（试行）》，将分流化解30%～50%的民商事案件作为目标，并选出了6个基层法院及3个中院作为试点法院。经过1年多的试行，6个基层法院分流民商事案件均达到了50%以上，更有甚者已达到70%以上，现广西法院系统已在全区范围内开展民商事案件的繁简分流。由此组数据可以看出，独任制的运用在基层法院有着广阔的发展空间。

3. 现行法院系统已构建了一支趋于专业化、职业化、团队化的法官队伍，为独任制的进一步适用奠定了人才基础。

相较合议制而言，独任制对法官个人的专业素养和才能要求会更高。与立法初期不同的是，进入法官队伍的人员都要通过司法考试，还要经过初任法官的培训，更需经过司法实践中作为书记员和助理法官的历练，在司法体制改革背景下，办案人员要进入到员额法官的队伍，则还需要经过笔试、面试、考核等遴选程序，优中选优，将优秀的法官纳入员额法官的规范化管理中，并且将不适应现代审判需求的一部分法官转为法官助理或者其他行政辅助人员，再按照员额法官的比例配备相当比例的法官助理和书记员，组成审判团队，极大地提升了法官的素质，提升了办案效率，提升了法官队伍的专业化、职业化和团队建设，我们的法官队伍构建已经趋于职业化、专业化和团队化。在这样的情况下，员额法官无须做与审判无关的行政事务，可以心无旁骛地办案，这就为独任制的进一步适用奠定了人才基础。

---

〔1〕 范愉：《世界司法改革的潮流、趋势与中国的民事审判方式改革》，载《法学家》1998年第2期。

四、我国独任制适用范围扩大的对策及择路

如上文所析,独任制适用范围的扩大是当下司法体制改革配套制度的题中之义,也是现今司法实践摸索、践行得出的经验之谈。为了有效缓解司法体制改革背景下的法官精英化与立案登记制下的案件数量增多的矛盾,笔者希冀通过以下几点独任制适用范围扩大的浅薄建议,为未来司法择路起问路石之效。

(一)立法上设立独立于合议制之外的独任制

顾名思义,现行我国民事诉讼法下的独任制是作为合议制的辅助性或补充性角色存在,其适用范围与简易程序的适用范围是不加区分地混同一致。这不仅极大地限制了独任制适用的空间,也使一些基层法院被迫人为创设一些独任制适用的范围及条件,从而在浪费司法资源的基础上,却达到了破坏司法公信力的“意外效果”。为此,笔者认为,应从以下几点进行立法的设立:(1)确立不同于简易程序适用范围的独任制范围,建立基层法院、派出法庭以独任制为主、合议庭制度为辅的审判组织形式。由前文分析的数据可知,一些基层法院尤其是较为发达的南宁市、柳州市等辖区内的基层法院人均收案数在300~400件,一些欠发达地区的基层法院人均100多件的居多,且每年案件数都在不断呈现上升态势。就拿南宁市青秀法院民一庭来说,该审判业务庭2017年收案近7,000件,共有员额法官18人,如果都运用合议制审理案件,可想而知,此种工作量对作为个体的法官将是无以复加的。有些基层法院为解决审判力量的不足,就大量聘请人民陪审员,但实践中,往往是大多数人民陪审员缺乏专业的法律素养,出现主办法官“一人堂”的现象就不言而喻了。有些人民陪审员由于其本职工作的影响甚至无法按既定的时间出席庭审或参与合议,导致案件无限延期,而这种结果最后却是由法院埋单,极大影响了法院的公信力。为有效根治这种“形合独实”的不切实际,只有在立法上设立并鼓励基层法院、派出法庭运用独任制才是王道。而这其中限制基层法院适用独任制的最大“撒手锏”就是审限限制,由于我国现行民事诉讼法设计的是独任制适用范围与简易程序适用范围相混同的理念,从而导致适用独任制的案件审限仅为3个月,且不能延长,故而对于承载大量案件的法官来说,迫于时间的压力而被动选择将案件转为合议制,从而失去了独任制带来的人力资源成本优势之效应,故而立法上是十分有必要设计独立于简易程序的独任制的审限及审限延长,有些学者将其称为“独任制普通程序”,笔者亦赞同这种说法。如果立法区分了审判组织形式与民事诉讼程序,就必然要创设“独任制简易程序”与“独任制普通程序”,在“独任制普通程序”下,审限应适用6个月,且可适用审限的中止、延长。

根据独任制这一审判组织形式的改革，最终会导致基层法院只有在一些极其复杂、社会影响较大的小部分案件中适用合议制，而其他大部分案件都会选择适用独任制，从而使大量的人力资源得到解放，提高办案效率，让正义尽可能不迟到。(2)突破审级限制，扩大独任制适用的法院范围。我国独任制只能在民事一审程序中适用，而二审、再审程序中是不能适用独任制的，只能采用合议制。但在二审、再审审理案件中，并非每一起案件都是疑难复杂的案件，其中不乏案情简单、事实清楚，当事人提起上诉、再审仅仅为拖延履行义务时间的案件，对于此类案件，适用合议制显得就不那么必要了，且对一些程序性的不予受理、驳回起诉的裁定上诉、再审也只能适用合议制完全没有必要。故而，立法上应有限制地对二审程序、再审程序开放独任制，从而使一些简单的案件得以快速解决。尤其是在现行司法体制改革背景下，对员额法官的考核主要是以审理案件质效为据，倡导多办案、办好案，如果“一刀切”地在二审、再审程序中运用合议制，不可避免地会导致少数合议庭成员为了均衡彼此之间的办案数，有意或无意拖延合议或核发裁判文书的现象。就拿广西一些中级法院的立案庭为例，由于立案庭的员额法官除了本身办案任务外，还承担着信访接待、多元化解、综治维稳等多项工作，此种任务量导致合议庭成员的缺乏，致使待合议的案件因未合议而长期搁置。如果准许二审、再审程序适用独任制，那么就意味着中级人民法院甚至是高级人民法院的法官可以自主把控自己办案的节奏，也更能体现司法体制改革的意义，从而使一些事实简单、权利义务明确的案件能够在二审、再审的快捷道上得以及时解决。

(二)在独任制范围扩大的基础上，完善独任制法官及助理的选任条件

现实司法实践当中，经常出现的情况是只有审判经验丰富、社会阅历深的老法官才有资格担任合议制下的案件主办人，而审判经验较弱、社会阅历较浅的年轻法官只能担任独任制案件的主办人。这一认识与我国现行法律下独任制与简易程序适用范围相混同是分不开的，持该种观点者潜意识认为适用独任制审理的案件都是简单案件，年轻法官能胜任这种权利关系明确、争议不大案件的审理。但如前文所析，独任制与简易程序的适用范围不应混同，且运用普通程序审理的案件亦可以采用独任制，在立法倡导基层法院、派出法庭主要运用独任制审理案件，中级人民法院有条件适用独任制的背景下，只选任审判经验丰富、社会阅历深的老法官担任独任制审理案件的主办人是具有其合理性的。因为随之独立的独任制设计，意味着基层法院一些疑难复杂的案件也会采用“独任制普通程序”，一些中级人民法院的简单案件亦会采用独任制，但对繁简案的区分只有经验丰富的法官能够快速分辨，这对适用独任制审理案

件的主办人无论政治素养还是业务水平都提出了高于现今许多的要求，故而应将适用独任制审理的法官列为与合议制下的审判长同等地位的职业待遇及尊荣感。笔者认为，应从制度上确认从事独任制审判的法官应是具有3年以上（基层法院）或5年以上（中级法院）的审判经验且业务水平较高的人，其角色定位同于合议庭制度中的审判长，从而使独任制在基层法院乃至中级法院的运用推广中有足够与之匹配的人力资源。同时应考虑到改革不是一蹴而就的事，故应结合广西基层法院的实际，在对法官助理的选任上，尽量选举一些具有大学法学本科以上的人担任，从而弥补现行基层法院存在一些老法官法律理论功底不强的缺陷。

（三）为了扩大独任制适用的范围，应建立起与独任制义务相重的业绩考核指标

鉴于本文所述的独任制适用范围，尤其是在基层法院，相较合议制下的案件主办人，独任制审理案件的主办人被课以的审判任务及责任更重，故而可以考虑对“独任制普通程序”中的主办人与合议制中的主办人办案数以1.2∶1的权重予以考核，从而有助于独任制更好地发挥其效应。与此同时，对“独任制简易程序”中的主办人与合议制中的主办人办案数根据简单案件的难度分别以0.5∶1至1∶1的系数进行考核。此种考评形式可以促使法院的法官为了尽快使自己有资格担任独任制审理的法官，而不断提高自己的业务水平，成为人民满意度高、口碑好的审判人员。

（四）建立独任制法官的选任方式及退出机制

1. 独任制法官的选任方式，一方面主要通过法院对法官个人政治素养、业务水平、案件审理质效等多方面进行考核选任；另一方面也可以参考仲裁员的选任制度，立法上确认当事人可以协商选择独任制法官的制度，从而使那些业务素质高、当事人口碑好而未满审判年限的年轻法官脱颖而出。此种做法亦可为今后法院选人用人提供人才储备名单。

2. 关于独任制法官的退出机制。既然独任制法官的设计是作为一种职业待遇及尊荣感的存在，就意味着对于一些已经入选但后由于自身身体原因或能力下降从而满足不了审判所需的独任制法官应建立劝退及退出机制，进而通过此种优胜劣汰的形式，使真正具有较高政治及业务素养、群众满意度高的人成为独任制的审判者。笔者认为，独任制法官出现以下几种情况时，应退出：一是因自身身体原因无法继续担任独任制审判；二是发改案件较高；三是年度业绩考评不合格；四是其他认为需退出的情形。

(五)加强对员额法官业务及能力的培训

为了顺应当今改革之势,司法不断地进行有益探索和创新。近年来,从《民事诉讼法》修改及解释出台到《民法总则》的发布,再到未来民法分则的制定,无疑对法官业务素养及整体理论结构都提出了法律知识不断更迭的需求,而作为独任制法官的法律理论与素养能力的提高更是亟不可待的,因此,只有将法官业务及能力培训作为日常常态来抓,才能使司改的步伐在这个瞬息万变的时代中始终立于不败之地。这就要求法院需对法官的培训应自上而下通过定期与不定期的形式,实现每人每年至少培训一次的目标,尤其是在新法实施前后,要达到人人培训多次,以期实现入脑入心的培训效果,这样才能使独任制法官真正有能力担任起"让审理者裁判,由裁判者负责"的重任。

违约金酌减制度的法理反思与补充

潘玮璘*

一、导论

违约金条款实质上是当事人之间的合同,其遵循合同机制的一般法理:合同自由与意思自治,故关于违约责任的法律规定属于任意性规范,违约金条款相较于法定违约责任应优先适用。[1] 违约金条款在功能上也体现了意思自治:一是减轻证明损失的困难,快速简便地解决纠纷;[2] 二是预先限制债务人的违约责任,以控制违约风险;[3] 三是对债务人施以压力,督促其依约履行义务,[4] 由此可构成对实际履行的担保。[5] 据此,理论上对违约金的多元功能与类型构造,也基本保持在意思自治的范畴内。[6]

---

* 法学博士,广西壮族自治区高级人民法院民二庭法官助理。

〔1〕 参见韩世远:《违约金的理论问题——以合同法第 114 条为中心的解释论》,载《法学研究》2003 年第 4 期。

〔2〕 参见[德]梅迪库斯:《德国债法总论》,杜景林、卢谌译,法律出版社 2004 年版,第 341 页;[美]范斯沃思:《美国合同法》(第 3 版),葛云松、丁春艳译,中国政法大学出版社 2004 年版,第 835 页。

〔3〕 See G. H. Treitel, *Remedies for Breach of Contract, A Comparative Account*, Clarendon Press, Oxford, 1988, p. 213.

〔4〕 参见朱广新:《合同法总论》(第 2 版),中国人民大学出版社 2012 年版,第 603 页。

〔5〕 参见韩强:《违约金担保功能的异化与回归:以对违约金类型的考察为中心》,载《法学研究》2015 年第 3 期。

〔6〕 参见姚明斌:《违约金的类型构造》,载《法学研究》2015 年第 4 期;《违约金双重功能论》,载《清华法学》2016 年第 5 期。

但对于违约金的司法酌减制度，则体现出另一种价值取向。依据《合同法》第114条第2款以及相关司法解释，当事人一方仅凭单方请求即可引入司法干预，且不再顾及当事人预先设定的违约金目的，而直接以实际损失为主要酌减依据。对此，传统理论主要从合同实质公平与保护债务人的角度阐述其正当性，[1]但基于近年来司法酌减标准不一、不清以及司法酌减频率过高等现实问题，新近理论开始重新强调违约金的意思自治属性，主张对违约金的司法酌减予以限制、谦抑及排除，并提出具体适用规则。[2] 对此，本文认为，学界的批判不无道理，有必要更严格规范我国法官的司法酌减权，但目前无论是学界还是实务上，指导提示的多，阐明原理的少。法官的难处在于，往往在持续性合同或长履行期合同[3]中，因违约金不断累加、市场情况变化、当事人预见能力等因素，法官在面对违约金与可证明损失存在明显差距时，其内心正义感可能受到巨大压力。此时无论是谦抑于私法自治，还是动用司法酌减权，法官首先应从法理上理解酌减的正当性与必要性，直面手中的司法酌减权，敢于在个案中呈现自己的裁量思路，而不是仅视为一种"宁可不要的""烫手的"权力。本文首先分析司法视角中现有理论的不足，并主张超越意思自治的一元体系，提出司法酌减权自身理论基础，并提出相应的解释论规则。

二、现有法理的不足之处

（一）司法酌减权的正当性基础单一

对于双方当事人事先确定好的违约情形处理方案，当事人一方仅凭单方请求即可引入司法干预，且仅以违约行为所造成的实际损失为主要依据，而不再顾及当事人关于违约金条款目的与性质的约定，显然这一司法介入制度的价值取向已明显脱离了意思自治与合同自由的基本框架。该制度实质上是在一定程度上破除合同严守原

---

[1] 一是防止违约金条款异化成压榨工具，抑制"私罚"之风；二是保护在经济地位、谈判力量及预见能力等方面处于弱势的债务人。参见朱广新：《合同法总论》（第2版），中国人民大学出版社2012年版，第604～606页；王洪亮：《违约金酌减规则论》，载《法学家》2015年第3期。

[2] 参见罗昆：《我国违约金司法酌减的限制与排除》，载《法律科学》2016年第2期；姚明斌：《〈合同法〉第114条（约定违约金）评注》，载《法学家》2017年第5期。

[3] 持续性合同是指合同义务并非一次给付即可履行完毕，而是需要持续地履行，时间因素在合同义务的履行上居于重要地位，总给付的内容往往取决于给付时间的长度，如租赁、承包、合伙、委托、合作合同等；而长履行期合同包括分期多次履行或单次履行期限较长的合同，如长期供销合同、远期交割买卖合同等。参见韩世远：《合同法总论》（第3版），法律出版社2011年版，第62～63页。

则,同时适当限制意思自治与合同自由。因此,要揭示其正当性,还应探寻其他价值基础。实际上,在现代合同法的理解中,合同自由原则与干预主义原则已共同成为合同法原则,一元化的合同法理论已破产。[1] 一方面,若仅以坚守意思自治与合同自由的立场来审视或批判司法介入的妥当性,则会忽视司法酌减权真正的制度价值,且陷入论证路径的逻辑错误。另一方面,若仅以避免私罚压榨等个别或极端不公平现象来论证其正当性,似乎也不能完全支撑一般性司法介入的法理需求。例如,在美国合同法中,即使对惩罚性违约金(penalties)坚决排斥,也有学者认为这种一般性介入的正当性不足,"显失公平"(unconscionability)制度完全能在个案中解决问题。[2] 综上,有必要首先明确司法酌减权的自身价值与理论基础,通过比较该价值取向与合同自由,进而把握相互间的取舍与分寸,而不是单一地仅从意思自治角度评判司法酌减权的正当性。

(二)违约金惩罚属性的理解偏差

传统"功能两分法"在解释酌减违约金的相关法律依据时,认为当违约金过分高于实际损失时,高出部分则具有惩罚性,对此应将高出部分酌减为不超过实际损失的30%或一定比例。[3] 这种对惩罚属性的理解有四个弊端:第一,当事人请求调整违约金的案件通常出现在持续性合同或长履行期合同之中[4],约定违约金与实际损失之间存在明显差距的,原因往往是市场或相关情况发生重大变化、违约金不断累加、当事人订约时预见能力有限或订约时不够谨慎等,而并非旨在通过高额赔偿的方式惩罚违约方。第二,不符合惩罚性责任的内涵。惩罚性责任的道德谴责性很强,其明确否定行为人主观态度,并阻吓、教育行为人以后不再犯。[5] 但"违约"是一种对行为的客观判断,而非对主观态度的评判,其谴责性较弱,违约方的过错不影响其承担相关违约责任,这也是普通法系的法院一般拒绝对违约之诉判决惩罚性赔偿的原因

---

〔1〕 参见[美]希尔曼:《合同法的丰富性》,郑云瑞译,北京大学出版社2005年版,第267页。

〔2〕 See Charles J. Goetz & Robert E. Scott, Liquidated Damages, Penalties and the Just Compensation, 77 *Colum. L. Rev.* 554, p. 592 (1977).

〔3〕 参见沈德咏等主编:《最高人民法院关于合同法司法解释(二)理解与适用》,人民法院出版社2009年版,第207页。

〔4〕 笔者在"中国裁判文书网"中搜索文书"理由"部分存在"违约金过高"关键词的最高人民法院近3年内案例,得出157份裁判文书,这些案件都存在当事人提出酌减违约金的请求以及法院对此回应,其中案涉合同属于租赁、承包、合伙、委托、合作合同等持续性合同或借贷、供销、远期交割买卖合同等长履行期合同的,有129份,占比达82.2%。参见http://wenshu.court.gov.cn,2019年3月11日访问。

〔5〕 参见王小红:《论惩罚性民事责任》,载《法律科学》1996年第1期。

之一。[1] 此外，在经济交往特别是商事交易中，当事人的违约行为实质上是一种经济选择，其通过违约行为而与第三人进行更高收益的交易或减少自身重大损失，法律不应对其严厉打击或阻吓。第三，对惩罚性的酌减依据不足。如果承认双方进行了一种惩罚性约定，则应当由双方根据守约的重要性或必要性来自主决定惩罚力度；而现在为了避免惩罚性过重而限定为不超过30%，该标准不仅过于僵硬且法理依据匮乏，法官几乎没有什么论理空间，以致裁量空间完全缺乏法理约束。第四，惩罚属性并无制定法依据。在《合同法》颁布之初，大多学者认为我国法律规定的惩罚性违约金即指第114条第3款规定的迟延履行违约金。这种理解忽视了迟延履行本身也会造成债权人损失的事实，实际上迟延履行违约金完全具备补偿性或赔偿性功能，故后来有学者反思，第3款所规定的“就迟延履行约定违约金”不过是对于迟延损失的赔偿额预定，仍属于赔偿性违约金。[2] 据此，惩罚性功能也并非源于我国对惩罚性违约金的相关法律规定。

（三）违约金功能两分法的实务适用性差

学理上的“功能两分法”指违约金条款可分为赔偿性与惩罚性违约金。一种区分方法是对于惩罚性违约金，债权人除请求该违约金外，还可请求履行主债务或损害赔偿；对于赔偿性违约金，不得再请求履行主债务或额外请求损害赔偿。[3] 二者的区分以违约金能否排斥强制实际履行或损害赔偿为标准。[4] 另一种区分方法是将违约金数额与违约损失数额相比较，当违约损失高于或约等于违约金时，违约金属于赔偿性；当违约损失低于违约金时，违约金属于惩罚性；当没有造成损失时，即惩罚性违约金。[5] 本文认为，前一种区分方法实质上是对合同条款法律效力的事后分析，在实务中首先会遇到“如何判断是否排斥强制实际履行或损害赔偿”的前置问题，故这一理论须建立在已明确识别赔偿性与惩罚性的基础上，其本身并不能提供区分方法。

---

[1] 参见[美]亨利·马瑟：《合同法与道德》，戴孟勇等译，中国政法大学出版社2005年版，第172页。

[2] 参见韩世远：《违约金的理论问题——以合同法第114条为中心的解释论》，载《法学研究》2003年第4期。

[3] 参见梁慧星：《中国民法经济法诸问题》，法律出版社1991年版，第259页；王家福主编：《中国民法学·民法债权》，法律出版社1991年版，第250页。

[4] 参见韩世远：《合同法总论》（第3版），法律出版社2011年版，第658页；崔建远：《合同法》（第3版），北京大学出版社2016年版，第392页。

[5] 参见王作堂、魏振瀛等：《民法教程》，北京大学出版社1983年版，第235页；苏惠祥主编：《经济合同法学》，辽宁人民出版社1990年版，第206页。

而后一种方法也有两方面弊端。一是逻辑上的悖论：若违约行为越严重、造成损失越大，则违约金的惩罚属性就越少；若违约行为越轻微、造成损失越小，则惩罚属性就越多；[1]二是所谓“违约损失”在实务中也较为模糊，当事人就违约损失数额予以预定，正是因为证明某些损失相当困难，其举证证明的损失数额是否能得到法官采信是很不确定的，当事人还可以通过拉长或截断因果关系链条的方式，来扩展或限制对违约损失数额的计算，故直接将违约金数额与违约损失数额相比较，也并非简单易行。综上，虽然“两分法”有利于分析合同条款的功能与目的，但并未对违约金酌减制度提供足够的理论支撑。

三、正当性的法理补充

（一）违约金条款的性质论

司法实务上一直有一个困惑：为什么违约金条款作为当事人之间的一种意思表示合意却要接受如此严格的审查？为什么不能如同其他一般合同条款一样遵循意思自治，而仅受《合同法》第 52 条的例外性规制？抑或法官凭什么握有司法酌减权？本文认为，这是违约金条款本身的性质所决定的。

首先，违约责任的谴责性伦理基础较弱。侵权责任与违约责任在伦理基础与规范目的方面存在差异：侵权责任的保护对象主要是物权、人身权、知识产权等绝对权，其施以责任的激励目标在于排斥他人侵入绝对权的权能领域，其对应的义务内容是不作为，[2]侵权行为在概念起源上就具有违反公共秩序的违法性[3]，其道德伦理指向很明确充分，即对于干扰、阻碍、危害权利人实现权能的现象坚决给予负面评价，该现象越少越好，因此除了适用“填平原则”之外，还可能对故意、重大过失或者侵害人身权、自然环境等情况施以更大谴责力度，即施以加重的、惩罚性责任。但在合同法领域，合同责任保护的是社会交换过程中所增长的经济利益，与侵权责任所保障的固有现存利益有本质差别。[4] 侵权责任旨在保护权利的静态利益（protective），而违约责任旨在保护动态利益（productive），[5]合同交易计划不能如约完成时，仅回转或拟制权利的动态进程即可，法律的道德评价应当在社会交换及市场交易范畴内保持

[1] 参见陈学明：《惩罚性违约金的比较研究》，载《比较法研究》1989 年第 3 期。

[2] 参见魏振瀛：《民事责任与债分离研究》，北京大学出版社 2013 年版，第 245 页。

[3] 参见朱岩：《侵权责任法通论 · 总论》，法律出版社 2011 年版，第 2 ~ 3 页。

[4] 参见潘玮璘：《构建损害赔偿法中统一的可预见性规则》，载《法学家》2017 年第 4 期。

[5] See T. Weir, “Complex Liabilities” in International Encyclopedia of Comparative Law, Vol. 12, p. 5.

谦抑,法律无法对当事人根据自身最佳利益对合同履行作出的调整、变动、推迟以及拒绝等情况作出全面、充分的道德判断,更无法断定加重打击这些违约行为就能更好地促进社会交换与市场配置,故法律应当将评价机制留给当事人自治,即矫正违约现象仅以补偿至如同合同履行所获利益为限,而非加重惩罚或高压式的强迫合同履行,这就是违约责任背后由市场经济所驱动的规范目的与公共政策。因此,只要不属于违反诚信原则的恶意违约,违约责任不如侵权责任那样具有强大的谴责性伦理基础,[1]也不应当直接体现出惩罚性目的。

其次,违约金条款仍应受违约责任性质的约束。法律在赋予合同交易内容以法律强制力时,允许当事人在一定范围内对强制力的表现方式自定义,这就是违约金条款的制度空间。虽然法定违约责任属于任意性规范,但违约金条款作为违约责任类型之一,仍应遵守违约责任本身的规范目的与公共政策,仍应保持与其他法定违约责任不相冲突,这就是合同自由与意思自治的法定边界。在我国司法实践中,即使当事人明确约定不得请求调整违约金或放弃请求调整违约金的,该约定无效。[2] 同样地,不支持惩罚性违约金的美国合同法在制度设计上也明确表示,处理违约行为须遵守"公平赔偿原则",即违约责任并非以防止或禁止违约为目的,而是以弥补违约后果为目的。[3] 这是一种基于公共政策的强制性规则,当事人不得约定排除。故违约金条款属于司法审查的范畴,法院有权直接予以司法评价。[4]。

最后,违约金条款属于"责任"范畴而非"债务"范畴。其与合同给付义务条款有本质区别,后者决定了合同性质与目的,体现的是产生社会交换价值的市场交易行为;而违约金条款只是合同交易关系的"保障"要素,[5]而不直接体现交易内容,也不反映合同性质与目的,其附属于给付义务,且可能出现在任何类型或性质的合同交易中,故该种约定亦称为债务之责任,[6]该约定产生的法律关系称为保护性法律关

---

[1] 参见张新宝:《侵权责任法原理》,中国人民大学出版社 2005 年版,第 69 页。

[2] 参见最高人民法院(2015)民一终字第 340 号民事判决书;最高人民法院(2016)最高法民申 1780 号民事裁定书。

[3] See D. Rendleman; C. Roberts, *Remedies, Cases and Materials*, 8th ed., West Academic Publishing, 2010, p. 805.

[4] See J. E. Murray, *Murray on Contracts*, 5th ed., LexisNexis, 2011, p. 792.

[5] 参见魏振瀛:《民事责任与债分离研究》,北京大学出版社 2013 年版,第 230 页。

[6] 参见王泽鉴:《民法学说与判例研究》(第 4 册),北京大学出版社 2009 年版,第 69 页;王洪亮:《债法总论》,北京大学出版社 2016 年版,第 21 页。

系或第二性法律关系。[1]因此，司法酌减权对违约金条款的直接干预，并不会对市场交易秩序造成实质冲击，合同自由的基本面仍得以满足。虽然司法对违约金条款的审查及干预强于合同给付条款，但基于可忍受的负面效果明显小于制度收益，社会整体福祉仍得以有效促进。

（二）促进社会整体福祉

违约金调整制度体现为仅凭合同单方请求即可对双方合意引入司法干预，且仅以违约实际损失为主要依据。该机制实质上是为债务人脱离合同约束提供一个代价可控的退出机会，特别是在违约金过分高于实际损失的情况下；同样地，这一机制也为债权人放弃合同对债务人的约束提供了一个补偿充分的退出机会，特别是在违约金低于实际损失的情况下。虽然请求调整违约金并非直接导致合同解除，但只要这一机制能够充分但有节制地补偿受损一方，那么双方当事人就更倾向于承认合作关系已破裂并意愿退出合同约束，同时认可该机制的司法裁判还会对其他当事人产生广泛的激励效果。这一规则实质上是商品交换的等价原则在法律责任上的反映，是合同正义的内容之一，是合同法追求的理想之一。[2] 质言之，违约金酌减制度是当事人依据履行情况与市场动态决定依法退出合同约束的重要制度保障。

以公平适当的违约赔偿作为合同退出机制之一，至少有以下三个方面的理论支撑：第一，合同双方可被视为一个整体，相互之间通过违约行为和适当补偿，能够积极地与第三人进行更高收益的交易或减少自身重大损失；在债权人权益不受实质损害的情况下，违约方以及第三人还有所增益，或自身损失程度能够减轻，这就实现了帕累托最优，最终使社会整体福利得到提高。[3] 第二，法律在介入调整经济生活时应与道德伦理作出适当分离。合同严守原则可表述为：如果不遵守，就必须支付损害赔偿，仅此而已。[4] 违约并非完全与道德伦理相关，合同约束力的伦理要求仅为及时支付足额赔偿而已。特别是在经济或商事交往中，诚信并非绝对不违约，而是在违约

---

〔1〕 参见张文显：《法哲学范畴研究》，中国政法大学出版社 2003 年版，第 112 页；孙国华主编：《法理学》（第 2 版），中国人民大学出版社 2004 年版，第 380 页。

〔2〕 参见崔建远主编：《合同法》（第 5 版），法律出版社 2011 年版，第 344 页。

〔3〕 See R. H. Coase, The Problem of Social Cost, 3 *J. LAW &ECON.* 15 – 16 (1960); Mueller, Contract Remedies: Business Fact and Legal Fantasy, 5 *Wis. L. Rev.* 833 – 835 (1967); Birmingham, Breach of Contract, Damage Measures, and Economic Efficiency, 24 *Rutgers L. Rev.* 273 (1970).

〔4〕 "The duty to keep a contract at common law means a prediction that you must pay damages if you do not keep it—and nothing else." Oliver W. Holmes, *The Path of the Law*, 10 Harv. L. Rev. 457 – 462 (1897).

的情况下充分、及时地赔偿对方损失;而不诚信也并非施以违约行为,而是恶意违约或逃避违约责任。第三,如果债权人在期待利益上能够得到足够补偿,那么该违约行为并未对其造成实质损害,其对违约就不会过于抗拒或失望;反而,正是合同机制保障了当事人的履行利益。因此,只要以违约损失作为酌减违约金的基础,人们对于以订立合同作为日常主要交易形式的信心和意愿就不会受到负面消极影响。[1]

综上,就司法酌减权的制度收益而言,不应仅限于防止意思自治过度这一保护性、辅助性功效,其还包含正面的价值追求——实现宏观上的社会经济增益。有学者归纳了现代合同法中主流的三种正当性理论:合同自由、财富最大化和分配正义。[2] 本文援引第二种正当性路径:当司法主动介入以松绑当事人间的合同约束,法律所追求的目标已不再限于合同自由,其更重要的是促进社会资源能够整体在制度框架内不断向出价更高、效率更高的资源占有者流动。[3] 合同行为的终极目的是服务社会资源交换,其作为社会交换的主要方式之一,其制度设计也应当以促进交换的流动性、效率性为首要目标。[4] 当然,合同自由与财富最大化并非内在冲突。当每个理性人都能依自身最佳利益进行合同交易、完成社会交换,则社会整体福祉将增益,且不限于经济利益,还可包括精神、道德、伦理方面的价值追求;而司法酌减权则主要从经济价值角度实现整体增益,其与意思自治一定程度上殊途同归,但又侧重不同。

(三)预期与理性的局限性

"理性人"的预设是意思自治原则的基础之一,当事人的自主决策即最优选择,但实际上这种拟制与期待是当事人难以承受之重,特别是在持续性合同或履行期较长的合同中,意思自治受限于认识与理性本身的局限性(limits of human cognition and rationality)。[5] 首先,理性判断的前提是获取全部交易信息并完整处理这些信息,但在现实中,收集并处理信息的过程需要大量成本和精力,这不仅难以完成,而且即使能够完成,当事人也可能对发生概率很小的事件予以"理性忽略(rational ignorance)",以节约成本并实现整体交易利益最优。[6] 其次,当事人在缔约磋商时会习

---

[1] See Richard A. Posner, *Economic Analysis of Law*, 4th ed., ASPEN, 1992, p. 57.

[2] 参见[美]亨利·马瑟:《合同法与道德》,戴孟勇等译,中国政法大学出版社 2005 年版,第 20 页。

[3] See Richard A. Posner, Economic Analysis of Law, ASPEN (4th ed. 1992), p. 131.

[4] 参见[美]麦克尼尔:《新社会契约论》,雷喜宁等译,中国政法大学出版社 2002 年版,第 10 页。

[5] See L. L. Fuller & M. A. Eisenberg, *Basic Contract Law*, 7th ed, West Group, 2001, p. 318.

[6] See Amos Tversky & Daniel Kahneman, Rational Choice and the Framing of Decisions, 59 J. Bus. S 251 (1986).

惯性过度乐观，这是一种普遍的社会心理，即人们在努力促成一项目标计划之初，往往不愿意充分重视合作破裂或计划失败的可能性，进而导致对违约责任条款缺乏严肃商讨或具体细化。[1] 最后，当事人的决策方式、习惯或策略可能不够合理甚至带有偏见。例如，当事人往往更多依赖自身交易经验而不太重视客观数据，更关注具体、鲜活的个案而不够重视一般规律，更看重当前利弊得失而不够重视远期利弊权衡。特别是对于远期的违约风险或损失风险，越处于远期，当事人预测能力越低、警惕性也越低。[2] 因此，要求当事人在订约时就准确预估违约风险、责任压力、损失数额，这是不现实的假象，也是人类智识与理性无法完成的任务。

本文并非意在否定意思自治的合理性，而是强调对于违约金条款的约束力不应过于严苛。一方面，由于现代社会交换方式主要交由市场配置，法官应当退出经营性或商事性判断，故涉及市场交易的给付义务条款确实应尽可能免于司法审查；[3] 至于违约金条款，其并不反映交易内容与合同目的，故不应过于强调理性人的自治效力，也不应从合同自由的角度过于排斥司法干预。另一方面，现实主义视角揭示了违约金条款与意思自治之间的隐性错位，即违约金作为对违约损失的预估，当事人订约时的预估结论 = 损失数额 × 违约概率，[4] 而当债务人真正构成违约行为时，其违约概率为百分之百，实际损失远大于预估结论，其所实际承担的责任压力远大于订约时的决策环境。因此，当事人在订约时所表达的自愿以及达成的合意，可能都不能准确、完整反映合同履行过程中双方意愿与利益的真实变化。特别是对于持续性合同或履行期较长的合同，意思自治效力不应僵化理解，反而以违约时的实际损失作为酌减违约金的依据，似乎更符合合同交易的社会现实，是合同交易的普遍性需求。

四、解释论的法理补充

（一）扩张解释违约金的补偿属性

综观大陆法系和英美法系，各国在立法或司法层面主要认可的是补偿性违约金

---

〔1〕 Lynn Baker and Robert Emery, When Every Relationship Is Above Average, 17 Law and Hum. Behav. 439 (1993).

〔2〕 See Feldstein, The Optimal Level of Social Security Benefits, 100 *Q. J. Econ*. 303, 307 (1985).

〔3〕 法官并非经营上的专家，其不应以"事后诸葛亮"（Second Guess）的方式试图回溯商人的事前决策。See Bayless Manning, The Business Judgment Rule in Overview, *Ohio State Law Journal*, Vol. 45, 1984, pp. 615 - 627.

〔4〕 See L. L. Fuller & M. A. Eisenberg, *Basic Contract Law*, 7th ed, West Group, 2001, p. 322.

的可执行性,违约金酌减制度得到普遍采纳。[1] 就美国合同法而言,也存在一套违约金条款管控机制,但基于衡平法与普通法曾经平行分离的历史原因,其制度结构较为独特。[2] 对于当事人诉请执行违约金条款的,法官应当主动审查并识别该条款属于补偿性违约金(liquidated damages),[3]还是数额过高的罚金(penalties),若属于后者将不予支持,而另以一般损害赔偿法规则判决违约损失数额;[4]而对于违约金过低的情况,则以"显失公平"(unconscionability)规则予以解决。[5]至于如何区分补偿性违约金与罚金,《美国统一商法典》第2-718条及《美国合同法重述(第二次)》第356条都明确将违约时所实际引发的直接损失、间接损失、期待利益损失、难以证明的损失、难以估值的损失、无形的损失、非财产性损失等都纳入补偿性违约金的"合理范畴"之内,只要当事人约定的违约金数额不过分偏离这一合理范畴,即可不被调整并获得司法认可与法律强制力。我国的司法实践也开始适用这一规则。[6]

因此,对于我国最高人民法院《关于适用〈中华人民共和国合同法〉若干问题的解释(二)》第29条"当事人约定的违约金超过造成损失的百分之三十"的规定,可主要理解为补偿性责任,这30%的上浮包含以下四个部分:一是不易证明或证明成本较高的损失;二是合同履行的预期利益损失;三是因果关系较远或偶发性的间接损失;四是无形的或非财产性损失。若在一般违约损害赔偿诉讼中,当事人主张这些损失可能遭遇举证不能或举证成本过高、不符合可预见性规则或法律因果要件、无请求权基础等方面的困难与限制,以致这些主张在法院查明事实时无法计入所谓"实际损失"范围,故当事人事先专门通过约定而形成的"概括性"违约金,实质上是对多种损

〔1〕 See G. H. Treitel, *Remedies for Breach of Contract, A Comparative Account*, Clarendon Press, Oxford, 1988, pp. 212, 220-228.

〔2〕 See Harvey Mcgregor, *Mcgregor on Damages*, 18th ed., Thomson Reuters, 2013, pp. 13-004.

〔3〕 就"违约金条款"的用词而言,法国法上的"Clause pénale"(penal clause)与德国法上的"Vertragsstrafe"(contractual penalty)在内涵上与英美法中的"liquidated damages"同义。See G. H. Treitel, *Remedies for Breach of Contract, A Comparative Account*, Clarendon Press, Oxford, 1988, p. 208.

〔4〕 "约定违约金规则"(liquidated damages doctrine)的确立源自1801年的重要判例:*Astley v. Weldon* (1801) 2 B. & P. 346 p. 353.

〔5〕 See Uniform Commercial Code (2013 Official Text), § 2-302; Restatement of the Law II, Contracts, 1981, § 208.

〔6〕 参见最高人民法院(2018)最高法民终355号民事判决书、最高人民法院(2017)最高法民申4368号民事裁定书、最高人民法院(2016)最高法民终190号民事判决书。

失类型的合理覆盖,在有一定合理证据或依据的情况下,[1]可据此拒绝违约方的酌减请求。因此,与其说这 30% 的上浮是惩罚性责任,倒不如理解为一种带有司法便宜效果的补偿性责任,同时起到一定的担保压力功能。[2] 通过一定的个案裁量,这种"概括性"违约金可明显高于一般损害赔偿责任,实质上足够充分的补偿性即可实现适当的惩罚性。司法实践也倾向认为惩罚性的含义主要指不以实际损失为限,充分补偿预期利益即可。[3]

总之,在进行介入判断与酌定判断时,[4]法官不一定要精确认定实际损失,司法酌减裁量权本质上是法律问题而非事实问题,其不应异化为类似侵权责任中的损失认定规则,法官无须像处理侵权纠纷一样重点关注对实际损失的准确认定,而是应采取一种概括性综合判断思路,[5]依据上述四种损失类型来把握 30% 或其他上浮幅度,对大致符合补偿性的违约金约定,不再介入;即使介入,也仅通过框架性的论证予以酌定。[6]从司法裁量的角度看,这种思路还能体现对违约过错区别对待、维护诚信原则[7]以及倾斜保护大众消费者或格式合同接受者等功能。[8]

(二)限缩解释当事人的过错因素

我国最高人民法院《关于适用〈中华人民共和国合同法〉若干问题的解释(二)》第 29 条规定人民法院在判断违约金是否过高以及如何酌减时,应当注意考虑"当事人的过错程度"。本文认为应对该因素予以限缩解释:当判断违约金条款是否应当体现惩罚性时,[9]仅在违约方违反诚信原则恶意违约的情况下,对于明显超出实际损

[1] 对于明显没有合理证据或依据的,不适用本文这一规则。可参见最高人民法院(2016)最高法民申 2845 号民事裁定书。

[2] 参见姚明斌:《违约金双重功能论》,载《清华法学》2016 年第 5 期。

[3] 参见最高人民法院(2017)最高法民再 333 号民事判决书、最高人民法院(2015)民二终字第 310 号民事判决书。

[4] 逻辑上,先有判断违约金是否过高而应酌减的问题,后有结合各种因素如何酌减的问题。参见姚明斌:《〈合同法〉第 114 条(约定违约金)评注》,载《法学家》2017 年第 5 期。

[5] 参见王洪亮:《违约金酌减规则论》,载《法学家》2015 年第 3 期。

[6] 参见最高人民法院(2018)最高法民终 661 号民事判决书、最高人民法院(2017)最高法民申 1412 号民事裁定书、最高人民法院(2016)最高法民终 779 号民事判决书。

[7] 参见最高人民法院(2018)最高法行申 9035 号民事裁定书。

[8] 参见罗昆:《我国违约金司法酌减的限制与排除》,载《法律科学》2016 年第 2 期。

[9] 这一因素不仅涉及惩罚目的的妥当性,还涉及守约方是否履行减损义务、是否有过失等情形(参见最高人民法院(2015)民一终字第 340 号民事判决书),但后者属于因果关系或实际损失的承担份额问题,本文不予讨论。

失的违约金,可不予调整,或仅作适当酌减且保持其惩罚属性。[1] 理由在于:

第一,违约责任的谴责性较弱。合同制度保护的是以意思自治进行社会交换所产生的经济利益,故超出这一经济利益来施以惩罚则不再具有道德伦理基础,对违约行为的责罚力度应限于合同如同完全履行后的预期利益,即使对违约金条款也应依据这一规范目的与政策予以严格审查;只有在特定情形下,违约责任的谴责性才会变得非常充分,即当违约方以违反诚信原则的恶意违约损害相对方利益时,法律即可给予明确的负面评价,即该现象越少越好,责任的激励目标是行为人以后不再犯,对其加重的、惩罚性的打击将利于市场经济的健康运行;即使对于故意违约,也并非具有加重责罚的谴责性,如债务人进入破产程序的,债务人管理人有权完全依据自身经营判断作出经济选择[2],即依法对双方均未履行完毕的合同予以解除,对此不应对管理人课以道德伦理上的负面评价。

第二,当事人的过错不必然反映在惩罚性责任之中。一方面,违约责任本身就不以主观过错为主要归责事由,即使在特殊情形下适用过错责任,也主要是违反诚信原则的客观过错。[3] 违约责任是对当事人的客观违约行为予以负面评价,而非违约时的主观状态;同样地,违约金条款也主要关注客观发生的违约行为,而并非约定了当事人的主观态度。另一方面,对于违约方确实有过错的,原则上补偿性责任也已充分表达了谴责性与惩罚性。[4] 在此,应明确区分"责任的惩罚性"与"惩罚性责任"两个概念、任何具有强制性的责任都具有阻吓、教育功能,[5]即使是补偿性民事责任,行为人的赔偿范围也主要以受损方损失为准,而非取决于行为人的获益情况,行为人须从个人财产中填补受损方损失,就此已超出矫正正义的范畴而向社会分配正义拓展,[6]故民事责任在功能上均附带一定价值评判上的"惩罚和制裁效果";但这并不意味着任何责任都具有惩罚性目的,不应将违约金条款的惩罚效果或司法强制力直

---

[1] 参见最高人民法院(2016)最高法民终59号民事判决书、最高人民法院(2017)最高法民申4897号民事裁定书。

[2] 许德风:《破产法论:解释与功能比较的视角》,北京大学出版社2015年,第140~142页。

[3] 参见王利明:《合同法研究》(第2卷),中国人民大学出版社2011年版,第440页。

[4] [德]卡尔·拉伦茨:《德国民法通论》(上册),王晓晔、邵建东、程建英、徐国建、谢怀栻译,法律出版社2003年版,第50页。

[5] 参见王利明:《合同法研究》(第2卷),中国人民大学出版社2011年版,第404页。

[6] 参见朱岩:《侵权责任法通论·总论》,法律出版社2011年版,第97页。

接理解为一种惩罚性目的,[1]从而推出违约金普遍具有补偿与惩罚的双重属性,目前已有学者注意到该认识误区。[2]

因此,当事人因过错而发生违约行为的,原则上不应直接依据过错程度决定责任的惩罚性力度,对于没有明显违反诚信原则的一般或轻微过错而言,依据上文所述的扩张解释补偿性的方法,即可同时实现充分的补偿与充分的惩罚,实质上足够充分的补偿性责任就是适当的惩罚性责任。

结　语

酌减违约金制度并非完全将合同自由与意思自治置于对立面,但面对一些学者直接以意思自治立场批判司法酌减权,面对目前司法实务中适用标准模糊混乱的情况,本文认为,应当从基础法理的角度予以反思与补充。特别是对于商人之间或具有商事性质的合同,有观点认为应赋予严格的意思自治效力,[3]但实际上,基于违约责任的非惩罚性、社会交换的流动性与效率性以及在持续性合同或长履行期合同中当事人预期与理性的局限性等因素,商人对合同交易更在意的是可预期的、宽松的制度环境,以便随时敏察商机、快速反应,以有限且可测的成本代价不断寻求更优质的交易或避免重大损失,这似乎更符合现代商事交易的实然状态。对此,PICC 与 CISG 也都毫无争议地规定了违约金酌减规则。[4] 因此,对于目前以实际损失作为酌减违约金的标准,法官首先应当确信其符合正当的价值取向;其次,还应在解释论的角度明确思路,即在介入判断时应谦抑谨慎,在酌定判断时应有理有论。

参考文献

1. 韩世远:《违约金的理论问题——以合同法第 114 条为中心的解释论》,载《法学研究》2003 年第 4 期。

2. 姚明斌:《〈合同法〉第 114 条(约定违约金)评注》,载《法学家》2017 年第 5 期。

---

〔1〕 这种观点的源头在于马克思主义法学,认为违反合同义务而承担责任属于惩罚,赔偿责任包含不易证明的可得利益或间接损失也属于惩罚,但实际上其所谓的惩罚性仍符合填平原则。参见李剑华、沈德理:《论债的责任的惩罚性》,载《法学评论》1987 年第 5 期。

〔2〕 参见罗昆:《我国违约金司法酌减的限制与排除》,载《法律科学》2016 年第 2 期;姚明斌:《违约金双重功能论》,载《清华法学》2016 年第 5 期。

〔3〕 参见郑彧:《民法逻辑、商法思维与法律适用》,载《法学评论》2018 年第 4 期。

〔4〕 参见《国际商事合同通则》第 7.4.13 条,《联合国国际货物销售合同公约》的补充规则——1983 年《关于不履约情况下商定应付金额的合同条款的统一规则》第 8 条。

3. L. L. Fuller & M. A. Eisenberg, Basic Contract Law, 7th ed, West Group, 2001.

4. Restatement of the Law II, Contracts, The American Law Institute, 1981.

5. G. H. Treitel, Remedies for Breach of Contract, A Comparative Account, Clarendon Press, Oxford, 1988.

举证责任分配之争

——论转账凭证对借贷合意的证明力及其限制

朱微微*

一、举证责任分配的基本原则

法彦有云:举证责任之所在,败诉之所在。通俗地讲,举证责任的分配关系一方当事人能否在案件中胜出,负有举证责任的一方如果不能提供相应证据,则需承担败诉的不利后果。在各种关于举证责任分配的理论方法中,影响最大的无疑是由德国著名法学家罗森贝克提出的"规范说"。根据该学说,证明责任分配的基本规则是:"每一方当事人均必须主张和证明对自己有力的法规范的条件。"[1]这一学说亦为最高人民法院所接受,最高人民法院《关于适用〈中华人民共和国民事诉讼法〉的解释》第90条规定:当事人对自己提出的诉讼请求所依据的事实或者反驳对方诉讼请求所依据的事实,应当提供证据加以证明,但法律另有规定的除外。在作出判决前,当事人未能提供证据或者证据不足以证明其事实主张的,由负有举证证明责任的当事人承担不利的后果。第91条规定:"人民法院应当依照下列原则确定举证证明责任的承担,但法律另有规定的除外:(一)主张法律关系存在的当事人,应当对产生该法律关系的基本事实承担举证证明责任;(二)主张法律关系变更、消灭或者权利受到妨害的当事人,应当对该法律关系变更、消灭或者权利受到妨害的

---

* 南宁市青秀区人民法院民一庭审判员。

〔1〕[德]莱奥·罗森贝克:《证明责任论——以德国民法典和民事诉讼法典为基础撰写》,庄敬华译,中国法制出版社2002年版,第104页。

基本事实承担举证证明责任。”结合民间借贷合同的特点，原告如主张与被告之间存在真实、合法、有效的民间借贷法律关系，需就以下两点即双方存在借贷合意及款项交付承担相应举证责任。

自2015年9月1日起施行的最高人民法院《关于审理民间借贷案件适用法律若干问题的规定》（本文以下简称《规定》）第17条规定：原告仅依据金融机构的转账凭证提起民间借贷诉讼，被告抗辩转账系偿还双方之前借款或其他债务，被告应当对其主张提供证据证明。被告提供相应证据证明其主张后，原告仍应就借贷关系的成立承担举证证明责任。该条规定从逻辑上可以拆分如下：(1)原告仅提供金融机构的转账凭证，但缺乏借条等债权凭证，其主张与被告之间存在民间借贷法律关系，可以对原告的主张初步予以确认；(2)被告抗辩转账系偿还双方之前借款或其他债务，应由被告承担举证责任；(3)被告能够提供证据证明其主张，则由原告进一步就双方之间的借贷合意承担举证责任。从中不难看出，该条规定旨在解决：当款项交付业已确定的情况下，双方之间是否存在借贷合意的举证责任分配问题。

二、仅有转账凭证对借贷合意的证明力

（一）肯定说

就《规定》第17条，一般来说，转账凭证对款项交付这一事实的证明力是毋庸置疑的，但其是否能够高度盖然性地表明双方之间存在借贷合意？就原告仅依据金融机构的转账凭证提起民间借贷诉讼这一情形，在《规定》实施之前，部分中高院作出过不同的规定，某些与《规定》第17条类似，认为原告仅凭金融机构的转账凭证提起民间借贷诉讼，已经完成了包括借贷合意在内的初步举证责任，被告如否认，[1]此时的举证责任则转移到被告一方。

比如，2013年江苏省高级人民法院《关于审理民间借贷纠纷案件的会议纪要》第二部分关于民间借贷的事实审查与举证责任中第三点提到：原告仅提供转账、存款凭证等交付凭证，未提供借贷合意凭证，被告以双方不存在借贷关系或者存在其他法律

---

〔1〕 袁琳：《证明责任视角下的抗辩与否认界别》，载《现代法学》2016年第6期。其认为抗辩与否认的本质属性和核心差异，为剖析《规定》第17条中的“被告辩称”的性质提示了思路。被告辩称不是抗辩，它直接否定请求原因事实本身，主张双方自始不存在原告主张的借款行为，原告所称的借款关系中的款项实则源自其他法律关系。本文作者亦赞同此观点，《规定》第17条原文“被告抗辩转账系偿还双方之前借款或其他债务”，所载情形系被告从事实上否定向原告借贷的事实，性质上应为否认，而非学理中通认的抗辩。

关系为抗辩,并提出证据足以对借款关系真实性产生合理怀疑的,人民法院应当要求原告就双方存在借贷合意进一步提供证据。原告不能证明双方存在借贷合意的,应当驳回其诉讼请求。对应案例有江苏省南宁市中级人民法院(2013)宁民终字第3702号民事判决书,其中本院认为部分载明,“本案中,上诉人戚某认可收到被上诉人马某500万元,但否认该款为出借款,抗辩系马某向其归还的借款。上诉人戚某仅提供周某的取款凭证以证明其向马某出借款的款项来源,并主张均以现金的方式交付给了马某,马某对此不予认可,戚某未能提供其他证据予以证明周某自2010年1月4日至2010年11月1日支取的435万元交付给其用于出借,也没有提供相应的证据证明向被上诉人马某交付该出借款项的事实,故上诉人戚某提供的证据不足以反驳被上诉人马某的主张,应承担举证不能的法律后果。上诉人戚某称,被上诉人马某在2010年之前资金缺乏,需要向上诉人戚某借款,仅有单方陈述,并无其他证据予以佐证,不能证明其抗辩的于2010年1月至2010年11月向被上诉人马某交付出借款435万元的事实,对此本院不予采信。”四川省高级人民法院《关于审理民间借贷纠纷案件若干问题的指导意见》第20条亦持此观点。

(二)否定说

与《规定》第17条观点相左,认为原告仅凭金融机构的转账凭证提起民间借贷诉讼,未提供借贷合意凭证,被告提出双方不存在借贷关系或者其他关系抗辩的,原告应当就双方存在借贷合意提供进一步证据,此时的举证责任仍在原告一方。

比如,2013年北京市高级人民法院《关于审理民间借贷案件若干问题的会议纪要》第7条提到:原告仅依据金融机构划款凭证提起诉讼,被告否认双方存在民间借贷关系的,原告应当就双方存在借贷关系承担证明责任。对应案例有北京市大兴区人民法院(2014)大民初字第2750号民事裁定书,其中本院认为部分载明:“但在本案中,原告刘某提交的转款凭证仅能证明原告刘某向被告杨某账户转款的事实,不足以证明原告刘某与被告杨某之间存在民间借贷关系,其应当提交其他证据予以佐证。但其提交的支出凭单系中某公司财务凭证,原告刘某的身份明确记载为中某公司财务主管并非出借人,该份证据亦不能证明原告刘某与被告杨某之间有借款关系。综上,本院认为,原告刘某提交的证据不足以证明其与被告杨某之间存在民间借贷关系。”重庆市高级人民法院《关于审理民间借贷纠纷案件若干问题的指导意见》第9条、浙江省高级人民法院《关于审理民间借贷纠纷案件若干问题的指导意见》第15条亦持此观点。

(三)转账凭证的内在意思表示

由此可见,在《规定》出台之前,各地法院在司法实践中对《规定》第 17 条中情形的认识并不统一,回到上面所提问题,转账凭证是否能够高度盖然性地表明双方之间存在借贷合意,有观点对此否定。[1] 转账这一行为能否推定出双方有借贷合意,这应当是一个事实判断,不能单纯假设,因为法律本身即是实践的产物,最高人民法院民事审判第一庭对这一问题在《最高人民法院民间借贷司法解释理解与适用》中进行了说明:在司法解释的征求意见过程中,很多实践中的意见提出,这种举证责任的分配,对于很多缺乏法律意识的出借人来说,举证的难度很大,实体权利保护不力,希望考虑目前民间借贷的现状,对举证责任具体分配作出更细致的规定。考虑这些意见,我们将该条解释的制定思路调整为:在被告抗辩主张原告的转账系偿还双方之前借款或其他债务的情况下,被告应当对其该主张提供证据证明;在被告提供相应证据证明其主张后,原告应就借贷关系的成立承担进一步的举证责任,从而实际上加强了对合法出借人的司法保护。[2]

个人认为,这种思路的调整有其现实意义。在支付方式快速发展的当今,转账变得愈加方便,以笔者所在的法院为例,受理的相当一部分民间借贷案件中,大量当事人通过网银、手机银行、支付宝、微信等方式进行转账,这种交易缺乏与对方面对面的交流,在一定程度上限制了借据等债权凭证的出具;加之民间借贷多发生于熟人之间,出借人不要求借款人出具借条等债权凭证亦符合常理。故转账凭证本身能够映射双方之间的借贷合意,有其现实基础。原告仅依据金融机构的转账凭证提起民间借贷诉讼的,可以认定已就双方的借贷合意及款项交付完成了初步的举证责任,被告否认存在借款事实的,应当由其进一步承担相应证明责任。

同时,应当注意《规定》第 17 条中"抗辩"系被告从事实上否定向原告借贷的事实,性质上应为否认,但在该条语境下并不适用"抗辩者承担举证责任,否定者不承担举证责任"的原则。根据"谁主张,谁举证"的一般举证规则,提出主张的一方应当就其认为"真"的事实承担举证责任,否认者无须就其认为的消极事实提供证据,否则逻

---

〔1〕 李洪磊的《原告仅依据转账凭证主张借贷的举证责任——以〈民间借贷规定〉第十七条为视角》中认为,任何以金钱给付为内容的债权债务关系均可能产生转账凭证。仅仅依据转账凭证,并不能排除是基于何种债权债务关系而为给付。即便可以排除因侵权赔偿给付、非债清偿给付,又如何排除赠与给付、买卖给付呢?

〔2〕 最高人民法院民事审判第一庭:《最高人民法院民间借贷司法解释理解与适用》,人民法院出版社 2015 年版,第 304 页。

辑上存在矛盾——在双方均不能提供证据证明各自主张时,结果意义上的举证责任应当如何分配,即由哪一方承担相应的不利后果。故"否定者不承担举证责任"所要阐述的实际是举证责任的初始分配问题,如前所述,《规定》第17条中原告仅依据金融机构的转账凭证已同时就双方的借贷合意及款项交付完成了初步的举证责任,作为否认者的被告此时应当就其认为的消极事实进一步提供证据证明。

三、特殊情形下对《规定》第17条的理解与适用

通过上述分析可知,《规定》第17条的制定来源于对实践的分析和总结,从高度盖然性上推定转账凭证已包含双方的借贷合意。但不可否认的是,一些特定情形会弱化转账凭证对借贷合意的证明力,从而动摇裁判者的内心确认:

(一)转账时间久远

期间在法律上具有重要意义,如诉讼时效、除斥期间、保证期间等,权利人在一定时期内不行使权利可能会承担相应的不利后果。无救济即无权利,但权利的救济应当予以一定的限制,在原告仅依据年限久远的转账凭证提起民间借贷诉讼时,要求被告长时间留存"系偿还双方之前借款或其他债务"的证据确有强人所难之嫌,被告所需负担的举证成本过高;出借人从转账到起诉如果间隔达数年之久,而其却不持有向借款人催款或双方结算等相关的证据材料,从日常生活经验来看亦不符常理,此时转账凭证对借贷合意的证明力也大打折扣。另外,从诉讼效益的角度考量,原告持有转账凭证的成本微乎其微,即便丢失,也有金融机构兜底提供。[1]法律应当发挥其价值导向功能,在原告仅持有年限久远的转账凭证时,加大对其举证责任的要求,可以促使其积极向借款人主张权利,形成催款记录、债权凭证等材料,既可以在将来可能发生的诉讼中降低双方的举证成本,也便于法院对纠纷的解决。从诉讼时效的角度来看,在被告向原告出具借条等债权凭证的情况下,借贷双方一般会约定还款期限,因诉讼时效的限制,原告会在时效届满时积极主张权利,而在原告仅依据金融机构的转账凭证提起民间借贷诉讼时,因转账凭证一般无法体现还款期限(在双方未约定还款期限时,诉讼时效从债权人要求债务人履行义务的宽限期届满之日起计算,通常即原

---

[1] 李洪磊的《原告仅依据转账凭证主张借贷的举证责任——以〈民间借贷规定〉第十七条为视角》中认为,对于现实生活中大量银货两讫的交易或其他已经履行完毕的债务,被告仍然需要长期保存借据、买卖合同、赠与合同等证据,以证明其保有转账凭证上记载款项的合法性。这无疑增加了交易成本,有损动态交易的安全和快捷。两相对比,原告却几乎没有保存转账凭证的成本,因为保存转账凭证大部分由金融机构负担。

告向法院提起诉讼时计算,故原告在起诉前几乎不存在超过诉讼时效的可能),如果原告可以仅凭数年甚至数十年之久的转账凭证要求被告归还借款,则对双方当事人权利义务的平衡显失公平。

以笔者所受理的一起民间借贷纠纷为例:原告分别于 2011 年 7 月 26 日向被告转账50,000 元、于2011 年7 月28 日向被告转账10,000 元、于2012 年4 月 12 日向被告转账 20,000 元,其依据上述三份转账凭证于 2017 年 10 月向法院提起民间借贷诉讼,要求被告偿还80,000 元借款。被告则否认向原告借款的事实,称其与原告素不相识,而与原告配偶曾经存在合伙关系,原告所列的上述款项实为原告配偶的合伙出资,但因时间久远,合伙解散后并未保留相关材料。就该案而言,如裁判时直接适用《规定》第 17 条,则在原告已提供转账凭证的情况下,应认定其已对款项交付和借贷合意完成初步的举证责任,被告因未能就其否认提供相应证据予以证明,应由被告承担举证不能的不利后果,即向原告偿还借款本息。该结论从《规定》第 17 条的逻辑来看顺理成章,但毫无疑问也存在令人困惑之处,裁判者难以从内心对其予以确认。

(二)具有特定身份关系的当事人之间的转账凭证

一份转账背后的法律关系存在多种可能,借贷、赠与、买卖等,在双方当事人不具有特定身份关系时,尚可推定一方持有的金融机构转账凭证高度盖然性地包含了双方的借贷合意,而在双方存在特定的身份关系时,无疑也会削弱这种盖然性。对于父母向子女或其配偶的大额转账,即便缺乏借据等债权凭证,司法实践中多数〔1〕仍认定为借贷,如广西壮族自治区贵港市中级人民法院作出的(2018)桂 08 民终 1026 号民事判决书,其中本院认为部分载明:"被上诉人傅某应承担涉案款项不是借贷而是赠与的举证责任……虽然上诉人谭某与被上诉人谭某某之间是父子关系,而且涉案车辆登记在谭某某名下,但本案中谭某一、二审均明确表示其从未有过赠与的意思表示,而傅某提供的证据没有达到《最高人民法院关于适用〈中华人民共和国民事诉讼法〉的解释》第一百零九条所规定的高度概然性的证明标准,故对其该项主张,依据不足,本院不予支持。从道德及公序良俗层面而言,父母的出资一般也不宜认定为理所当然的赠与……综上所述,谭某出资的购车款 × 元属于借款。"但是,如父母向子女或其配偶的转账未超出日常生活所需时,笔者认为,在子女或其配偶否认存在借款的事

〔1〕 根据中国裁判文书网上的案例检索:北京如(2017)京 02 民终 5614 号、广东如(2018)粤 03 民终 7408 号、广西如(2018)桂 08 民终 1026 号、浙江如(2018)浙 02 民终 261 号等采此观点。

实时，实际已经以双方之间的特定身份关系进行了举证，此时应由父母一方继续就借贷合意承担举证责任，否则应认定为其他法律关系（子女或其配偶一方通常以款项系赠与等进行否认）较为妥当，亦更符合日常生活经验。

结　语

司法实践中，原告仅依据金融机构的转账凭证提起民间借贷诉讼的案件大量存在，且多发生于自然人之间，在《规定》第 17 条实施前，各地法院发布的指导意见大相径庭。这在一定程度上造成了当事人的困惑，对司法公信力产生了消极影响。最高人民法院基于对实践的整合分析，采取更加务实和审慎的态度，对这一情形的举证责任分配思路进行调整，以司法解释的形式统一了各地法院的理解和适用，具有积极的现实意义，彰显了裁判的公平正义，进一步提升了司法公信力。但应当注意的是，在某些特殊情形下，简单适用《规定》第 17 条似乎并不妥当，对在一段时间内存在多笔转账、转账时间久远以及具有特定身份关系的当事人之间未超出日常生活所需的转账等情形，法院应进一步审查借贷发生的原因、时间、地点、借贷双方的关系等，并要求原告就双方之间的借贷合意进一步承担举证责任，综合判断是否存在真实、合法、有效的民间借贷法律关系。

法官助理双重选任模式的制度构建

陈立洋[*]　范　俪[**]

随着法官员额制改革的逐步开展,当前的司法改革方案似乎将更多的笔墨着眼于如何提高法官的待遇、如何减轻法官的非审判核心事务、如何保证法官的独立、如何评判法官的责任之上,对法官助理的选任、职责保障等却鲜有讨论。事实上,无论是法官员额制比例的确定还是法院人员分类管理,必然会触动相当一部分人的利益。在实施法官员额制后,一部分法官会在员额之外;随着法官员额制的逐步落实,法官助理的选任、待遇及接下来的晋升问题更需要制度上的明确。但是,作为司法改革举措之一的法官助理制度,却只是进行着不温不火的理论和实践上的探索。这种制度上的盲视将严重影响到法官的工作效率,进而影响到司法裁判的公正。毕竟,若缺乏适当的物质支持与职务保障,法官助理们则难免敷衍了事,怠于做好辅助审判工作。而法官助理不称职或不当的态度难免会导致法官采纳错误的资讯或遗漏重要的材料,最终使法官作出错误的裁判,从而对当事人和司法制度造成伤害。因此,本文选取了法官助理制度作为研究基点,描述其可能遭遇的冷落以及由此带来的危害,试图通过内部司法公务员与外聘法官助理的双重模式来督促法官助理良好地完成既定工作,最终为健全司法体制、实现社会公正提供智识上的参考。

---

* 重庆市第三中级人民法院法官助理。

** 广西南宁市青秀区人民法院仙葫法庭副庭长。

一、法官助理可能面临的"艰难困境"

本轮司法改革方案由中央进行统筹推进，旨在打造法官队伍的专业化、精英化，以调整激荡的、不断变化的社会矛盾。[1] 因此，提升法官任职"门槛"，适当精简现有法官数量，着力提高现有法官素质，对法院不同岗位人员的分类单序管理，已成为有识之士的共识，成为实现法官队伍专业化、精英化这一目标的有效途径，也为创设法官助理制提供了深刻的理论基础。[2] 而法官职业化建设就包括法官遴选制度、法官员额制度、法官助理制度、书记员单独系列管理制度等各个互相联系的子系统。[3] 法官助理制度能够将法官的身心从程序性的事务中解放出来，节约优质的司法人力资源，较大程度提升法官处理案件的司法效率与裁判质量，也能助推审理权和裁判权的一体化建设。除此之外，法官助理制度也在为科学的法官选任机制、法官员额制提供基础性的支持，为法官职业化建设铺平道路。

事实上，早在1999年，我国就有了构建法官助理制度的声音，目的是解决法院队伍素质水平不一、人员断层严重以及案多人少矛盾等问题。随后围绕着"优化司法资源配置、创新审判管理模式"的改革虽然以地区试点的方式逐步推行法官助理制度，但这两次改革由于多是从法院内部出发，由法院主导，实际效果并不尽如人意。同时，法官助理制度尚未制定统一的实施细则，试点法院在落实相应制度时都各行其是，这一制度也逐渐落于形式。第三次司法改革从中央到地方自上而下推进，并再次开始推行法官助理制度，需要我们总结先前的经验，汲取不足，同时需要预估今后可能遇到的问题，做好应对。

（一）总结的经验：法官助理岗位职责不明确

现行的《人民法院组织法》和《法官法》均没有关于法官助理制度的规定，导致法官助理与法官、法官助理与书记员间职责不明确。

一是关于法官助理与法官的定位。未正式出台的《人民法院法官助理管理办法（征求意见稿）》虽然明确规定法官助理不享有审判权，但在2010年下发的《关于在部分地方人民法院开展法官助理试点工作的意见》中却未将上述条款纳入文中。关于法官助理的辅助属性，司法理论界存在不同的观点，一种观点认为，法官助理的职

---

〔1〕 参见《人民司法》编辑部编：《中国司法改革十个热点问题》，人民法院出版社2003年版，第267页。

〔2〕 参见《人民司法》编辑部编：《中国司法改革十个热点问题》，人民法院出版社2003年版，第258页。

〔3〕 参见吉罗洪主编：《新世纪审判实践与案例评析》（上册），人民法院出版社2006年版，第463页。

责是“代理法官完成审判辅助性工作”；另一种观点认为，法官助理的工作具有独立性，在其履职过程中，包括法官在内的他人不能随意干涉或介入；还有观点认为，法官助理的辅助行为既有代理属性，又有独立属性，是一种“独立的代理职务行为”[1]。正是由于法官助理属性认识上的不清晰，使早先各试点法院在推行法官助理制度时对法官助理身份与职责界定不一。如贵阳市南明区人民法院，在对法官助理的职责规定中将召开庭前会议、组织当事人调解、向当事人释明等权力赋予法官助理；[2]上海市浦东区人民法院也将本属于法官职责范围的阅卷、归纳争议焦点、撰写裁判文书等纳入法官助理职责中。尤其在法官员额制实施以后，大多数基层法院让法官助理直接办案，员额法官则过度让权，案件的庭审多数流于形式，案件审理中所应有的法官的亲历性也难以保证。

二是关于法官助理与书记员的定位。现行规定对于书记员的职责分工是明确具体的，但法官助理职责范围在相关规定上的缺失却使法官助理的身份处于“有名无分”的尴尬境地，实践操作中也有将法官助理与书记员混同的现象。如江苏省苏州市吴江区人民法院在规定法官职责时就明确将“担任所协助办理案件的书记员”纳入其中。[3] 从法官助理设置的目的来说，法官助理一职的出现是为了通过分担审判辅助事务，来减轻法官已承担的非审判核心工作，从而在案件裁判中更彰显法官的智识性。从这一角度出发，法官助理的辅助审判工作相较书记员而言对专业性的要求更高，选任标准也应高于书记员。书记员从事的工作大多数为程序化、机械化的事务性工作，只要具备初级的法律知识和文员要求即可，若将法官助理等同于书记员，则违背了法官助理职责设置的初衷，也无法彰显其应有的价值。

（二）可能的困难：法官助理面临“转型阵痛”

按照法官职业化的要求，必须通过法官员额制彻底摒弃法官职业大众化现象，增强法官职业的神圣性，以树立司法权威。法院通过选任制度确定法官员额后，法官的数量将减少、素质将提高、职责将实现专业化，从而突出审判岗位中法官的地位。在案件数量不变的前提下，法官数量的锐减，必然意味着其承担的事务会急剧增加。为了确保审判核心工作的质量，法官原来承担的大量事务性工作就需要法官助理来承

---

〔1〕 叶圣彬：《司法改革背景下法官助理定位及相关问题研究》，载《法治社会》2016 年第 3 期。

〔2〕 参见王艳芳：《关于完善我国法官助理制度的思考》，载北京二中院法院网，2010 年 2 月 23 日访问。

〔3〕 参见《吴江区人民法院法官助理选任管理办法》第 2 条。

担。设立法官助理,实质上是审判工作的再分工。[1] 但值得注意的是,法官助理被定位为法官的辅助人员,他将承担起除核心审判事务之外的所有辅助性工作,而其享受的待遇却与法官不可同日而语。这种转型的"阵痛"显然会深刻影响到现行司法人员的工作态度与未来职业选择。可以预见,按照现有的改革方案,"法官"将成为"趋之若鹜"的"香饽饽",而法官助理则难免门庭冷清。

在地方法院试行法官助理工作的经验材料中,"不管遇到什么困难,也要把改革进行下去",以及"进行'一对一'的谈话","关心生活困难的同志、为支持改革做出牺牲和奉献的同志,以及在改革过程中利益受到暂时或部分受到损害的同志","注意引导大家朝着正确的方向看待问题"语句,隐含着试行法官助理制度改革的艰难。[2] 也就是说,在将目光集中于"法官"之时,还必须关注并解决法官助理即将面对的"转型阵痛"。整体而言,法官助理即将面对的"转型阵痛"主要有以下几点:

其一,收入不匹配。提高法官待遇以减少法官腐败动力的提案一直不绝于耳,但该提案一直未能实现的原因便在于法官的大众化现状。法官待遇普升的前提是法官员额制,只有对法官实施单独序列,才能让法官的薪酬与普通公务员的待遇相区分,即司法人员单独序列管理制度的实施为落实法官单独序列、法官单独薪酬创造了条件。这也就意味着,作为辅助力量的法官助理不可能同享与法官平行的待遇。否则,便无法凸显法官的精英化趋势,更可能使司法人员不愿成为责任较大的法官,而选择责任较轻的辅助人员。然而,实行法官助理制度的改革,并非给现有的法官增配助手,而是从现有的法官中减人。例如,在试点的横琴法院定额的法官便只有区区8名。在上海司法改革方案中,法官所占比例也被定为33%。这也就意味着,现有体制下的某些法官可能即将失去其已有的法官职位。较之原来级别相同甚至级别更低的被遴选上的"法官","落选"的"法官"在收入上难免会有心理落差,也似乎有失公正。即便是"非法官"的"青年骨干",其承担了绝大部分审判事务,却是为"法官"做嫁衣,不仅不能分享法官的"荣耀",甚至还不能获取与其工作体量相一致的收入。这似乎更加挫伤青年法官助理的积极性,更加影响工作。

其二,升迁受抑制。按照法官精英化的职业发展目标,未来法官的准入门槛将大大提升,且其职数也会受到严格限制,甚至法官的退休年龄也将会延长。法官数量的

---

〔1〕 参见褚红军主编:《司法前沿》(2006年第2辑),人民法院出版社2007年版,第258页。

〔2〕 参见最高人民法院政治部法官管理部:《全国法院法官助理试点工作座谈会综述》,载苏泽林主编:《法官职业化建设指导与研究》(2004年第1辑),人民法院出版社2004年版,第143~144页。

限制意味着竞争将更加激烈,法官任职年龄的加大与法官退休年龄的延长意味着等待年限将更加延宕。这也就意味着,法官助理们成为法官的发展之路将会受到极大的压缩。较之一般的行政公务员,法官助理的职位难有吸引力。毕竟,行政公务员的升迁渠道更为宽泛,受到的限制也更小。这将使大量的优质人员会优先选择行政公务员,使法院更难招募到能力与素养出众的法官助理。甚至,某些能力出众的年轻的司法骨干还会选择脱离现有的司法岗位,毕竟,从表面上看,法官员额制度的最大牺牲者可能就是法院的青年人才。这显然与法官的精英化与职业化相背离。

二、选任法官助理之双重模式的制度保障

(一)法官助理的性质定位

结合最高人民法院发布的《关于完善人民法院司法责任制的若干意见》中明确的法官助理的职责来看,[1]在审判组织体系中,法官助理工作具有较强的辅助依附性,[2]法官助理应围绕案件审判的整体工作,在法官的指导下履行职责,并接受法官的管理。此外,法官助理工作还具有相对的独立性。虽然在具体的工作中,法官助理需服从法官的指导,但在职权明晰的前提下,法官助理履行自身职责时应有相对的独立性,法官不能随意干涉,二者应分工合作,相互配合。

(二)单独序列法官助理制度的构建

法官助理作为"智识型"的助手,是一个专业性很强的职务,对其任职条件和工作能力的要求都比较高,必须要有一定的职务晋升空间和较高的待遇,才能调动法官助理的工作积极性,保证法官助理队伍的稳定性,确保审判工作的完成。[3]这就需要借鉴其他国家的做法,对法官助理进行单独序列的职务保障与管理。

第一,法官助理队伍应该设置单独的职级,并根据审判事务的难易程度进行职级上的划分。

---

〔1〕 该意见第19条规定:法官助理在法官的指导下履行以下职责:(1)审查诉讼材料,协助法官组织庭前证据交换;(2)协助法官组织庭前调解,草拟调解文书;(3)受法官委托或者协助法官依法办理财产保全和证据保全措施等;(4)受法官指派,办理委托鉴定、评估等工作;(5)根据法官的要求,准备与案件审理相关的参考资料,研究案件涉及的相关法律问题;(6)在法官的指导下草拟裁判文书;(7)完成法官交办的其他审判辅助性工作。

〔2〕 参见曹东华:《某市基层法院法官队伍建设研究》,中国海洋大学2012年硕士学位论文。

〔3〕 参见康均心:《法院改革研究:以一个基层法院的探索为视点》,中国政法大学出版社2004年版,第345页。

表 1

	事务类型	复杂程度	重复程度	裁量权要求
第一层次	核心审判事务	高度疑难	低度重复	高度自由裁量
第二层次	辅助审判事务	中度疑难	低度重复	中度自由裁量
第三层次	辅助审判事务	低度疑难	中度重复	低度自由裁量
第四层次	其他辅助事务	简单	高度重复	无自由裁量

根据以上区分模式,法官从事第一层次的事务,第二、第三层次事务由法官助理承担。具体而言,第三层次事务包括调查、勘验、委托鉴定、评估、保全以及庭前阅卷;第二层次事务包括组织调解、安排质证、询问、草拟裁判文书。根据以上事务难易程度划分,设立四级法官助理位阶,第三、第四级法官助理从事第三层次的审判事务,第一、第二级法官助理从事第二层次的审判事务。在薪酬保障上,每一位阶对应不同的薪级,最低级别的法官助理相当于科员级公务员的薪级水平,最高级别的法官助理相当于最低一级员额法官的薪级水平。在满足一定的任职期限后,法官助理可以自动晋级;而对于绩效优异者可拔擢晋阶。

第二,除却法官助理序列内部的晋升与保障之外,还需要合理设置法官助理转任法官,或其他部分行政职务的条件。例如,对于一级法官助理,在选任法官之时,应当优先录取。如此,法官助理得以有了明晰的职业前景,既可深耕本业成为资深助理,也可另择高枝转任法官,对于稳定助理队伍、鼓励长期执业和选拔优秀后备法官都将产生助益。[1] 从职责及权利配置上,一级法官助理在选择入额担任法官时,还要经过一个"候补期",在这一期限内,将某些第一层次审判事务的审判权授予该部分法官助理。如审理某些情节简单、争议不大、涉及的金钱利益较少的民事诉讼;以召开庭前会议的方式审理标的额在一定限额以下的较为疑难复杂的纠纷并草拟裁判文书等。

第三,对转型期内的特殊情况,应该特殊处理。例如,若现行的法官或助理审判员通过自愿选择或被选聘至法官助理岗位,则应保留与其级别相一致的薪级水平,并合理核定其在法官助理的级别,避免现存的法官或助理审判员在转岗后无心工作,影响到法官助理制度功能的实现。这也是在目前条件下,推进司法人员分类管理的一条可行途径,即在不减损现有人员利益的情形下,前瞻性地面向未来对既有人员格局所做震动最小之调整。其改革的方法论意义也颇为可取,即通过制度创新,"老人"也

〔1〕 参见刘茂林、王广辉主编:《社会公正与法治国家》,武汉大学出版社 2008 年版,第 57 页。

可以实行新“办法”。

（三）外援式法官助理制度的构建

法官助理单独序列制度适用于“内生型”选任模式，即从法院内部人员调整的方式重新配置审判组织结构。还有一种通过外部招聘的“外援型”选任模式具有一定的现实条件和理论基础。从本轮司法改革的要求来看，法官助理的选任条件高于书记员的选任条件，具备一定的法律专业能力是首要条件，可以从法学专业的高等院校学生或律师事务所实习律师两个渠道选择。

2016年7月召开的全国司法体制改革推进会上，中央政法委书记孟建柱就提出“要探索建立法学专业学生、实习律师到法院检察院实习、担任司法辅助人员制度”，这在充实法官助理队伍的同时，也为创新法治人才培养方式提供了又一新途径。事实上，早在2005年12月，上海市高院就开始与华东政法大学探索合作“法律助理”项目，迄今已合作了8期，并取得了极大的成功。从2017年起，亦陆续有关于实习律师到法院担任法官助理的新闻报道。[1]以选任法科生和实习律师担任法官助理的模式既能解决法官助理招录渠道单一的问题，又为培养法治人才提供了新的市场需求，在法官、高校学生、律师三者的有机互动中，不断推进法律职业共同体建设。外援式法官助理制度的构建要注意以下几点。

1. 选任条件。在从法科生选任法官助理的模式中，可以考虑法院与本地高校进行合作的方式，每年定期由高校法学专业大学生到法院辅助办案。目前法科研究生培养管理的基本依据是各法学院校自己制定的培养管理办法，如西北政法大学全面修订的法科硕士研究生教学培养方案，明确要求所有法科硕士研究生到人民法院担任6个月的法官助理，这就为研究生法官助理制度的实施创造了条件。在从实习律师选任法官助理的模式中，法院可以和司法局、当地律师协会联合建立法院—律师互动机制，实习律师在实习第一年接受司法局分配，到指定的基层法院担任法官助理。担任法官助理期间处理的案件数量、单位给予的表现评价作为申请律师执业的考核内容。

2. 业务分级管理。如前文所述，审判事务的难易程度可以分为四个层次，第二、第三层次审判事务均由法官助理承担。而基于外援式法官助理身份的特殊性，对该部分法官助理的职责范围应当制定明确、具体的管理规则。这一规则既要坚持规范、

---

〔1〕 详见《实习律师担任法官助理，法院来了“职业共同体”的年轻人》，载 http://js.xhby.net/system/2018/02/15/030792792.shtml，2018年3月25日访问。

透明的原则，又要体现人员分类特色、业务层级差异，符合审判规律。所以在制定法官助理管理规则时，除了要坚持一般性人事管理规则外，必须体现出不同资质、业绩、编制人员在业务管理、工作规则、考核体制上的分级管理特色。将不同年龄、资质、业绩、编制的法官助理经考评划分为不同级别，并有针对性地建立相应的职责范围和考核机制。

3.纪律要求。法院审判工作具有较高的纪律要求，通过开展岗前教育、签订保密协议等形式强化预防意识，加强对外援式法官助理的管理，使之养成良好的纪律意识，严格遵守学术纪律、廉政纪律、作息纪律、请销假纪律和保密纪律等工作纪律。对不遵守规章制度、不服从工作安排、经教育后仍不改正的法官助理，可以取消其实习资格，甚至可以转给学校或司法局加以处理。

4.经费保障。外援式法官助理项目的费用支出主要有办公用品购置费、食宿支出，以及一定补助。这就需要财政专项供给以支持法院和法学院校的这项综合改革。尤其是对于偏远地区的法院，在资金的保障与补贴的发放上，应该更加优厚。

结　语

建立法官助理制度是法官精英化、职业化发展的必然趋势，作为法官职业化建设结构体系的关键一环，无论是为了清除本轮司法改革道路上遇到的障碍，还是树立司法在社会公众心中的权威及公信力，都使得法官助理制度的构建具有举足轻重的地位。在大篇幅讨论法官员额制给法官带来的包括待遇提高、责任评判等话题时，我们也要注意到法官助理制度相关法律法规的缺失及各地法院在适用这一制度时标准、方式不一的现象。任何一项制度的建立绝非一蹴而就，其与当下社会环境、已有的社会制度及政治、经济条件等方面息息相关。因此，法官助理制度的建立，是一个需要从宏观把握到微观机制构建等各方面逐步推进的过程，也需要制度的制定者不断总结经验，预估可能的困难，来设计出切合我国国情的制度，以实现对法官职业化建设的有力助推。

从灰暗走向乾朗：提升基层场域普法成效的维度与向度

——基于对贵港市农村地区普法现状的思考

陈毅清*

2017年9月18日，在党中央正式确立"谁执法，谁普法"的普法责任制之后不久，广西壮族自治区党委办公厅印发了《关于实行国家机关"谁执法，谁普法"普法责任制的实施意见》[1]，该意见详细列明了广西区内国家机关的普法职责任务和责任清单。该意见的出台对于推动农村地区的法制宣传教育工作，特别是对于推进农村民主法制建设，提高基层群众的法律素养具有重要意义。对于农村地区而言，普法宣传的作用主要表现在：缩小甚至消除权利"魅惑"的狭隘空间，使人民群众广泛了解并接受法律法规规定的权利观念，以更好地运用法律武器依法维护自身的合法权益，充分发挥法律法规对基层乡村的规范、指引和教育作用，推动形成良好稳定的社会环境，实现基层群众的安心、安居、安业。未来贵港市农村地区的普法工作也必须紧紧立足于这一宗旨目标而进行综合施策、多向发力。

一、现实的灰暗：农村地区普法宣传教育的现状及难点

更加注重做好农村法治宣传教育工作，是党的十九大以来，以习近平同志为核心的党中央的一项长远规划，更是基层群众对民主法治的乡

* 贵港市中级人民法院民一庭法官助理。

〔1〕 参见桂办发〔2017〕39号文。

村环境的迫切期待。1995年10月,贵港市升格为地级市,而此时已经是“二五”普法的末尾之年;当“一五”普法把工人、农(渔)民作为普法的重点对象[1]的时候,贵港市仍归属于玉林地区,尚未形成独立的普法工作格局,此后的普法重点对象并不包含农(渔)民这一基层群体,也就造成了农民群众普法工作的滞后甚至断空。[2] 成立地级市后,贵港市从“三五”普法到现在的“七五”普法,在遵循中央既定的普法范围的基础上,也结合贵港实际,突出重点,把普法工作的触角延伸到农村地区的最基层,农民兄弟法律知识贫乏、法治观念淡薄的状况得到了极大改善,农民群众的法律意识有了较大提高,有事找法律、出事靠法律逐渐成为农民群众的内心习惯。[3] 但是,即便如此,贵港市的农村普法工作依然存在一些不容忽视的问题,农村社会成员的法律素质与城镇社会成员的法律素质相比,还有很大差距,亟须引起我们的重视。

(一)思想认识上存在误区

从基层干部(包括乡镇及村委干部,下同)看,相当数量的基层领导只重视硬件建设,对群众精神层面的“软实力”改善缺乏规划,农村普法教育工作没有真正得到重视,对费时、费力且难见直接经济效益的普法工作持回避、被动、冷漠的态度。[4] 法治宣传作为“软任务”,缺乏具体有效的考核指标,造成较多基层干部因缺少外在的“倒逼动力”而将普法工作等闲视之。也有一些干部,围绕着考核的硬指标,把普法教育当成是“听话教育”“实用教育”,实行“选择性”普法,仅普及与农民群众履行义务有关的法律条文,而对于诸如群众参与村务管理、行使民主权利等方面的法律知识则缺少主动性宣传。从基层群众看,由于受到文化水平的制约,对具有较强的专业性和技术性的法律学习存在畏难情绪,“平时基本用不着法律知识”“多学无用”等认识长期占据农村群众的认知领域。笔者对30名来自贵港农村地区的案件当事人进行判后调查发现,76.67%的农村群众持有“学习法律还不如多干点活赚钱实惠”这样的想法。一方面是普法责任主体的“思想推脱”,另一方面是法律知识受众群体的“行动

[1] 根据我国普法工作的统一规划,从1986年开始,每五年为一周期,分别制订五年普法计划,每个五年计划的普法人群侧重点各有不同。参见《从“一五”到“六五”》,载《检察日报》2011年12月4日。

[2] 参见《贵港年鉴·2015》。

[3] 贵港市司法局:《贵港市法治宣传“十二五”工作总结》,载贵港市人民政府门户网,2018年5月30日访问。

[4] 调研走访发现,基层干部对农村普法工作的热情普遍不高,日常普法多数依赖于来自上级单位或其他社会组织的“送法下乡”活动。

抵触”,造成了固定场域内普法工作的“先导性障碍”[1]。

(二)缺乏普法宣传的正式机制

主要表现在:一是机构职能“挂空”。以贵港市为例,目前比较官方的专司各辖区普法工作的部门是市(县、区)依法治市(治理)办公室,其均挂靠在辖区司法局,虽规格比较高,但该办公室属于临时性机构,无专门编制、无专职人员,更没有赋予较强的实质性职能;没有详细具体的普法规划,缺少统一推进普法工作的行政力量,“小马拉大车”的尴尬局面无可避免。这还是在市(县、区)层面,下至基层乡镇或乡村,其状况更是不言自明。二是普法条件落后。一方面是人力不足:基层农村的普法工作常规性由各乡镇的司法所承担,基层法庭以及其他上级行政单位或社会组织临时性的普法活动作为跟进力量。贵港各乡镇辖区司法所,多数仅配置1~2名工作人员(含编外聘用人员),配备人员达3人及以上的司法所寥寥可数;[2]工作人员既要承担司法行政业务工作,又要进行普法治理指导,其难度可想而知。另一方面是硬件配置差:目前主要依赖于人力宣传,如分发普法类宣传小册子等,诸如无线传输、电子宣传栏、人工客服咨询等现代化手段所需的硬件设备严重不足,导致普法未能真正走进农村,无法遍及边远山区的农民群众。三是长效工作制度缺失。调研发现,仍有不少基层单位没有将普法工作作为常规性工作来开展,为了应付上级检查而随意拼凑一些台账资料,并未真正开展实质性普法工作。[3] 究其原因,主要在于缺乏刚性的制度约束。市(县、区)的普法工作缺乏必要的监督、考核评比等制度,或者制度落实不到位,或者开展活动收效甚微。从市本级一直到农村基层,普法的目标、任务、内容、责任、奖惩等,不够具体和细致,特别是奖惩措施,体现不出刚性和激励性;缺少不同部门之间的工作衔接机制,多数部门不积极主动参与普法,司法行政机关“单打独斗”的局面仍然存在。

(三)普法过程中的“四难”问题突出

笔者亲自参与或者跟踪调查的普法实例共有18起,通过对这些例子进行分析,发现农村基层的普法活动面临四个难题。首先,作为普法对象的人员难集中。在贵港农村地区,还有相当多的青壮年劳力选择外出务工,只有老少人员在家留守,造成

---

[1] 源于“思想是行动的先导”概念,即一旦出现思想惰性或方向偏差等问题时,采取的行动就会大大降低成功率。参见毛泽东:《毛泽东文集》,人民出版社2009年版,第32页。

[2] 数据源于笔者对贵港市15个乡镇司法所的统计而得。

[3] 参见陈迪:《农村基层普法教育问题与对策研究》,载《法制博览》2015年第1期。

本该纳入学习范围的人员长期无法及时召集进行学习，无形中延长了普法的周期。其次，统一化的普法时间难安排。由于不再是过去的集体劳动、集体休息，现在的家庭户外出务工或者劳作的时间可由他们自由安排，不同的家庭有不同的活计需要在不同的时间进行，造成已经确定的普法活动到了规定时间仍然有相当多的人员缺席。再次，事先准备好的普法内容难理解。一方面是农民群众本身的文化水平普遍偏低，理解力跟不上；另一方面是普法内容与群众需求脱节，不接地气、形式呆板，多是简单的法条宣读，乡土性的转化陈述不足，缺乏图文并茂的声色教学，普法对象对普法内容学不懂、记不住的情况比较多，影响了他们的学习积极性。最后，普法活动的成效难体现。总体而言，普法活动只重视“有没有开展”，讲究普法活动的次数，而对于每次普法的具体效果则缺乏检验标准，对普法之后基层群众后续的“用法”问题缺乏考虑和追踪指导，不利于及时调整普法的形式和手段，普法成效不大。

（四）不良的社会行为产生“外围性不良影响”

基本包括三大类社会行为或现象：其一，个别执法部门的不恰当执法行为。在基层农村，执法部门依然采取简单粗暴式的执法，对执法的程序性和实体性要求落实不到位，以言代法、“选择性”执法、假公济私、欺软怕硬等现象仍然有所存在，降低了法律的权威性，使广大农民产生权大于法的错觉，认为学法无用。[1] 其二，司法腐败现象。特别是发生在扶贫领域的基层干部贪腐案件，群众关注度高，一旦发生此类事件，基层群众普遍认为最该接受普法的应该是基层干部而不是农民群众，严重挫伤了农民兄弟学法的信心，吞食了基层群众对法治的信心。其三，落后的乡村风俗文化。例如，打牌性赌博、“六合彩”买码、迷信风水，不健康的书刊、色情录像等长期侵袭基层农村，败坏了社会风气，毒害了青少年的心灵，造成老年人、青少年的违法犯罪率均有所上升，产生了“外围性”的不良熏染。

二、沉重的冲击：法律文化在农村地区的“孤独飘渺”

文化具有涵养、熏陶作用，但其作用的正向或反向发挥，取决于该文化内在的属性，也即“近朱者赤，近墨者黑”，只有“朱”性的文化才能产生“赤”性的效果。[2] 农村基层的普法宣传，实际上就是要培植一种健康向上的法律文化；在培植法律文化的过程中，自然免不了要与已有的旧文化产生碰撞和对抗。当前，贵港市农村基层的民

〔1〕 参见赵金和：《农村普法教育存在的不足及其对策探讨》，载《法制与经济》（下旬）2012 年第 12 期。

〔2〕 参见肖远平：《乡村文化建设与农民社区认同研究》，人民出版社 2016 年版，第 47 页。

主法治建设推进相对缓慢,尚有较多的法律空白区间,法律文化的培育由此遭遇阻碍。重点表现在:

(一)民主法治氛围不浓厚

贵港辖区的农村基层在发展民主法治工作上存在不平衡的问题:经济条件发展较好的行政村,有关民主法治的各项制度和政策比较完善和健全;而对于交通闭塞、缺少村集体支柱产业的行政村,诸如村务财务公开、换届选举、重大集体性事项商议等,均有明显的不足。对于后者,一是上级财政扶持有限,自身又没有后盾性产业作为支撑,相当多的民主性举措,如推进创建民主法治村等,均难以落实到位;二是村委班子配备不强,勤政务实、敢想敢干的村干部寥寥无几,很难带动身边的农民群众干事创业、学法懂法守法用法,民主法治的氛围不够浓郁。

(二)愚昧落后的传统宗法文化"作祟"

文化基因的形成有一个明显规律:历史渊源越长久的文化越难以革新。[1] 农村的传统具有很强的宗法性、保守性,人际关系与血缘、地缘融为一体。这一特征,决定了当具有市场经济烙印的法律文化进入农村基层时,其在一定程度上会遭遇农村传统宗法文化的冲击,给农村社会成员带来具大的心理障碍。比如,某创业青年甲,由于对市场行情把握失当,创业失败,其选择的不是分析自身原因,而是向宗族寺庙、祠堂祭拜,寻找所谓的内心安慰和神灵庇佑。[2] 从与贵港毗邻的其他先进地市来看,一般而言,普法成效明显的行政村子,其村民群众思维都相对开阔,对新生的市场事物接受欲比较强,可见:要逐步引导农村社会成员开阔眼界,大胆接受新的文化知识,尤其是先进的农作物耕种技术、科学的市场经营理念等,要传导到农村社会成员的内心,使科学之风真正兴盛起来。为此,要重点整治目前农村基层存在的反法律文化的现象和行为,使邪异的宗教活动、打架斗殴、酗酒闹事、聚众赌博、色情演出等违法乱纪活动得到压制,推动法律文化在农村地区的普及。

三、问题的缘由:普法宣传困境是怎样的"多因一果"

从唯物主义角度看,任何事件的结果都有其产生的具体原因,而且从分类上可以区分为"一因一果"和"多因一果"。[3] 毋庸赘言,对于农村基层目前的普法困境,显

---

〔1〕 参见林林:《法文化构建:穿越比较与社会的表现》,西南师范大学出版社 2013 年版,第 109 页。

〔2〕 此类例子,从收集的材料数据看,并非孤例,从而说明农村基层的落后文化基因并不少。

〔3〕 参见瞿林东等:《唯物史观与中国历史学》,上海人民出版社 2013 年版,第 118 页。

然属于“多因一果”。通过走访调查并经“同类分析”,笔者归纳出造成农村法制宣传教育陷入困境的原因主要是:

第一,基层干部的政绩观出现偏差。基层干部为了获得提拔及晋升的机会,渴望在自身工作范围内快速取得工作成绩。而基层普法具有明显的“慢效应”,难以在基层干部几年时间的任期内出现明显成效,这迫使基层干部始终围绕上级的考核指标,特别是基层企业纳税额、人均收入提高幅度、综治维稳状况、镇企村企安全生产状况等“硬指标”开展日常工作,普法工作由此被放置到边沿位置:嘴上说说、行动滞后、成效模糊,严重制约了普法工作的正常开展。

第二,缺少系统性的普法规划。到目前为止,贵港市市本级层面尚未制定过一定年期内的普法规划,现在的普法活动严重依赖于司法行政系统的临时性机构进行“兼顾性”推进,力度不强、范围不广、措施不力;尤其是只在上级有检查督导时才“紧急加强”,平时则几乎处于“放空”状态。由于没有正式的普法规划,无法明确具体的普法责任部门,以及普法不力时的追责处分,也给基层农村的普法工作留下了制度性的“硬伤”和基层干部推诿卸责的“台下理由”[1]。

第三,普法活动缺乏针对性和实用性。从调研掌握的情况看,目前各级行政机关的正式或非正式普法活动,基本上停留在发放法治宣传册、提供法律咨询等简单层次,没有针对农村地区不同人群、不同领域、不同时令而特别筹划开展具有针对性的普法宣传活动,造成基层群众兴趣不高、求知欲不强、理解不深刻、运用不自如等一系列问题。而其中群众反映比较强烈的一个问题是:普法活动之后,后续遇到的法律问题在具体处理过程中,缺少专业人员的指导,无法确知自己采取的法律措施是否恰当。这表明,普法活动只重视现场普法,缺少后续的跟踪指导,难以达到“以一次成功的运用弄懂一本法律”的效果,这凸显的仍旧是普法活动实用性不够的问题。

第四,基层群众民智开化程度还比较低。人的思想意识会长期受到自身所处环境的影响。现阶段,贵港市辖区还有相当部分的基层农村经济发展程度低,群众接受新事物的心态不够明朗,仍会继续被各种愚昧落后的民俗习惯左右;在遭受挫折时,剖析自我、通过合法有效途径去解决问题的“法经济”思维尚未真正形成,对普法活动的意义、内含的解决问题的法治思维没有真正悟懂弄通,距离懂法、用法的目标还有较大差距。

---

〔1〕 有乡镇干部直言,“哪项工作不重要,没有专项规划明确责任,最后就变成是不重要,毕竟普法是‘软任务’,无法进行直接追责”。

第五，执法部门及基层干部依法履职不够。如前所述，一些执法部门执法工作不符合程序正义和实体正义，个别基层干部以权谋私、知法犯法等现象也时有发生，这些部门和干部的“非标杆性”行为背后，是依法履职的意识和力度不够，根源在于法治意识的缺失。基层群众直接接触这些执法部门和基层干部，从他们的“不良信条”上感受不到法治的安全感，造成后期的普法活动群众基础不牢固，普法成效自然难以凸显出来。

四、未来的乾朗：提升基层农村普法成效的路径选择

打造“四力”新贵港是贵港市委、市政府立足贵港本地实际提出的重大发展改革目标，但实力、活力、魅力、给力均离不开辖区群众特别是农村基层群众的民智大开化、思想大解放、素质大提高。由此，要高度重视做好基层群众的普法宣传教育工作，通过提升普法成效，系统性解决软环境、硬环境存在的各项“壁垒”，真正营造丰盈的“民智环境”，拨开云雾见青天，切实推动贵港城市建设的大发展。[1]

（一）开展思想“大讨论”，切实扭转认识领域的偏差

充分抓住贵港市开展的解放思想大讨论活动[2]的有利契机，在全市层面掀起一次专门针对农村基层普法工作的大讨论活动，通过思想的交流与碰撞，真正打通干部群众的思想梗阻。具体而言，对党员干部特别是农村基层的乡镇、村委干部，要正确认识普法工作的深远意义，析清论透习近平新时代下应当秉持的正确的政绩观，放弃个人政治得失，胸怀基层群众疾苦，吃准悟明普法工作中党员干部的日常职责和责任担当，真正统一思想、坚定信心开展好基层普法工作；对基层群众，要认清市场经济新时代下社会环境对于法治新思维、竞争新导向、科学新气息的急切期待，主动融入、支持和参与身边的学法、普法、用法活动，积极学习法律法规知识，不断充盈自己的内心世界，抛弃愚昧落后的宗族思想，做新时代的新农民、好公民。为确保专项思想“大讨论”活动取得明显实效，建议应由市委市政府统一部署实施，自上而下高效推进；活动期限应至少为1年时间，范围以农村基层为主，以乡镇（街道）为单位，部署开展不同层面场次的“大讨论”。

（二）构建规范科学合理的基层普法长效机制

1. 制定周期性的普法规划。有规划才有行动指南。应当在国家制定的普法规划

---

〔1〕 参见佚名：《建设“四力”新贵港 提升城市品位》，载《贵港日报》2016年11月10日。

〔2〕 贵港市“解放思想大讨论”活动从2015年开始，由市委市政府统一部署实施，到2018年已连续开展了3年。

的框架内，结合贵港市目前的普法工作面临的具体问题、短板不足，以两年或三年为一周期，[1]制定切合贵港本地实际的普法规划，统领全市各县（市、区）的普法工作。普法规划应明确建立专职性的普法办公室，统筹推进全市普法工作；应当坚持问题导向，直击问题短板，根据存在的问题明确普法工作的具体目标及职责任务，突出现实针对性；更要明确普法工作的日常考核、监督检查及失职追责，借鉴外地的成功经验，订立严格的考核指标，更加侧重对普法成效的检验，使普法成果可检、可感、可见，让普法工作不再是可有可无的“软任务”，倒逼基层干部重视普法、推动普法。

2. 加强人财物统筹保障。专职普法办公室以下应设置专职普法工作站（点），人员组建上，每个乡镇应保证至少有3名专职普法工作人员，每个行政村则应至少有1名专职人员。应以乡镇（街道）为单位，每年上报辖区内的普法活动计划，计划批准后应由市财政拨付专项活动经费，做到专款专用。办公物品配置上，除常规的办公设施外，应侧重考虑为普法工作站（点）配置无线传输、电子宣传屏幕、人工电话客服等现代化设备，为普法工作提供有力的物质保障。

3. 建立联动普法制度。普法工作必须跳出“单打独斗”的局面，转而形成联动普法的工作制度。要立足于普法单位本身的职权职能，精心挑选普法素材，有计划地轮流开展基层普法，使普法内容更丰富、涵盖主题更全面。为此，可由县（市、区）的专职普法办公室统一制定本辖区的年度普法活动明细，分别交由辖区内对口的机关部门进行落实。

（三）突出重点、坚持特性，不断提高普法活动质效

1. 突出普法宣传的重点。结合本地实际，针对本地存在的主要问题，在一定时期内选择一些重点内容。例如，周期内辖区发生的“两抢一盗”案件增多，则可重点宣传《刑法》以及对“两抢一盗”行为的预防措施等，增强普法与生活的契合度。侧重涉农法律法规宣传教育，可利用农闲时节，开展“送法进家”活动，针对基层农村容易出现的家庭暴力、抚养赡养、教育权等问题，为村民讲解法律常识。建立法治宣传教育一条街，书写法治标语，制作法律知识板块，建立法治宣传阅报栏、村务公开栏；还可以创建法治教育远程教育平台，通过播放、共享法治课件，对基层群众进行广泛的法治教育。[2]

---

[1] 国家推行的是五年普法计划，但考虑到贵港市普法工作起步较晚，存在的问题比较多，故笔者建议贵港市应以两年或三年为一个周期，目的是加强普法工作的灵活性和针对性，以“小步伐”解决“真问题”。

[2] 参见廖彩荣：《我国农村普法教育的现状分析及对策研究》，江西农业大学2011年硕士学位论文。

2. 坚持“六个特性”。一要增强针对性。普法活动应针对不同层次人员分别采取不同方法进行教育,如对文化水平比较低的群众,宜采用集中学习法律法条的形式进行;而对于经济作物承包种植户,应以“一对一”的现场教学方式进行。[1] 二要注重及时性。对与农民群众息息相关的新法律法规,在颁布后即应立即组织宣传学习活动;对农民兄弟在日常生产生活中遇到的法律问题,应及时送法上门。三要加强实用性。进一步加大对涉及农民切身利益的法律法规的宣传力度,把宣传教育与农村民主政治建设紧密结合,与解决农村中的难点、热点问题紧密结合,与调处民间纠纷紧密结合,使群众真切地感受到法律就在身边,增强他们对法律法规的求知欲。四要讲究趣味性。在宣传教育时,要加强形象化教育,通过相声演绎、影视播放、文艺汇演等宣传形式,提高基层群众的学法兴趣。五要凸显便捷性。要充分利用好新时期的通讯及网络自媒体传播手段,将普法内容加以提炼后精简化推送给基层群众,使基层群众通过手机短信、微信群聊等途径即可了解到第一手法律资讯。六要侧重指导性。完成日常普法工作后,要继续跟踪关注群众对于法律法规的掌握及运用情况,特别是在群众遭遇实际法律问题时,应指导其自主运用法律维护自身权益,不断增强群众的用法本领。

(四)净化“外围”环境,增加社会正能量,为普法工作注入新动力

1. 扫除愚昧,繁荣法律文化基因。定点建立和完善“农家图书室”制度,统一规划在每个行政村搭建阅读园地、普法专栏、法律咨询等日常服务;为群众提供服务过程中,发现群众封建愚昧落后思想浓重的,应及时进行引导,分析透彻其危害性,用“实例教育”的方式教会基层群众辨析迂腐的思想和行为,鼓励和指引群众积极汲取法律文化。[2] 坚持需求导向,根据群众的知识需求方向,鼓励社会组织为基层农村提供各类公益性法律讲座、现代化文体文娱及普法宣传等活动,切实满足群众对法律文化的追求和需要。

2. 改善人居环境,加速推进新农村建设。充分利用党和政府的各项扶持政策,高效落实农村基层脱贫攻坚工作,以大力发展农村集体性经济、繁荣农业合作社、支持个人农业产业信贷等方式推进农村基层道路硬化、乡土旅游和特色农业开发等一系列“创收”工作,逐步提高基层群众收入水平;完善农村村委会党群服务中心建设工作,突出“服务性”这一核心元素,切实提高基层农村党务、村务规范化水平,为基层群

---

〔1〕 参见佚名:《普法应增强针对性和实效性》,载《人民日报》2016 年 4 月 27 日。

〔2〕 参见张梅龙、周庆峰:《试论农村普法教育的必要性与可行性》,载《农业考古》2009 年第 3 期。

众日常的生产生活提供“一站式”服务。[1]

3. 着力整治基层干部违法违纪行为。更加注重人民群众对执法机关及党员干部日常不正之风的监督检举，对群众高度关切的扶贫资金筹集与使用、村委换届选举、土地房屋征拆补偿、村集体产业运转、行政乱作为不作为等重点领域加强监督执纪，发现问题严肃查处，始终保持高压态势。对负面典型人物及事例，一律面向社会进行通报，深刻剖析问题根源，使之成为干部群众学法、用法、守法的推动器，以从严治党的决心壮大基层群众对农村法治建设的信心。

---

〔1〕 参见佚名：《抓好基层党建　推进脱贫攻坚》，载《广西日报》2017年7月6日。

论基层法官职业保障制度的完善

冷应洪*

一、法官职业保障制度的定义

法官职业保障制度，通过对法官审判权力、法官身份、法官待遇的全方位保障，免去法官在司法审判工作中受到不当干扰，保证法官尊崇法律的规定履行审判职责，维护社会的公平正义。根据最高人民法院的工作报告，全国法院受理的民商事案件 80% 都是由基层法院受理的。人民群众对司法是否公正，最直接就是从基层法官的审判工作中体会到的。但是基层法官在职业保障方面存在的问题，导致基层法官行使审判权力时存在诸多问题。本文研究的基层法官职业保障制度，即结合基层法院的特点，从保障基层法官履行审判权力、法官身份、法官待遇等方面的建设，增强法官职业尊荣，维护国家法律尊严和司法权威。

二、法官职业保障的域外制度特点

（一）法官职业权力保障的理论根源

孟德斯鸠在 18 世纪提出三权分立学说，该学说成为大多数西方国家政治体制的指导思想。国家权力通常分为立法权、行政权、司法权，因此，很多国家对于司法权都在立法上给予了保障，而且通常在位阶最高的宪法或宪法文本中加以明确规定。三权分立学说成为西方国家法官职业权力保障的思想和理论基础。

---

* 凭祥市人民法院党组成员、诉讼服务中心主任。

（二）法官身份保障

英美法系国家实行法官职务终身制，一旦被任命为法官，除非基于法定的免职事由，法官的职务不能被任意变更。在终身制下，法官可选择主动退休，但运用该权利的法官并不多。究其原因，在于法官的社会地位较高，以及长期形成的职业神圣感。而大陆法系主要国家的法官任期大致可分为两种模式：一种是在宪法中对终身制予以明确规定，但是该终身制却又被强制退休年龄束缚，像德国、法国等国家实行这样的制度；另一种是在宪法中并没有终身制方面的规定，法官只要达到了法定的退休年龄便必须退休。另外，一些大陆法系国家在法官退休年龄方面，采取到龄退休方式，法官可以工作到65周岁退休。

（三）法官的经济保障

为了保障法官免于经济上的匮乏不受物质利益的诱惑而影响审判公正，多数国家给予法官比较高的物质待遇保障。无论是英美法系还是大陆法系，法官的物质经济待遇和履行审判执行的物质保障均明确规定在法律中。在英美法系主要国家中，如英国，其提供给法官的薪酬待遇非常优厚；美国规定了法官待遇保障条款，即使国家出现政策变动或经济问题出现的情形，美国财政也不得减少现任法官的报酬。

（四）法官的人身安全保障

鉴于法官独特的职业风险，会因为履职而受到司法服务对象伤害的现象存在，国外对于法官人身安全保障的制度构建日趋完善。对于侵害法官人身安全的恶性行为给予严厉的打击和处罚。

（五）法官独立的外部保障

为避免审判权力受到内外因素的影响，在法院的管理、法官的任命上也有相应完备的配套制度。从法院与外部行政权等权力关系看，西方一些国家法院系统的人、财、物独立于政府系统预算，由中央机构统一分配法院的经费，法院经费就不再受到其他力量的不当干预，这样就从制度上避免了司法权之外的外部因素的干预和保障不够的问题。在人事管理方面，法国法官的选拔任命、提名推荐都由法国司法部和司法委员会管理。而且法官的员额编制是由国家统一管理，这样也避免了基层地方法院独立行使审判权受到行政机关的控制干扰。相对独立的人事、财政管理制度使法官获得独立工作环境，集中精力在审判权行使上。国外法官管理制度最终形成的理念是让法官来管理法官，减少法院内部的层级设置和级别安排。法院内部的机构设置简单，淡化行政色彩，围绕法官的需求构建行政管理，从而保障审判权的行使免受干预。

三、基层法官职业保障存在的问题

(一)法官职业保障的地方化问题

我国司法机关的层级设置和行政区域层级设置一致。法官任命、考核由地方组织部门、人大行使;法院及工作人员的经费保障主要依赖于地方政府。倘若司法机关掌握不了自身所必需的经费(财权),那么基层法院也只能受制于地方政府,难以实现构建完善的法官职业保障制度这一目标。由于法院及法院工作人员的经费主要来自同级的行政部门,直接同当地经济发展水平挂钩,由此便导致一个问题:经济发展相对较好的地区,法官待遇较好,法院及法官的作用能够得到较好的发挥;但对于那些经济落后、地方财政收入低的地区,地方财政或许仅能保障法院人员的基本工资,基层法院想要提升法官的保障水平,也是无可奈何。

(二)法官职业保障存在行政化问题

我国《公务员法》规定,法官属于公务员的序列,对行政机关公务员的考核均适用对于法官的考核,造成对法官的管理、任职评级、福利待遇等方面与行政部门公务员相近,不能体现出法官职业的特征和特殊性。自《法官法》实施以来,法院及法官的行政色彩没有出现淡化的趋势,与此相反,由于长期受其影响,行政思维根深蒂固。结合法官职业保障的内容,司法权的行政化主要体现在以下两个方面:第一,对法院人事权的行政控制。法官是代表国家行使司法权的主体,法官职业带有专业性、技术性和权威性特征,法官职业具有准入条件较高、执业标准严、职责性质特殊等特性。所以,国家对法官的管理应当不同于一般的公务员。第二,法官职权行使具有行政化色彩。独立行使职权,是法官职权保障的体现,但事实上,法院实行法官审判同法院领导把关两者结合的职权行使模式,此种方式以保障对案件作出合法合理的判决为理由,实际上对法官独立行使职权造成影响,也体现了对法官依法办案的行政限制。

(三)法官免职辞退制度规定存在许多弊端及缺陷

首先,《法官法》在原则上规定了法官保障制度,但很明显的是,该法第8条规定法官所享有的权利,且把法官的免职辞退制度纳入法官所享有的权利的条文之下。换言之,法官的免职辞退制度在《法官法》中并不是放置于该法的总则之中,充当类似于原则性规范作用,而是放在了具体规范内,同法官的其他权利并列。由此,《法官法》对归属于法官保障制度的法官的免职辞退制度并未给予太多“特别待遇”,反映出对制度重要性认识不足。其次,该法所规定的有关法官免职和辞退的情形显得宽泛,许多条款规定得不太合理,具体的如法官可因拒绝合理的工作安排而被辞退,这无疑是对原已比较薄弱的免职辞退制度造成再一次冲击。最后,除了部分条款内容不合理,该法的许多条款还存在含义模糊的嫌疑,如"不胜任现职工作""不履行法官义务"等。需要改变上述条款富于弹性的特征,使其内容具体化,更好地保障法官权利。另外,该法缺乏对法官进行惩戒的程序性规范。若没有比较详细的惩戒程序规范,一方面不易将惩戒有效合理落实,其可能导致任免机关滥用权利,另一方面会导致法官的任免不仅得不到保障,甚至还可能起到相反作用。当然,上述问题除了在《法官法》中有体现,规定了法官职业保障的其他法律法规,同样存在类似问题。

(四)法官的物质经济待遇较低

我国《法官法》第37条规定了法官工资按期增加和有条件增加,第38条规定了法官享受相关的待遇。从条文可知,虽然我国法官在其任职期间收入不会减少。但通过权衡法官职业压力与其所得收入,可以看出相较于一般公务员来说,法官的待遇较低,至少与其职业特点不相符。近来在法官群体出现的离职潮,很大部分原因为法官的经济待遇较低。为解决由此带来的各项弊端,经济待遇改革迫在眉睫。那么,如何改革法官经济待遇,使其与法官职业特征相符,是我们面临的问题。不过,从目前的司法改革的基本精神来看,法官薪金改革的最终目标是,将法官职业待遇与一般公务员的待遇分开,形成单独财政预算,使法官待遇适当高于公务员待遇,法院系统的经费支出逐渐摆脱地方财政控制,并最终由国家财政或省级财政统一支付。

(五)法官的人身安全保障及其他权益保障不足

法官职业必须有职业安全保证。但现状是,法官职权行使特殊性决定了当事人必然胜诉与败诉,或者利益不完全平衡,倘若当事人足够理性,能认识到法官的中立地位,那么法官人身安全受到侵犯的事件会较少发生。然而,因为我国目前的司法环境不尽如人意,并非每个当事人的法律意识均能达到理性程度等因素,难免会有当事人将解决纠纷的结果与法官直接挂钩,将其不满迁怒于审判法官,甚至还有不少胜诉方的当事人因为其最大利益没达到而对法官进行责难。由此,法官人身安全受威胁和侵犯是常有之事,安全保障面临较大压力。《法官法》第8条规定有"人身、财产和住所安全受法律保护"内容,但是没有详细和明确的配套措施,对法官履职过程中的安全保护不够力度,难以杜绝层出不穷的危害法官人身安全的事件。

(六)没有建立基层法官责任豁免制度

法官责任豁免为许多国家的司法制度所采用,很多国家在立法上对该制度作出明确的规定。我国的《宪法》和法律规定人民法院依法独立行使审判权,但是相对而言,我国立法有些不足。更确切地讲,我国没有真正建立法官豁免制度。比如,《法官法》第4条规定，我国法官在依法履行职责时享受法律的保护，但没有明文规定受何部法律、何种程度的保护。并且，该规定在法理上也显得多余，难道行政机关执法人员在履行职责时就不能享受法律保护。《人民法院第四个五年改革纲要（2014—2018）》中，在全面深化人民法院改革的主要任务之一“健全审判权力运行机制”部分规定：“明确主审法官、合议庭及其成员的办案责任与免责条件。”在四五改革纲要的指引下，最高人民法院出台了《关于完善人民法院司法责任制的若干意见》，对“不得作为错案进行责任追究”的8种情形作了规定。这些规定虽然对法官正常履行审判职责作了免责情形的规定，但实际效果还有待实践的观察，特别是在基层法院，由于受编制限制和业务水平的限制，很难对法官的职责作出明确的限制，同时“错案”的概念是不明确的，可能因时因地不同。让审理者裁判，必然涉及让裁判者负责的问题。在加强法官职业保障的过程中，需要有法官惩戒制度相配合，但是，法官惩戒制度不同于行政责任追究，应当充分注意其实施限度及合理依据。在实践中，对基层法官责任的追究，很严格。比如，裁判文书出现错漏，首要追究法官的责任，但是在案件量暴增的情况下，法官能够加班加点办理好案件就不错了，对于像文书上网等辅助性工作，还要法官对工作中出现的失误承担全部责任，真不是基层法官能够承受的。过度的责任追究，将会使法官谨小慎微，不敢担责；或者责任推诿，遇事请示汇报；或者和尚撞钟，有机会即离开审判岗位。基层法官呈现出越来越难招录优秀人才，更难留下优秀人才的苗头，过度的追责，导致做得越多，错得越多，法官的吸引力必然降低。注意当前社会环境和体制中法官能力所受的限制，目前的社会诚信缺失已经到了触目惊心的地步，部分当事人又法律意识淡薄，不注重保存证据。法官并非万能，只能在有限的时间内，用有限的司法资源，依据法律程序履行职责。这决定了法官不可能作出与案件客观事实丝毫不差的结论。

四、建立健全法官职业保障制度的几点建议

（一）加强法官职业保障制度的立法工作

法官职业保障的目的是保障法官依法独立行使审判职权，落实司法责任制的要求。我国的《法官法》虽然对法官独立行使审判权有原则性规定，但缺乏配套法律规定，司法实践中法官不可避免地受到外界或内部的干涉、干预。虽然最高人民法院下发过保障法官审判权力的文件，但毕竟是法院系统的文件规范，还没有上升到法律规范的层面。建立健全法官职业保障制度，法院应建立确保法官依法独立公正行使职权的制度。法律规定才能有效地保障法官依法行使审判权力，使其面对行政机关、社

会团体和任何个人的干涉，才具有法律底气，才能坚决排除地方保护主义的干扰。同时对法官坚持依法办案，法院要抵挡不当干扰和说情，为他们撑腰打气，体现法院对法官依法履职的保护。要建立法官履职的豁免制度，此外，还要建立法官民事豁免制度，可以先行出台文件规范，明确法官依法履行审判职务在何种情况下享有不受民事起诉的豁免权。如近些年来，不断有法官依法履职而受到刑事追究的情况。国外法院对法官履职的豁免有较好的经验，在我国法官实际存在素质参差不齐的情况下，如何鉴定法官存在豁免的情况，需要先行先试。

（二）完善法官职业地位保障制度，确保法官职业尊荣

建立法官业绩考评机制，对法官的考核区别于一般公务员考核，使法官业绩考核突出其职业特点。建设一支精干的高素质法官队伍。从遴选为员额法官始，就将法官的各项保障落实到位，把法律和政策给予法官的职业保障落实好，保障法官一心一意办好案件，保障法官的身份非经法定事由和法定程序被免除，让法官有职业的尊荣感。对法官依法履行法定职责，各级法院都要给予鼓励和支持。

（三）建立法官职业收入保障制度

基层法官的工资待遇与各地经济发展条件相匹配，一些地方经济基础差，法官的工资待遇就差些，造成同为基层法院的法官，工作收入和工作付出不成正比。长期的低工资和低待遇，造成基层法官流失严重。一些年轻的业务骨干，在基层法院的审判工作中发挥重要作用，长期超负荷工作同时，经济待遇方面又跟不上，就离开基层法院另谋发展。这对建设一支稳定的法官队伍，是很大的弊端，长期培养的优秀人才流失，又需要花费长时间培训法官，不利于法官队伍整体素质的提高。法官在收入方面缺乏保障，使一些意志薄弱的法官陷入违法违纪的境地不能自拔。法官拥有的自由裁量权，很可能成为谋取私利的空子。只有在物质上给予法官较好待遇，其才会倍加珍惜来之不易的法官职业，增强法官职业吸引力。基层法官审理全国案件的80%以上，只有建设一支高素质的基层法官队伍，才能使法院的审判工作得到人民群众的认可。

（四）建立法官职业安全保障制度

由于社会矛盾集中的地方是法院，当事人将社会生活中的失败归结于法官的裁判，使法官经常处于危险境地。近年来，已经发生多次针对基层法官的伤害案件。马彩云法官仅仅依法判决被告离婚，被告就将婚姻的失败归结于法官判决，残忍将其杀害。发生上述现象固然有当前社会法治不健全原因，也有当事人完全缺乏法治意识的问题。但从法院本身来看，法律对法官的安全保障不足，给不法分子的伤害行为提

供可乘之机。在法律规定层面,专门针对法官人身保障的条款较少,因此需要从法律层面对法官人身安全保障进行完善。比如,当事人恶意诽谤、侮辱法院及工作人员,如何依据法律规范给予制裁;在《刑法》及《刑事诉讼法》中加强对侵犯法官人身安全行为的打击力度,维护法官身份的神圣性等。

(五)完善法官职业教育保障制度,提高法官职业综合素质

法官职业的特殊性,要求法官在职业生涯中不断地学习,接受新的法律知识,提高审判能力和办案水平。综观国外的法官培训制度,为了保持法官的良好法律基础,每年都安排定期的培训。法院将法官的培训经费纳入财政预算予以保障。而我国的基层法院,很少能将法官的培训经费纳入财政预算。法官每年接受定期的脱产培训少得可怜。对于新的审判理念和法律规定,法官掌握得速度慢,造成某些案件的处理在情、法、理结合不好,社会舆论给予批评,如天津大妈气枪案。我国政治制度中,一直将干部培训放在重要位置。而作为社会公平正义守护者的法官,培训的强度和时间不能保障,法官的业务水平难以大幅提高。因此,大力开展基层法官的培训工作势在必行,将大大提高基层法官的职业素养。

(六)完善法官职业监督保障制度,强化法官的自律能力与自我维权意识

没有对权力的监督只会导致权力滥用。在使法官权力不受不当干扰的同时,并不能放弃对法官的职务行为合法监督。在法院外坚持党委领导监督和人大监督的同时,在内部充分发挥法院监察部门的作用,多管齐下对干扰法官办案的违法违纪线索进行追查处理,保障法官审判权的合法行使,同时注重对审判权行使过程中的法纪监督,防止权力的滥用。另外,需要注意的是,要把法院内部管理的职务行为与领导干预办案区分开来。不能把主管领导对案件的正常调度视为对案件的干扰,只要在法律规定的职权范围之内的,都是合法合理的。但是即使在法院内部,院领导对于非主管业务案件非经正当程序过问,就属于干预案件审理。从保护法官依法履职又保障公正履职出发,切实规范法官申诉、控告的程序,做到既能严肃处理法官的违法违纪行为,又能切实维护法官的职业权利。最高人民法院虽然出台了法官惩戒制度规定,但是如何运用规定还存在不足。特别是出台文件以来,没有各级人民法院适用惩戒制度处罚法官行为的报道。要完善法官职业监督制度,必须重视法官惩戒制度的工作,让惩戒制度更加突出法官职业特点,更能保护法官依法履行工作职责。

(七)完善法官履职豁免制度,建立合理的法官责任制度

我国现有的法官豁免规定主要体现在宪法和法官法中,但法律规范都相对抽象,仅仅作为司法制度的理念宣示在法律规定中,无法作为我国法官享有司法豁免权的

法律依据。不仅要在法官法或者宪法层面对法官豁免权作出一般性的规定,更要有明确的法律规定对法官豁免制度中的主观标准、行为类型作出尽可能详细的列举,从而形成法律条文上的基本依据。在追究法官责任时,要考虑到法官是否存在违法审判行为,以及违法审判行为是否造成严重后果。法官豁免权制度的建立就应当将追责的对象转向法官的不当司法行为。我国没有建立完善的法官惩戒制度,所以在对法官责任进行追究时多按照普通公务员的免职或辞退程序来进行,这在本质上对法官的职业保障体系存在不利影响。

法官职业保障制度是法官职业发展、司法制度发展的基础性制度之一。加强法官职业保障是推动司法责任制和以审判为中心的其他司法制度改革的必要配套措施。

司法精要主义：让“鸡肋”小额诉讼程序化身“香饽饽”

黄夕彬[*]　潘心武[**]

引　言

自2013年规定小额诉讼程序以来，实践效果不尽如人意。笔者对10家基层法院适用小额诉讼程序的情况进行过调研统计（见表1），同时采集中国裁判文书网的数据（见表2），发现司法实践中基层法院适用小额诉讼程序审理案件的比例极低，部分法院甚至从不适用。小额诉讼程序成为食之无味、弃之可惜的“鸡肋”。然而，小额诉讼程序因其设计带来的司法成本低、审判效率高的特点，被视为繁简分流、简案快审不可或缺的方式，又开始崭露头角。如何充分发挥小额诉讼程序的低廉高效特性，值得理论和实践挖掘。

表1　A－J法院2014—2015年适用小额诉讼程序审理案件情况

单位：件

	收案		判决		撤诉		调解	
	2014年	2015年	2014年	2015年	2014年	2015年	2014年	2015年
A法院	1	0	0	0	0	0	1	0
B法院	2	0	1	0	0	0	1	0
C法院	0	0	0	0	0	0	0	0

---

* 南宁市江南区人民法院立案庭法官。

** 南宁市江南区人民法院立案庭法官。

续表

	收案		判决		撤诉		调解	
	2014 年	2015 年	2014 年	2015 年	2014 年	2015 年	2014 年	2015 年
D 法院	3	2	0	0	1	0	2	2
E 法院	0	0	0	0	0	0	0	0
F 法院	7	5	1	0	3	1	3	4
G 法院	0	0	0	0	0	0	0	0
H 法院	1	2	0	0	1	1	0	1
I 法院	9	11	3	6	1	3	5	2
J 法院	43	42	20	22	16	8	7	12

说明:数据来源 2015 年某基层法院中标的高院发布的关于小额诉讼程序适用的一般课题,课题编号:2015 - B1 - 1,本文作者均为课题组成员。其中 A,B,C,D,E 为某民族自治区内基层法院,F,G 为某发达省份基层法院,H,I 为某西部省份基层法院,J 为课题组所在基层法院,均具有代表性。

表 2 中国裁判文书关于小额诉讼程序适用的情况(判决类)统计

单位:件

裁判日期	小额诉讼案件数	简易程序案件数	普通程序案件数
2013.1.1—2013.12.31	2,731	189,421	33,915
2014.1.1—2014.12.31	14,698	888,818	141,087
2015.1.1—2015.12.31	27,725	1,029,178	161,028

本文运用跨学科思维,将精要主义理论渗透于小额诉讼程序适用的司法实践中,探寻提高其适用率的最佳路径。司法精要主义,就是把小额诉讼程序视为一个拥有生命力的个体,通过精要主义“探索—排除—执行”的核心思维模式,探索出其价值追求的精要目标,进而排除其在实践适用路径上的障碍,并且设立一整套体系来严格执行,使之变成司法实践中的“香饽饽”。

一、首提司法精要主义理论

(一)司法精要主义理论的核心要义

精要主义,初衷在于帮助个人捋顺拥挤不堪的工作与生活,旨在为个人或组织获取贡献峰值的一种思维模式。其基本价值可以概括为:目标明确、重点突出,在要事上心无旁骛,不贪多求全,最大限度成就重要目标,主张追求更少但是更好。司法精要主义,就是将精要主义运用于司法实践,探索司法活动的核心目标,排除实现路径上的障碍,摒弃不必要的冗余,并设立严格的执行体系达到目的。

小额诉讼程序"一审终审"的精简设置,打破传统二审终审制,本质上是排除了传统诉讼程序带来的司法资源和诉讼成本的负累,力求以最小的耗费,提高诉讼效率,是符合司法精要主义精髓的。将司法精要主义广泛运用于小额诉讼适用的各个环节,让小额诉讼程序更加精进,是促其重新焕发生命力的重要手段。

(二)司法精要主义的研究方法和理论层次

传统法学理论的研究思路是发现问题、分析问题、解决问题,最后以"提建议式"的收尾提出问题解决方案。而司法精要主义打破传统研究思路,以"探索设定明确目标—删减冗余排除障碍—寻找方法严格执行"为思维方法,将解决问题的方法贯穿于司法活动的始终,最大限度地契合设定目标的原始初衷,开创实证研究领域的理论创新。

司法精要主义的第一阶层是探索并设定司法活动的核心目标。习近平总书记指出,要加快建设公正、高效、权威的社会主义司法制度。从我国的国情出发,司法活动精要目标为公正、高效、权威,三者相辅相成,既是司法职能目标,也是司法价值目标。第二阶层是排除司法活动核心目标的障碍,就是要剔除影响实现司法公正、高效的不利因素,才能树立司法权威。第三阶层是设置一整套完备的方法体系,将司法活动目标执行到位。

二、小额诉讼程序重生第一阶层:设置精要目标

(一)审视甄别:小额诉讼程序最重要事务

对于社会系统目标确定的逻辑,美国管理学大师西蒙说:"某些目标必须依赖于一些更远大的目标才能发挥作用。这个事实导致目标的层级式结构,每一层相对其下层都是目的,相对于其上层又是手段。通过目的的层级结构,行为得以保持完整性和一致性。"[1]小额诉讼程序要焕发生命力,必须围绕公正、高效、权威司法目标展开。根据前述目标层级结构理论,定分止争、案结事了是公正高效权威的下层目标,只有将下层目标完成,才能进阶上层目标。小额诉讼程序作为化解纠纷的工具,其核心事务是定分止争、案结事了,实现首要功能价值,方可实现公众、高效、权威之司法效能。

---

〔1〕 [美]赫伯特·A.西蒙:《管理行为》,詹正茂译,机械工业出版社2007年版,第67页。

(二)明确目标:小额诉讼程序以效率优先

我国司法的目标由公正、高效、权威三个要素构成,[1]就“设立小额诉讼制度”,全国人大常委会法工委副主任王胜明特别说道,“为及时解决面广量大的民事纠纷,根据一些地方的试点探索并借鉴国外好的做法,可以就适用简易程序的部分案件设立小额诉讼制度”。[2] 据此可知,小额诉讼的立法初衷更倾向于追求司法之效率价值。

有人认为,公正与高效互相冲突、此消彼长,小额诉讼一审终审制会带来程序上的不正义。笔者认为不然。司法精要主义认为,诉讼程序应当删减冗余、有选择地取舍,方达到公正之目标。换言之,程序正义不是面面俱到,而是通过取舍实现当事人维护民事权利途径的精简化。小额诉讼程序的适用范围是“事实清楚、权利义务关系明确、争议不大的简单的民事案件”,这意味着适用小额诉讼案件在事实认定上不存在太大的模糊和障碍,且法官能精准把握法律适用,大概率不会导致司法的公平正义价值之丧失。相反,一审终审的程序设计很好地解决了诉讼程序本身可能被恶意滥用、故意拖延的毒瘤,审判效率的提高反而更能彰显司法的程序正义,高效与公正相辅相成,最终促进实质正义的实现和司法权威的确立。

三、小额诉讼程序重生第二阶层:排除适用障碍

小额诉讼程序适用率不高体现为法院不想适用、法官不敢适用、律师和当事人不愿适用三种,需要以司法精要主义为切入点,逐项排除程序适用障碍。

(一)排除外因障碍

1. 降低小额诉讼案件的绩效考核标准。基层法院认为,小额诉讼一审终审的程序设计缺乏二审审查再判断,可能会导致再审案件的增多和涉诉信访的发生,从而影响法院内部的绩效考核。但实践果真如此吗? 以笔者所在法院为例,2016年适用小额诉讼程序审理案件271件,仅有1件当事人申请再审,但经审查后予以驳回。可见,小额诉讼程序其实并不会导致再审和涉诉信访案件的增多。然而,绩效考核就像无形的枷锁,让小额诉讼的适用瞻前顾后、畏首畏尾,制约司法活动高效便捷特性的彰显。唯减低乃至取消绩效考核,方能为小额诉讼程序适用率解套。

2. 减少与审判无关事务的干扰。实践中法官除了审理案件之外,还承接不少与

---

〔1〕 参见姜小川:《我国司法目标的构成要素及相互关系》,载《时代法学》2008年第6期。

〔2〕 蔡彦敏:《以小见大:我国小额诉讼立法之透析》,载《法律科学》2013年第3期。

审判业务无关的事务，无法形成合力集中审判，降低审判效率，不利于树立司法权威。2016年7月28日，中共中央办公厅、国务院办公厅印发的《保护司法人员依法履行法定职责规定》明确指出，任何单位或者个人不得要求法官、检察官从事超出法定职责范围的事务。规定意在防止一些地方给法官、检察官招商引资、征地拆迁、行风评议等任务，影响法官检察官依法履职。2017年2月7日，最高人民法院也公布了《人民法院落实〈保护司法人员依法履行法定职责的规定〉的实施办法》，该办法要求，不得安排法官从事超出法定职责范围的事务，并将招商引资、行政执法、治安巡逻、交通疏导、卫生整治、行风评议等界定为“超出法定职责范围的事务”。上述规定为司法人员专事审判排除干扰提供了支持。

3. 排除当事人对适用小额诉讼程序的妨碍。小额诉讼适用对象是事实清楚、权利义务关系明确、争议不大的简单的民事案件，这类案件错判的概率很小。但在司法实践中，双方当事人均有可能因为担心缺乏程序救济而提出异议，阻碍小额诉讼程序的适用。笔者认为，应当在现行法律框架内推广小额诉讼程序的强制适用，当事人的异议将不产生妨碍诉讼进程的结果，提高小额诉讼程序适用率。

4. 可能引发诉讼信访的系列案件不适用小额诉讼程序。有些案件虽然在案件性质和类型上均符合小额诉讼程序的标准，但由于成批的系列案件的裁判结果一经作出，涉及面广，为了防止当事人因诉求得不到满足而群体纠缠闹访，此类案件不宜适用小额诉讼程序。

（二）程序环节删减冗余

有学者主张小额诉讼程序应作为独立的程序存在，不应只是“挂靠”在简易程序下的特殊程序，[1]但小额诉讼程序在现阶段依然被定位为依附于简易程序而存在的特别规定。既然是特别规定，就应适当精简。

第一，要适当调整举证期和答辩期。小额诉讼程序适用范围是事实清楚、权利义务关系明确、争议不大的案件，从原告提交的证据大体可以判断事实，在程序上就可以适当缩短被告的答辩期和举证期，提高审判效率。

第二，适用问诊式庭审模式。适用小额诉讼程序开庭审理的案件，应该打破传统庭审模式中法庭调查、法庭辩论的程序限制，主办法官只需针对案件的主要调查重点直接问询，结合书面证据后即可直接下判，扫除固有程序束缚，提高庭审效率。

第三，为裁判文书瘦身。不再固守传统裁判文书样式，推广适用要素式文书、令

---

〔1〕 参见齐树洁：《论我国民事诉讼法的未来发展》，载《河南财经政法大学学报》2014年第5期。

状式文书，而只简要载明诉请、答辩即可，查明与认定部分可以合并。笔者认为，适用小额诉讼程序审理案件的判决书原则上不应超过三页纸。

第四，程序转换更简便。当审理过程中发现案情复杂，不宜适用小额诉讼程序继续审理的，可以直接转换为简易或普通程序，不必再下程序转换裁定书。

（三）弱化法官调查取证，高度盖然证据标准认定法律事实

我国确立“高度盖然性”的民事诉讼证据规则，也称内心确信，这种盖然性要求达到排除一切怀疑，接近必然发生的程度。它是盖然性的最高程度，进一步言之，这种证明标准所要求的证明所必需的确信不同于丝毫无意义的自然科学的证明，而是只要通常人们在日常生活中不怀疑并且达到作为其行动基础的程度就行。[1] 适用小额诉讼程序应遵循该规则。

司法实践偏向于追求客观真实还原真相势必加大举证责任，在当事人无法取证时，增加法官依职权调取证据的责任，不利于审判提速。具体到小额诉讼，法官应该依据一方当事人提出的证明力较大的证据所证明的具有高度盖然性事实作出裁判，弱化调查取证，达到“法律真实”的程度即可。不应过于追求客观真实而排除小额诉讼程序的适用，当事人经法院释明举证责任后仍不能补充证据形成证据链，应自行承担比例后果。

四、小额诉讼程序重生第三阶层：构建严格的执行体系

当我们探索出小额诉讼的核心目标，并从外到内排除其适用路径上的障碍并保留必要的元素后，就得设立一套相应的体系来执行。

（一）借力繁简分流举措，推进小额诉讼程序适用

繁简分流改革的核心是“简案快审、繁案精审”，以效率为导向的小额诉讼案件是繁简分流的重要组成部分。以繁简分流举措作为配套制度，收案时进行第一轮筛选，在简案中分割出符合运用小额诉讼程序审理的案件，同时配置专门的速审团队，专职审理小额诉讼案件。

（二）拓宽救济渠道，提供后台保障

学界研究显示，目前各个国家和地区有关小额诉讼救济规定的形式与内容有所不同，主要分三种类型：第一，在原审级以内，采用同样的审理程序，对案件重新进行审理的诉讼救济机制，如英国、美国实行的动议救济机制；第二，在原来的审级之上，

---

〔1〕 参见郝振江：《民事诉讼证明标准》，载《现代法学》2000年第5期。

由更高级法院从审判权力制约以及审判监督角度对案件进行审理的救济机制，如美国加州、英国以及我国台湾地区采用的特殊上诉机制；第三，在原审级以内，采用较小额诉讼更为完备的普通程序，以及更为慎重的合议制审判组织形式，对案件重新进行审理的救济机制，如日本采用的申请异议机制。[1]

反观我国司法现状，小额诉讼程序只有再审一条救济路径，救济路径不足而抑制小额诉讼程序的适用。笔者认为，拓宽救济渠道不失为一种选择。考虑到审判资源的供给不足，可以考虑采用英美两国采用的在原审级小额诉讼程序独任审理的动议救济机制，但对动议的提起作必要限制，只有存在严重程序违法或法律适用错误时才能提起动议救济。既赋予当事人救济权，又避免二审程序的繁冗而降低审判效率，提高小额诉讼适用率。

（三）鼓励小胜，适用小额诉讼程序常规化

当我们通过排除各个障碍使法官可以集中精力专注于审判事务，同时通过取消绩效考评和精简程序等措施，逐步扫清拖慢小额诉讼程序适用的因素后，法院、法官和当事人对该程序的接纳度将不断提高。在此基础上，聚焦于发挥小额诉讼程序的效率功能，对其适用效果进行正向激励，当适用主体体验到该精简程序带来的低成本和高效率时，就能触发整个司法活动进入接纳—激励—常规化的良性循环，成为司法审判实践中的“香饽饽”，选择该程序将演变成法官和当事人无意识的习惯性选择。

（四）用正向激励机制，打消适用抑制因素

加拿大里士满曾制定更加严酷法律、实施更重刑法来打击犯罪，但效果恰得其反，反而承受高达65%的累犯率和呈螺旋式上升的青少年犯罪率。为此，警务人员发明一种“发放肯定票”制度，不再专注于事后的抓捕，而是给不乱扔垃圾、按规定驾驶、按时到校、见义勇为等行为的年轻人发放肯定票，这些肯定票可以兑换成免费看电影或者参加青少年活动的奖励。10年以后，肯定票制度把里士满的累犯率从60%降低到8%。里士满警方细微处创造小胜动力的精要主义做法值得借鉴，这种反向思维亦可运用于司法活动领域。

笔者对法官适用小额诉讼程序的调研结果显示：认为小额诉讼诉讼程序有现实意义的占78%，认为没有太大的意义的占22%；愿意适用的占比59%，不愿意适用的占比41%。法官不愿意适用小额诉讼程序的根本原因在于，在“让审理者裁判，由裁

---

〔1〕 参见廖中洪：《小额诉讼救济机制比较研究——兼评新修改的〈民事诉讼法〉有关小额诉讼一审终审制的规定》，载《现代法学》2012年第5期。

判者负责”的司法责任制背景下，适用小额诉讼程序可能带来的再审、信访、投诉压力都由主办法官承担，后续风险抑制法官对该程序的接受度。从心理学上讲，这是对不利后果的预估带来风险感而抑制行为实施的一种形态。

如果司法责任制在一定程度上抑制了小额诉讼程序的适用，那么我们应该反向思考，设立一种正向激励机制，对适用小额诉讼程序办案得力的法官进行奖励，消除法官因惧事后追责而带来的不安感，那么小额诉讼程序遇冷的现状，应该在不久的将来得到改观。强调能达成什么样的后果是衡量一切行为的准则，[1]以正向激励提高小额诉讼适用率，有助于司法的公平正义价值尽早实现。

结　语

本文首次将精要主要理论延伸至司法研究领域，提出司法精要主义理论构成，梳理部分影响小额诉讼程序适用的障碍因素，提出排除方案，提高适用率，激发小额诉讼程序应有之价值，实现小额诉讼程序立法之初衷，完成小额诉讼程序由“鸡肋”到“香饽饽”的转变。

---

〔1〕 参见[美]理查德·波斯纳:《法律、实用主义与民主》，凌斌、李国庆译，中国政法大学出版社 2005 年版，第 75 页。

调查研究

2018年广西法院与东盟国家司法交流合作工作情况

一、涉东盟国家案件审判工作概况

在最高人民法院的悉心指导下，广西法院紧紧围绕国家海洋强国战略和“一带一路”建设的工作大局，充分发挥审判职能作用，依法正确行使司法管辖权、准确适用国际条约和惯例、规范涉外案件审理程序、平等保护各方当事人合法权益，依法妥善审理涉东盟诉讼案件。

（一）加强涉东盟国家案件审判

近年来，广西与东盟各国的联系更加紧密，经贸来往活跃、人员往来频繁，涉东盟案件也逐年增加。特别是2014年以来，涉东盟案件数量逐年攀升，2014年至2018年共审结涉东盟案件109件，比前5年增长78.69%。其中2018年审结涉东盟诉讼类案件20件。

涉东盟国家纠纷有以下特点：一是进入诉讼程序的数量较少。虽然近年来涉东盟案件逐年增加，但近5年年均审结涉东盟案件只有22件，在广西案件总量中占比不大。许多经贸纠纷通过其他替代性纠纷解决途径予以解决。二是涉东盟矛盾纠纷较为简易、平和。从审理程序上来看，一审案件占83.19%，大部分纠纷经过一审程序即案结事了。这从侧面反映出法院的判决结果得到案件当事人的理解、支持，案件质量较高。三是案件类型广泛。包含婚姻家庭、买卖合同、劳务纠纷、侵权纠纷、股权纠纷、知识产权纠纷、海事纠纷、建设工程施工合同纠纷、船舶租赁纠纷等,范围较广。其中,买卖合同纠纷和婚姻家庭纠纷案件占多数,分别占26.79%和23.21%,而婚姻家庭纠纷案件中90%以上是离婚案件纠纷。四是涉及国家主要集中在越南、马来西亚和新加坡。2014年至2018年的案件中,越南、新加坡、马来西亚分别占34.86%、23.85%和22.02%。由于越南毗邻广西,马来西亚、新加坡有较多华人,并与中国经贸往来密切,涉及这3个国家的案件量远远多于其他东盟国家。

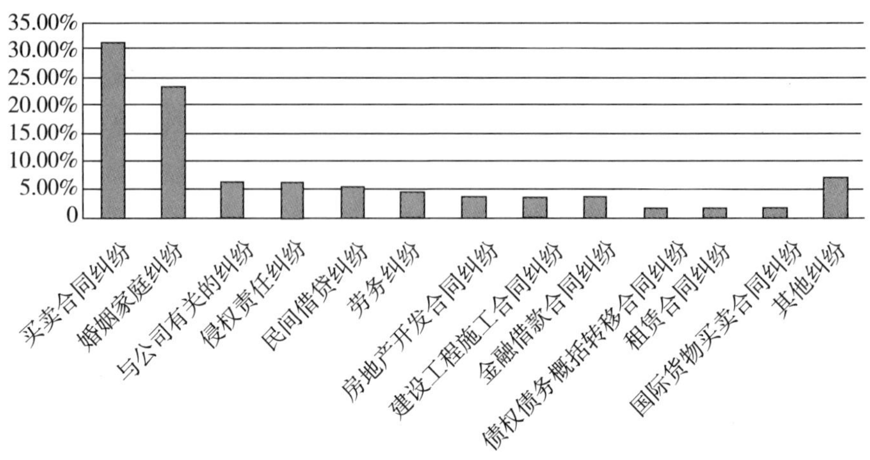

图1 各类案件占比情况

(二)加强涉东盟海商海事审判

贯彻开放发展理念,切实加强涉外海事海商审判工作,依法行使海事司法管辖权,准确适用法律,尊重国际惯例,注重平等保护中外当事人的合法权益。北海海事法院审理涉"一带一路"国家案件23件,涉及新加坡、越南以及美国、英国、韩国等十多个国家,涉案标的1.95亿元;审理涉港口作业、港口建设、港口货物保管等海事海商纠纷19件,涉案标的约10.8亿元;依法妥善审理海上货物运输、海上货运代理等航运类纠纷案件19件,涉案金额613万元,为优化广西航运法治环境,建设海上通道和融入"一带一路"提供有力的海事司法保障。

(三)依法严惩跨境犯罪

自2013年以来,"三股势力"(暴力恐怖势力、民族分裂势力、宗教极端势力)人员借道广西、云南、贵州等地偷渡出境的势头日益猖獗,对国家安全、边疆安宁与社会稳定带来严重威胁。广西法院牢固树立总体国家安全观,切实加强涉边境犯罪审判工作,深化与周边国家地方法院的刑事司法合作,配合政府部门加强边境管控,严厉打击“三股势力”,严厉惩处偷越国(边)境、贩毒走私、拐卖妇女儿童等跨国犯罪。如与新疆密切沟通协作,开展人员甄别工作,2016 年将涉疆反恐案件 18 件 65 人移送新疆依法处理,从源头打击暴恐犯罪;依法审结黄清恒等特大跨国贩婴案,依法对主犯判处死刑;审结阮氏芳、阮氏秋贤(越南籍)、菲力斯·乌德赫·乌左(尼日利亚籍)走私毒品案等一批在国内外有重大影响的跨国犯罪案件,维护司法主权。

二、中越边境贸易纠纷调处情况

广西与越南接壤,有防城港、崇左、百色 3 个边境市、8 个边境县(市、区)与越南广宁、谅山、高平、河江 4 个省接壤,拥有国家一类口岸和二类口岸 8 个,边民互市贸易点 20 多个,境内有 103 个乡镇 240 多万群众在边境上生活。中越边贸在广西边境贸易中占据重要地位,2018 年广西边境小额贸易出口达到 1,032.5 亿元,同比增长 22.5%,各类边贸纠纷也呈逐年增长的趋势。

(一)广西边贸纠纷基本特点

广西与越南边境贸易主要有以下三类:一是边民互市贸易,即边民在边境开放点或集市上,基于个人或家庭生产生活需要而自发开展的贸易活动,交易标的金额小;二是边境小额贸易,主要是有边境小额贸易经营权的企业,在国家指定的边境口岸,与邻国边境地区的企业或者其他贸易机构的贸易活动;三是有对外经济技术合作经营权的企业开展的对外承包工程和劳务合作项目等对外经济技术合作。

广西法院积极发挥边境法庭优势,通过巡回办案、设立办案点等便民工作站,积极打造“国境线上的移动法庭”,保护边民的合法权益、维护边境巩固安宁、促进广西与接边各国经贸合作交流。目前,广西在中越边境共设有 13 个边境法庭,其中防城港市 2 个,百色市 4 个,崇左市 7 个。2018 年,各边境法庭依托驻村、口岸调解联络站和基层人民调解等机制,诉前调处各类涉外边贸纠纷 1,130 件,为中越边民、客商提供法律咨询近 2,300 人次。

广西与越南之间的边贸纠纷呈现以下特点:一是纠纷类型广,涉及买卖、行纪、运输、租赁、居间等,范围较广,其中绝大部分为买卖合同纠纷。二是边境贸易纠纷的标的较小。三是边境贸易纠纷比较集中。80% 以上的边境贸易纠纷发生在边境贸易规模较大的崇左凭祥、防城港东兴、百色靖西等地。

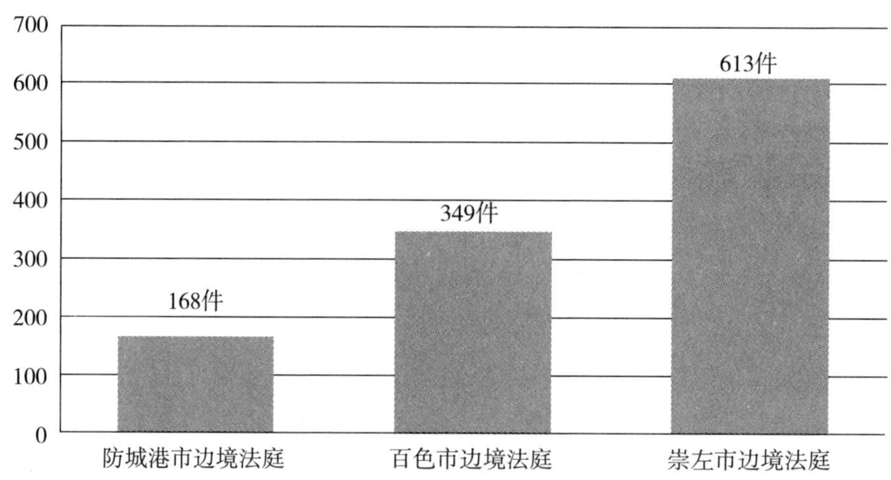

图2 各边境法庭化解边贸纠纷情况

（二）广西法院化解边贸纠纷的主要做法

1. 建立健全就地化解边贸纠纷的边境法庭。广西高院指导各边境法院紧密结合地方实际、打造边境司法名片。北海海事法院、北海市法院、防城港市法院、崇左市法院等分别设立边境贸易巡回法庭、“驻村、口岸调解联络站”、“中越商事双语巡回法庭”，创新司法服务边疆、边防、边贸工作机制，取得了很好的效果。

2. 建立健全多元化边贸纠纷解决机制。防城港东兴市法院设立驻中越边民互市贸易区调解室，配备“双语”法官和调解员，以调解方式方法化解中越边民贸易纠纷案件。调解室成立以来已调解边民贸易纠纷212件，涉及金额658万元，2018年共受理边贸纠纷案件32件，调撤29件，提供法律咨询服务110余次。崇左市江州区法院“中泰产业园区巡回法庭”调解率达54%以上，扶绥法院“东盟青年产业园区巡回法庭”调撤率达68%以上。

3. 积极开展对应层级的涉外交流与合作。如东兴市法院与越南芒街法院举行交流活动，建立互动互访机制，通过两地法院司法合作共同维护两地边民合法权益。

（三）涉外边贸纠纷案件审判工作中的问题和困难

涉外边贸纠纷案件涉及国家间司法机关协作，由于司法协助渠道不畅，送达难是审理中最突出的问题。具体来说，一是确定外籍当事人的准确地址难。二是涉外送达周期长。三是委托送达效率不高。四是涉外送达司法协助专办员队伍不稳定，影响司法协助工作的质量与效率。

此外,边贸案件审判还存在调查取证、事实查明难、案件执行成本高、执行难等问题。对以上问题,周强院长高度重视,专门指示广西法院认真研究。自治区高院2019年将继续开展专题调研,切实解决边境纠纷中的突出问题。

三、与东盟国家司法交流和培训情况

(一)培训背景

为落实最高人民法院2017年第二届东盟大法官论坛会议精神,依据第二届中国—东盟大法官论坛通过的《南宁声明》,2017年6月,在南宁成立了中国—东盟国家法官交流培训基地和中国—东盟东盟法律与司法信息中心,成为加强与东盟各国及亚洲国家法院、法官之间沟通联系、交流合作的重要平台。2018年7月和10月,国家法官学院联合广西高院,在广西法官学院举办了两期亚洲国家法官研修班,有来自老挝、马来西亚、缅甸、蒙古国、巴基斯坦、乌兹别克斯坦、阿富汗、阿曼8国的38名法官、检察官及司法官员参加研修,取得圆满成功。

(二)培训情况

研修班统筹考虑亚洲国家国情和司法实践,精心设置了内容丰富的课堂讲座、交流座谈、现场教学与庭审观摩等研修形式,并在课余安排参观中国企业和中国历史文化,加深了各国法官对中国司法制度、法律文化的了解。

1. 课程安排。课程包括中国习近平新时代治国理政新理念新思想新战略、中国国情概况、中国司法制度介绍及广西壮族自治区区情概况。邀请国家法官学院教师、广西高院领导和法官进行授课。

2. 交流座谈。研修班安排了两次座谈会,围绕涉外案件的审判和国际司法协助的开展情况和亚洲国家法官培训制度等主题,来自广西高级法院和中级法院的两级法官与参加研修班的6国法官进行了热烈的讨论,加深了对亚洲其他国家司法制度的了解。

3. 现场教学与庭审观摩。国家法官学院和广西分院为研修班有针对性地安排了一系列现场教学活动,参观最高人民法院信息管理中心、广西壮族自治区高级人民法院及执行指挥中心,了解智慧法院建设;参观访问桂林市中级人民法院和阳朔县白沙人民法庭,在南宁市邕宁区人民法院旁听民事案件的开庭,近距离接触案件审理。

4. 参观中国企业,感受中国经济的高速发展现状。第一期研修班安排学员参访了位于桂林市著名企业桂林啄木鸟医疗器械有限公司。

5. 中国历史文化的参观考察。国家法官学院组织研修班在北京参观了故宫、长城、国家博物馆,使法官们充分感受了中华民族博大精深的历史文化和璀璨的古代文明;在广西期间,广西分院组织研修班参观了广西民族博物馆,了解了广西独具特色的民族文化;并前往桂林游览了美丽的漓江,领略了“桂林山水甲天下”的美景。

(三)培训成果

一是推动我国与亚洲各国在司法领域的交流,促进法治文明融合共通互鉴。我国与亚洲各国受经济、政治、文化、宗教等因素的影响,法律制度和文化存在差异。加强法律文化交流合作,消除不同法律制度和文化之间的隔阂,有利于推动我国与亚洲国家法治文明融合共通。

二是增进了与亚洲各国司法互信和合作,提升中国司法制度的国际影响力。通过举办国外法官研修班,进行现场教学和观摩教学,实地参观中国的发展,各国法官表示,中国的司法经验值得学习借鉴,希望与中国在司法领域开展更多、有更深入的合作。

三是构建了国家法官学院与国家法官学院分院共同参与的国(境)外法官培训的一体化格局。研修班由国家法官学院和广西分院共同举办,研修班在北京和广西两地进行,主体活动在广西举办。

四、推动“一带一路”建设的探索与实践

“一带一路”倡议的顺利实行与推进,法治是重要保障,人民法院在保障“一带一路”建设中充当着重要角色。近年来,广西高院深入学习习近平总书记关于“一带一路”建设的重要思想,认真贯彻最高人民法院关于为“一带一路”建设提供司法服务和保障的决策部署,找准合力点和着力点,大力加强涉外民商事、海事海商相关案件的审判工作,积极开展与沿线东盟各国的司法国家合作交流,主动服务和融入“一带一路”建设进程。

(一)制定和完善司法意见,服务“一带一路”和海洋强国战略实施

先后出台《关于司法服务保障广西建成“一带一路”有机衔接重要门户的意见》《关于涉外商事海事审判工作为“一带一路”“双核驱动”提供司法保障的若干意见》《关于为北部湾经济区和西江经济带提供海事司法服务和保障的意见》《关于为建设北部湾区域性国际航运中心提供司法保障和法律服务的若干意见》《关于为广西打造向海经济提供海事司法服务和保障的意见》,为中国—东盟自由贸易区和“一带一路建设”提供司法保障。

（二）充分发挥审判职能作用，为“一带一路”建设营造良好法治环境

贯彻落实中国—东盟大法官论坛《南宁声明》，强化司法应对，设立涉东盟国家案件专业合议庭，强化精品战略意识，建立精品案件审判工作机制，审结了一批具有典型、示范意义的精品案件。

一是公正高效审理涉“一带一路”建设相关案件。严格贯彻平等保护原则，坚持各类市场主体的诉讼地位平等、法律适用平等、法律责任平等，依法审理各类涉外民商事案件，积极保障“走出去”“引进来”战略实施；依法妥善审理各类海事海商案件，促进海洋强国战略实施。延伸涉外商事海事司法职能，服务广西开放开发重大战略，保障“四维支撑”“四沿联动”开发发展新格局。

二是加强涉东盟各国法律问题研究和涉外审判指导。针对北部湾海洋经济和航运经济发展、西江黄金水道建设等经济发展中面临的法律问题开展调研，撰写并出版《投资东盟国家法律问题研究——以投资东盟国家重点园区为视角》《面向东盟的经济飞跃——柳州市企业对外投资法律指导》丛书越南篇、马来西亚篇等，为企业参与境外贸易、投资、工程承包等提供具体的法律指导意见。

三是完善涉外商事海事审判布局。在授予全区 14 个中级人民法院涉外商事案件管辖权及 8 个边境县市人民法院对边境贸纠纷商事管辖权的基础上，又设立凭祥边境贸易巡回法庭、东兴中越商事纠纷特别巡回法庭，强化涉外商事审判的专业性，更加方便中外当事人诉讼。强化海事派出法庭建设，北海海事法院在已设立贵港法庭、防城港法庭、云南景洪法庭的基础上，拟在钦州增设一个派出法庭。与西双版纳州中级人民法院与普洱市中级人民法院建立联席机制，服务澜沧江、湄公河区域经济发展。与广西海事局、云南海事局建立了 10 个诉前联调工作站，在所辖区域的司法所建立了 14 个便民联系点，形成了覆盖辖区范围内的便民服务网络。

四是坚持共商、共建、共享，服务重点项目实施。围绕国际货物贸易、服务贸易、国际税收、跨境电子商务等重点领域提供司法服务，妥善审理解决相关纠纷，营造良好营商环境。针对各地实际，开展司法特色服务。如桂林、北海市法院设立旅游巡回法庭，助力旅游城市建设；防城港、崇左市法院设立边贸互市区调解室和中越商事纠纷特别巡回法庭，促进边境贸易。

（三）创新和完善工作机制，不断提高司法服务和保障“一带一路”建设能力与水平

一是深化涉外商事海事审判工作的规律性认识。广西高院总结、归纳涉外商事审判规律，形成《涉外民商事审理规范指引》，对审判实务中存在的疑点、难点、模糊点

等问题进行规范指引，统一裁判尺度，提高涉外商事案件的审判效率和质量。

二是进一步研究和解决外国法查明难题。广西法院积极开辟外国法查明新渠道，拟引入西南政法大学国家级外国法研究及查明平台，与西南政法大学“中国—东盟法律研究中心”开展框架合作，建立完善的长效合作机制。

三是积极探索多元化纠纷解决机制。为适应最高法关于仲裁司法审查等案件归口办理相关政策实施的需要，广西法院已出台了《商事仲裁司法审查审理规范》，指导正确审理仲裁司法审查案件。2019年将继续深入研究，对仲裁司法审查实务中存在的问题进行归纳、总结，分析原因，提炼经验，为完善仲裁司法审查机制、探索多元化纠纷解决机制提供可供参考的建议和意见。

（四）实施司法服务“一带一路”的信息化建设工程，促进沿线各国法治互信

一是依托信息中心网站，建好“一带一路”司法服务特色平台。中国—东盟国家法律与司法信息中心网站（中英文双语）已建成上线，由广西法官学院负责管理运作，设司法交流、国际条约、法律法规、典型案例、大法官论坛、在线培训、司法文化专题展等栏目。已上传中国和东盟各国法律法规和条约294,868部，其中外国法律282部；典型指导案例4,475个，其中国外案例284个；各类研究论文24,648篇，总点击量140,159次。制定了网站维护和更新方案，成立采编组、技术组、翻译组和审核组，法律法规数据库实现实时更新，中心网站构建基本完成。

二是发挥基地与中心窗口作用，接待内地和香港特区来访参观团。2018年4月，国家法官学院广东分院到基地进行考察调研，双方就最高人民法院的中国—东盟国家法官交流培训基地、中国—东盟国家法律与司法信息中心、中国与葡萄牙语国家司法交流合作基地建设情况进行交流；5月，香港特区政府律政司署理副法律政策专员李秀江女士带领香港特区律政司代表团一行14人到基地访问交流。

（五）加强组织保障，紧紧依靠各级党委领导和政府支持做好司法服务“一带一路”建设工作

党的领导是全面推进依法治国、加快建设社会主义法治国家的最根本保证。司法服务“一带一路”建设离不开党委坚强领导，离不开各级政府及社会各界的大力支持。广西高院主要领导多次带队向自治区党委、人大、政府、政协、区党委政法委主要领导汇报、沟通工作，积极争取支持。认真贯彻落实第二次全国法院外事工作会议，成立由党组书记、院长任组长的外事工作领导小组、涉港澳台及国际司法协助工作指导小组，党组书记、院长对重大外事活动亲自出思路、提要求，召开党组扩大会专题研

究,在人、财、物方面予以有力保障。明确广西法官协会、研究室分别为广西高院外事工作、涉港澳台及国际司法协助归口管理部门,确定专人负责全区法院外事工作和涉港澳台地区及国际司法协助工作。

自治区高院将全区法院司法协助工作纳入绩效考评,建立严格完善的内部审批程序,确保国际司法协助的办理时限和办理质量。注重加强专业人才培养,自治区高院与重点高校外语学院联合不定期开办英语口语强化培训班,举办国际和港澳台司法协助专题培训班,努力打造具有国际视野和法律素养的复合型法官队伍。精心做好外事接待工作,根据来访国家具体情况,认真拟订接待方案,呈报最高人民法院和自治区党委、政府审批,有领导、有计划、有步骤地开展接待工作。

2019 年,广西法院将坚决贯彻中央、最高人民法院和自治区党委决策部署,深入贯彻习近平外交思想,认真落实周强院长关于加强对东盟和国际司法合作交流的重要指示,坚持“巩固、充实、提升”方针,将涉外审判和对东盟国家司法交流合作提升到新高度,为“建设壮美广西、共圆复兴梦想”,谱写新时代广西发展新篇章作出新的更大贡献,以优异成绩迎接中华人民共和国成立 70 周年。

以审判为中心的刑事诉讼制度改革背景下的庭前会议制度研究

——以南宁市法院系统为研究样本

孙仁玲[*]　朱燕婷[**]

一、南宁市法院系统庭前会议的运行机制考察

(一)南宁市基层法院刑事庭前会议的整体适用情况

本文调取了南宁市三个基层法院自2017年至2019年6月召开刑事庭前会议的数量。探究刑事庭前会议的司法适用比例可较为直观地反映实践中对其的关注度与活跃度。2017年至2019年6月,分别召开刑事庭前会议的次数是8次、20次、23次。具体呈现以下特点:

表1　南宁市具有代表性基层法院近3年召开庭前会议情况

时间	2017年1—12月			2018年1—12月			2019年1—6月		
法院＼案件召开数量	庭前会议数	普通程序数	适用率	庭前会议数	普通程序数	适用率	庭前会议数	普通程序数	适用率
江南区法院	1	235	0.4%	3	341	0.9%	2	201	1%
兴宁区法院	未知	108	0	11	111	9.9%	8	104	7.7%

* 南宁市西乡塘区人民法院刑事审判庭法官助理。

** 南宁市西乡塘区人民法院刑事审判庭员额法官。

续表

时间 法院 \ 案件召开数量	2017 年 1—12 月			2018 年 1—12 月			2019 年 1—6 月		
	庭前会议数	普通程序数	适用率	庭前会议数	普通程序数	适用率	庭前会议数	普通程序数	适用率
西乡塘区法院	7	423	1.7%	6	366	1.6%	13	386	3.4%
总数	8	766	1%	20	818	2.4%	23	691	3.3%

庭前会议适用率低:如表 1 所示,在适用普通程序审理的刑事案件中,召开刑事庭前会议数量有限,适用率较低。[1] 具体而言,江南区法院 3 年来比例均不到 1%,分别是 0.4%、0.9% 和 1%;兴宁区法院 3 年来的召开比例不到 10%,分别是 0、9.9% 和 7.7%;而作为南宁市基层法院中刑事案件数量最多的西乡塘区法院召开比例则分布在 1% ~4%。这在一定程度上表明在基层法院中适用刑事庭前会议的活跃度还不是很高。

(二)南宁市基层法院刑事庭前会议的具体程序运行

1. 刑事庭前会议的启动方式:法院处于主导地位

就南宁市 3 个基层法院召开的 51 次刑事庭前会议而言,由法院直接启动召开的有 46 次,占总召开次数的 90.2%;由辩护方申请而启动召开的有 5 次,占总召开次数的 9.8%;而 3 个基层检察院近 3 年来从未申请过召开庭前会议。从启动方式来看,有三个特点:一是法院对于庭前会议的召开意愿较高,占绝对比例,职权主义色彩浓厚;二是公诉方整体意愿低,处于消极状态;三是辩护和被告这一方参与度喜忧参半,比例也不高。三个基层法院据调查只要是辩护方申请召开庭前会议的,法院经审查后都同意决定召开。

表 2 庭前会议的启动方式

单位:次

法院	召开庭前会议数量	基于法院决定	基于辩方申请	基于公诉方申请
西乡塘区	26	24	2	0
江南区	6	5	1	0
兴宁区	19	17	2	0
总数	51	46	5	0

[1] 适用率 = 召开次数 ÷ 普通程序数量,鉴于刑事庭前会议适用的刑事案件适用程序都是普通程序,遂从刑事案件适用程序中将简易程序和普通程序分开,更能说明问题。

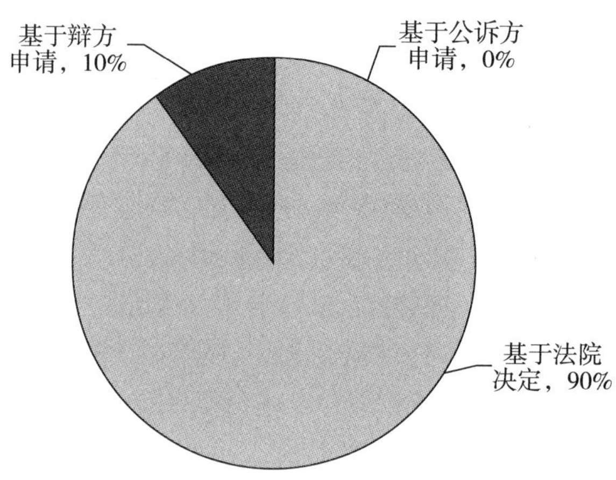

图 1 控辩审三方申请及决定召开庭前会议情况

2. 刑事庭前会议的主持主体:多为审判长

2012 年《刑事诉讼法》对庭前会议的主持人规定为审判人员,2018 年 1 月 1 日适用的《庭前会议规程》第 3 条则对主持者进行了细化规定,不仅可以由承办法官主持,其他合议庭成员也可以,甚至在承办法官的引导下,法官助理也可以成为庭前会议的主持者。在南宁市 3 个基层法院的调研中发现,都是由审判长主持庭前会议,一般是基于审判长主持有利于保障后续庭审高效的考虑。

3. 刑事庭前会议的参加主体

(1)合议庭成员参加庭前会议情况

刑事庭前会议的相关规定仅确定了主持主体即审判人员,而对于其他合议庭成员是否要参加,没有强制性的规定。为此,在司法实务中会出现不同的做法。南宁市法院系统在召开刑事庭前会议时,也同样如此。除审判长一定参加庭前会议外,合议庭组成人员又要考虑是审判员还是人民陪审员,经调研发现,当合议庭组成人员有人民陪审员时,人民陪审员几乎是没有参加到庭前会议中,真正接触到案件是在之后的庭审中;而当合议庭组成人员都由审判员构成时,其全部出席的比例也较低,而影响因素就包括现实环境、条件、司法资源、案件的复杂程度或影响程度等。就西乡塘区法院召开的 26 次庭前会议来看,只有 3 次是全部合议庭成员参加。

(2)辩护方和被告人参加庭前会议情况

2017 年至 2019 年 6 月,3 个基层法院共召开刑事庭前会议 51 次,其中,庭前会议中有被告人参加的次数是 5 次,有辩护律师自己参加的是 46 次,有辩护人和被告人一起参加的是 5 次。目前,新规定当被告人没有辩护人时,需要法院为其通过法律援助指定辩护律师以保障被告人的权益。而从被告人参加庭前会议的情况来看,被告人的刑事强制措施都是处于被羁押的状态。这表明,在刑事庭前会议中作为一方主体的被告人参与率并不是很高,只占9.8%;而有被告人参加刑事庭前会议的案件中,涉及共通性是申请非法证据排除,其认为存在刑讯逼供的情形,在2019年5月西乡塘区法院召开的一起涉黑案件的庭前会议中,主要分了三个层次,一是针对被告人被羁押,到看守所进行庭前会议召开;二是就委托辩护人召开1次;三是对没有辩护人的被告人指定辩护,继而全面召开庭前会议。这3次庭前会议的召开中涉及了新证据的提交以及非法证据排除的申请以及证人出庭作证等,对于回避等程序性事项都在庭前会议中得以确定。

表3 被告人参加庭前会议情况

被告人参加情况	参加	未参加
数量(次)	5	46
比例	9.8%	90.2%

表4 辩护人参加庭前会议情况

辩护人参加情况	参加	未参加
数量(次)	51	0
比例	100%	0

4.刑事庭前会议的适用范围

刑事庭前会议的适用范围过宽会造成诉讼程序的膨胀和诉讼资源的浪费,而庭前会议适用范围过窄又不利于庭前会议功能的实现。所以,在确定庭前会议适用范围时要遵循确有必要的原则,即案件适用的程序应与案件处理本身的需要相适应。具体而言,应当根据案件是否需要通过庭前会议处理的事项作为衡量标准,可以区分应当召开和可以召开两种情形。

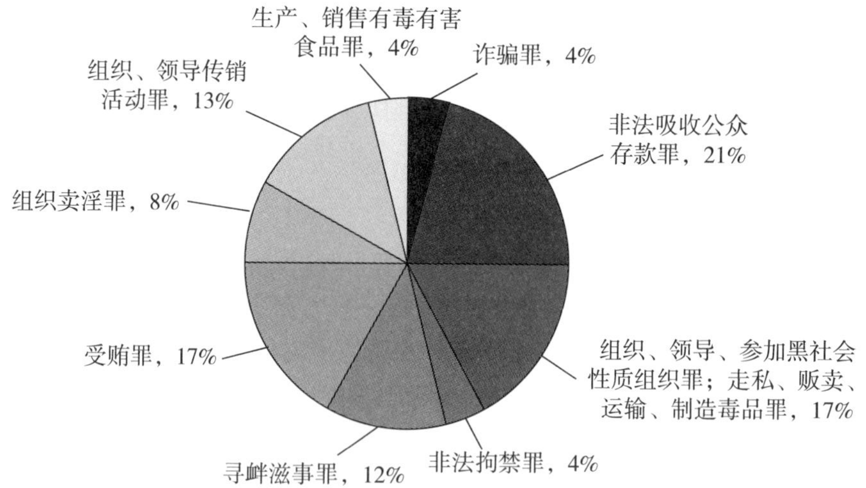

图 2 召开庭前会议的案件类型

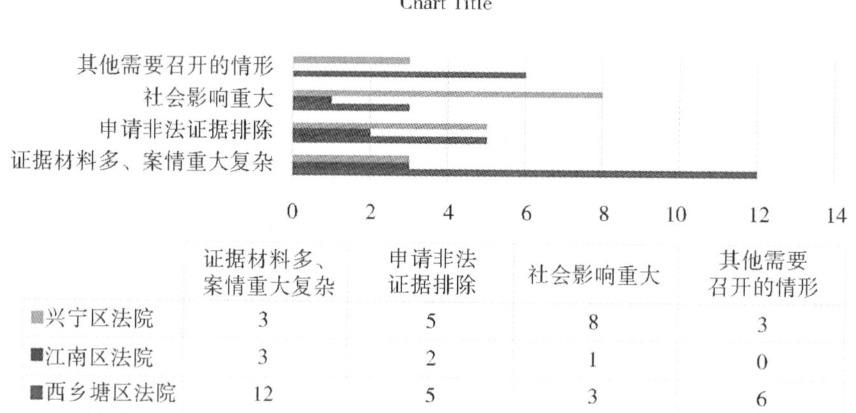

图 3 可以召开庭前会议的案件情况（从刑诉法解释来看）

表 5 刑事庭前会议的召开时间、地点、方式情况表

	西乡塘区法院	江南区法院	兴宁区法院
召开时间	庭前三天或一周	庭前一周或半个月	视情况而定
召开次数	一次或多次	一般以一次为限	一次或多次
召开地点	法院	法院	法院
召开方式	会议模式（不公开）	会议模式（不公开）	会议模式（不公开）

二、南宁市两级法院刑事庭前会议的具体内容考察

(一)预先解决与审判进程相关的程序性事项

庭审实质化实现的第一要素就是要保证庭审可以得到集中审理。换言之,就是要预先解决可能会妨碍庭审顺利进行的事项。庭前会议中作为庭前准备程序,就是要处理这些程序性事项,而不涉及如案件事实认定等实体性事项。就现有法律规定及调研的南宁市法院系统在召开刑事庭前会议处理与审判进程相关的程序性事项主要集中为六个方面,如核实被告人身份情况,处理管辖权异议,处理回避申请,是否公开审理,协商开庭日期,变更强制措施。

(二)预先处理与证据问题相关的程序性事项

1. 非法证据排除申请

在《人民法院办理刑事案件庭前会议规程》中刑事庭前会议可以召开的类型主要有四种,但对于若出现被告人及其辩护人提出申请排除非法证据时,并提供了一定的线索或材料时,人民法院应该召开庭前会议。排除非法证据的申请作为刑事诉讼的一项重要议程,南宁市基层法院系统基本做法是:

(1)权利义务告知:就被告人而言,法院会在给其送达诉讼文书时,向被告人了解是否有刑讯逼供的情况,如果被告人书面答复说有时,法官就会让被告提供线索。如在西乡塘区法院一起运输毒品案中,被告人就在庭前笔录中说其在看守所的时候被民警殴打,法院会告知其有申请排除非法证据的权利;就辩护人而言,法院同样是在送达法律文书时,告知其有代表被告人申请排除非法证据的权利。

(2)申请的方式:申请排除非法证据一般需要以书面形式作出。书面形式作出需要排除的证据名称,以及申请排除的理由或者提出相应的线索。基本性地告知审判机关何时何地被何人刑讯逼供,一般涉及相关的讯问笔录和相关侦查人员的信息,如在一次涉黑案件中,刘某某提出其在被抓捕的当天被编号×××的民警殴打,当时口供不予采信。

(3)庭前会议对排除非法证据申请的审查:就上文提到的运输毒品罪中被告人提出申请,表明自己在看守所时被某一民警殴打。针对这一申请,一般情况下审判机关会要求检察机关提供相应的录音录像、被告人入看守所时的体检证明,以及检察机关提供的相关证明。目前,已召开的刑事庭前会议涉及的申请排除非法证据只有3件,占比5.9%。

(4)庭前会议对非法证据排除申请的决定:针对刑事审庭的员额法官,我们就"您认为在庭前会议中对非法证据排除问题如何做出处理"作了问卷调查,主要呈两

个方向:20% 的刑事员额法官认为只要被告人或辩护人提供的证据确凿,在庭前会议中就可以作出是否为非法证据的决定;而占 80% 的刑事员额法官则认为法院在认为辩方提出非法证据的初步证据成立后,可以建议检察院提供证据在正式的庭审中证实该证据的合法性。也就是说,绝大比例的员额法官是支持在庭审中决定是否排除非法证据。这主要是基于审查一项证据是否为非法耗时耗力,可能涉及录音录像、体检证明,甚至需要相关侦查人员出庭作证等,而这与刑事庭前会议的定位都有所冲突,且在庭前会议中解决排非事项是不现实的。[1]

2. 证据准备

证据准备,是指在庭审中可能会不可避免造成刑事案件的中断、延期审理,造成二次以上开庭,而可以在刑事庭前会议中提出,在审判机关审查后作出相应决定,从而避免庭审中可能出现证据突袭,实现刑事案件的集中、有效审理而提前对证据做的程序性准备工作。从司法实务中来看,证据准备一般包含三个方面的内容,分别是申请补充新的证据,申请重新鉴定、勘验等和申请证人出庭作证,在庭前会议中三个基层法院还没有遇到申请重新鉴定情况,在此不赘述。

(1)申请补充新的证据:在刑事庭前会议中,主持法官会询问控辩双方是否要申请补充新的证据。从西乡塘区法院召开的刑事庭前会议来看,在一起涉嫌犯组织卖淫罪案中,辩护人提交过申请,也看过补充证据。通过这种方式,使控辩双方在被告人构成组织卖淫罪这一犯罪事实上达成了共识。

(2)申请证人出庭作证:申请证人出庭作证与刑事审判中直接言词原则紧密相连。从调研中召开涉及申请证人出庭作证的庭前会议中来看,一起滕某等 14 人涉嫌犯寻衅滋事罪中,辩护人提出申请村委或司法所相关人员出庭作证,理由是村委、司法所曾多次介入案件中,比较了解情况。主办法官认为司法所是调解的机构,而此案的寻衅滋事主要与村子里的事项息息相关,村委是最清楚案件过程的,为此建议辩护人方协商确定通知哪个证人出庭。但另一起案件,申请就没有被同意。如在召开涉嫌非法吸收公众存款罪的刑事庭前会议中,辩护方提出要申请被告人的亲属出庭作证证明被害人提交的谅解书是真实的内心表达就没有被主办法官采纳,这基于被害人的主观内心不需要通过他人来证明的考虑,在庭前会议中,主办法官向辩护人说明拒绝的理由也得到了其认可。

---

〔1〕 参见孙振:《庭前会议程序与审前非法证据的排除》,载《研究生法学》2013 年第 2 期。

3. 庭前证据开示和争议焦点整理

(1)庭前证据开示

在庭前会议中进行庭前证据展示主要是基于两个方面的考虑:一方面是平衡控辩双方信息不对等,为此在刑诉法要求检察机关在全案移送案卷的基础上,辩护人不仅享有相应阅卷的权利,还在庭前会议中可以对有异议的证据发表意见;但同时在庭前会议中,辩护人也有义务展示自己掌握的证明被告人罪轻或不应承担刑事责任等证据。另一方面是防止在庭审中出现证据突袭情况,导致出现“伏击审判”的情形,致使审判期间旷日持久。本文将选取几个有代表性的庭前会议案例作为参考:

表6　召开庭前会议案件证据情况

案件类型	生产、销售有毒有害食品罪(江某等3人)	寻衅滋事罪(滕某等14人)	组织、领导传销活动罪(陈某等14人)
书证、物证	共性:受案登记表、立案决定书、户籍证明、抓获经过、扣押决定书、扣押清单等		
	特点:证明生产、销售的食品是有毒、有害的书证物证,如公司营业执照、买卖交易记录、产品样品采样记录等	特点:证据材料清单多,诱因是土地纠纷,如相关土地项目协议书、转账记录、经济损失等	特点:材料多且复杂,难以认定,如银行交易流水、传销行业学习、会议等资料、上下线运作模式等
证人证言	16个证人证言	11个证人证言	27个证人证言
被害人陈述	无	被害人卢某的陈述	无
被告人的供述和辩解	3名被告人的供述和辩解	14名被告人的供述	14名被告人的供述和辩解
鉴定意见	抽检情况、检验检测报告	无	无
勘验、检查、辨认笔录	刑事案件现场辨认笔录、现场照片、平面示意图	辨认笔录及照片、现场勘验笔录、方位示意图、平面示意图、现场照片	无
电子证据	无	出警视频	无

(2)争议焦点整理

争议焦点的整理是指在庭前会议中主持法官针对控辩双方就开示证据存在的意见进行的归纳和汇总。

司法实务中,主持法官会在庭前会议中得出案件有争议的事项和案件无争议的事项,最终需要参会人员签字确认,最终形成庭前会议报告,待在庭审中宣读。庭审中就会重点围绕案件争点开展。

表7 召开庭前会议案件证据异议、争议焦点情况

案件	诈骗罪(李某)	生产、销售有毒有害食品罪(王某等)	组织卖淫罪	运输毒品罪(覃某)	寻衅滋事罪(滕某等)
有争议的事项：	1. 对证人证言、被害人陈述有异议； 2. 对犯罪主观故意有异议； 3. 对犯罪数额有异议	1. 对书证的关联性有异议，需详细质证	1. 对账单真伪有异议； 2. 对提取手续合法性有异议； 3. 希望详细宣读证人证言； 4. 对被告人王某的供述和辩解有意见，没有提到过分成； 5. 对被告人内部分工认定有意见，协助还是组织	1. 对被告人的供述是否属实有异议； 2. 对是否存在运输毒品的行为有异议	1. 对书证用地协议的证明内容有异议； 2. 对书证答复函的效力存在异议； 3. 对案件是否涉黑涉恶有异议； 4. 对造成损失的数额有异议

三、庭前会议功能失范及原因分析

目前，由于法院、检察院与辩护律师对于庭前会议制度的程序、约束力和实际效果等方面的认识尚存在分歧，以及缺乏现实完善可操作性的规定，庭前会议的功效未能充分彰显的原因主要有以下几个方面。

（一）实际效果有限及原因分析

1. 以审判为中心的理念缺失

庭前会议最大的制度价值在于辅佐庭审程序成为整个审判程序中最核心、最关键的环节。[1] 我国的司法实践没有很好地贯彻集中审理原则和言词证据原则，整体上还是呈现庭审空置化与虚化，法官对事实和证据的认定主要是通过庭前和庭后的其他途径来核实，而不是通过庭审来认定。庭审空置化和虚化的原因主要有“以侦查为中心”的流水线诉讼模式、“以卷宗为中心”的法官审理模式以及“下级服从上级”

〔1〕 参见［美］埃尔曼：《比较法律文化》，贺卫方等译，清华大学出版社2002年版，第3页。

的行政决策模式。[1] 以审判为中心的理念的确会使庭前会议成为一个美好憧憬，但法官缺乏启动庭前会议的内在动力，从而削弱了庭前会议的制度价值。

2. 有效激励机制的缺失

只有公诉人员、当事人和辩护人、诉讼代理人、审判人员参加庭前准备程序及庭前会议，法院才能实现案件的集中审理。这些主体只要任何一方不参加，那么庭前会议的功能将不能得到全部实现，即"为使审判期日能够贯彻集中审理之要求，法院必须于准备阶段事先确定，到底审判期日应行调查哪些证据。由于当事人及其辩护人、代理人与辅佐人亦得申请调查证据，因此，为了预定调查证据范围之目的，法院遇有必要情形，应于准备阶段先与当事人会商，若是其至审判期日始当庭申请调查证据，便难贯彻集中审理"。[2]

司法实践中的庭前会议所作出的程序性决定不具有法律效力，这意味着被告人和合议庭成员不用全部都参与庭前会议，因为在庭审阶段，具有争议的程序性问题可以被重新提出和审查，这就大大削弱了庭前会议的有效性。因此，合议庭成员和被告人就没有动力打乱自己的时间去参加一个没有法律效力的庭前会议，也就是说，庭前会议的效力不明，导致对被告人及合议庭成员的有效激励机制的缺失。

（1）庭前会议决定效力的部分缺失与合议庭被架空

据我们的调查数据显示：南宁市法院系统在51起召开庭前会议的案件中，由西乡塘区法院审理的被告人覃某犯贩卖毒品案、李某犯诈骗案、王某非法拘禁罪中由全部合议庭成员主持召开庭前会议，其余48起是由审判长和承办人主持。在一定程度上，庭前会议制度中合议庭制度被架空，那么这种架空由什么原因引起？

表面原因是法院司法实践中实行多年以来的承办法官制度，在该语境下，形式上的合议庭被架空，进而合议庭应该发挥的相应功能就难以实现。就深层次原因看，庭前会议效力的缺失导致合议庭被架空。法官基于投入较大的成本而没有取得相对应的收益的情况下作出的选择。"法律程序的设计经常会涉及诉讼成本的投入问题，作为一种需要投入人力、财力和时间等司法资源的活动，刑事诉讼活动的效率问题是需要人们认真面对的。"[3] 而庭前会议制度中的合议庭正好在这一处境下。

---

〔1〕 参见何家弘：《从庭审虚化走向审判中心》，载《法制日报》2014年11月5日，第7版。

〔2〕 林钰雄：《刑事诉讼法》（下册・各论编），中国人民大学出版社2005年版，第154页。

〔3〕 陈瑞华：《看得见的正义》（第2版），北京大学出版社2013年版，第303页。

(2)庭前会议决定的效力的部分缺失与被告人缺席

据我们的调研数据情况表明,南宁市法院系统适用庭前会议的51件案件中,被告人参加庭前会议的案件数占比很小。庭前会议制度效力的不足导致对被告人的激励不足,由于被告人的不参与,辩护人在庭前会议中的辩护技能与能力被告人家属看不到,因此辩护人申请召开庭前会议的积极性不高。庭前会议上出现了考核指标不采纳、领导不提倡、法官不愿意、公诉人不主动、辩护人不积极的“五不”局面。[1] 根据最高法的解释及2018年最新的庭前会议规程的规定,召开庭前会议,审判人员根据案件情况,可以通知被告人参加。实践中,法官认为庭前会议设置的主要目的是提高诉讼效率,被告人参加,无异于增加了程序负担,加上审前阶段的大多数被告人多数处于未决羁押状态,如果将被告人从看守所提押至法院,所需要的工作量与开庭无异,这与庭前会议设置的提高诉讼效率是相悖的。目前庭前会议中的被告人低参加率也与法官对法律的保守理解有关,在付出巨大成本的同时,法官最终选择将被告人可以到场理解为可以不到场。

(3)庭前会议决定的效力的部分缺失与当事人救济方式的缺失

根据现有的法律规定,庭前会议上,法官不能对相应的事项作出决定,因此也就谈不上对后续程序的约束力了。而这种效力确实导致了当事人的权利在庭前会议中得不到及时的救济,甚至在一审宣判后,当事人就相关的程序问题也不能单独提出上诉。比如,庭前会议上,辩护人有权提起排除非法证据的权利,但是,如果法官对该项申请予以驳回或者拒绝受理,之后不作出任何决定,那么辩方的这一项权利就会陷入无法救济的困境,此时辩方只能在庭审阶段或者二审的时候重新提出,这与庭前会议提高诉讼效率的设置目的也是相悖的。因此该项救济方式的缺失导致庭前会议功能失范。

(二)庭前会议应有功能的缺失及原因分析

庭前会议程序应当具有非法证据排除、案件繁简分流、审判辅助功能,但是从司法实践来看,该程序应有功能存在缺失问题,主要表现在案件繁简分流没有确立以及已经确立的非法证据排除功能和审判辅助功能没有达到应有的效果。

1.庭前会议中的案件繁简分流功能并没有法律法规的具体规定。该功能没有确立反映出我国刑事庭前会议制度在功能设置上存在缺失。遗憾的是,在我们调研的51例案件中,没有任何一例是通过召开庭前会议来解决案件的繁简分流问题的。而

---

〔1〕 参见黄常明、陈玮煌:《我国庭前会议制度的适用考察及思考》,载《中国刑事法杂志》2013年第10期。

我们认为,在庭前会议程序设置繁简分流功能意义重大。

2. 庭前会议中应具有的非法证据排除和审判辅助功能没有充分发挥。在司法实践中,控辩双方有时会针对庭前会议中提出的问题再次提出申请,导致庭审中断,庭前准备工作没有做好。在调研中的一个非法集资案例中,我们发现,控辩双方就证人出庭问题交换了意见,但是没有达成最终的处理意见,在庭审中辩护人再次提起这些问题。这说明庭前会议不能将应有功能发挥出来,使本来应该在庭前会议中解决的问题又进入庭审阶段,反而影响效率的提高,拖延庭审时间。

(三)被告人权利保障在一定程度上形式化及原因分析

1. 参与主体对权利与利益的忽视

从51次召开庭前会议的情况来看,公诉人和辩护人都参加的有51例,被告人出席的只有5例。从调研数据来看,在法院案多人少的矛盾下有时为了一味地追求效率,尤其在被告人被羁押在看守所的情况下,在实践中"可以通知被告人出庭"常常被理解为"可以不通知被告人出庭",在没有通知被告人和被害人出席会议的情况下召开的庭前会议变相地剥夺了被告人及被害人及其他相关诉讼主体的参与权,使被告人、被害人较为被动。

2. 适用主体对庭前会议的消极应对

控辩审三方主体对不是刑事审判必经程序的庭前会议消极应对,认为庭前会议的启动是一项选择诉讼权利。

(1)审判机关对庭前会议的启动表现出一种徘徊的状态。很多刑事法官对庭前会议的适用积极性不高,认为很多在庭前会议处理的事项基本可以在庭审中处理,无须再另外适用一个程序去处理,消耗有限的司法资源。也有很多法官认为庭前会议很容易衍变成庭审的预演,导致庭审被空置化。

(2)公诉机关的观望状态。一方面,公诉机关在一定程度上认为案子起诉到法院就是法院的事,由法官做主。即使认为应该召开庭前会议也不主动申请召开,消极地等待法院来主动决定。另一方面,公诉机关认为在庭前会议上法院一般不会作实质性裁决,却会消耗大量的成本,因此公诉机关不主动提起庭前会议。

(3)当事人及辩护人对权利的漠视。一方面,相关主体认为庭前会议解决的问题在庭审中一样可解决,无须召开庭前会议多一道程序。另一方面,辩护人担心出于辩护技巧的考虑,更愿意在庭审中搞证据突袭和出示各种证据给被告人及家属观看,其亦担心在庭前会议上可能限制了被告人的质证等权利。因此,当事人及辩护人对权利的漠视导致庭前会议的功能失范。

四、刑事庭前会议制度的完善建议与相关配套制度构建

(一)针对刑事庭前会议的完善建议

1. 明确庭前会议的功能定位:为庭审作实质性准备

所谓刑事庭前会议的功能即其对刑事审判程序发挥的积极作用和产生的良好效果。根据《刑事诉讼法》及三项规程等对于刑事庭前会议的规定,其是为确保法庭集中持续审理,提高庭审质量和效率,主要就与审判相关的问题了解情况,听取意见。一言以蔽之,如证据的保全、展示、检验和排除功能、整理和明确案件争点的功能、其他预备功能等,[1]信息集中功能、程序分流功能、整理功能和保障功能等,[2]具体这些功能最终目的都是实现庭审实质化,保证庭审可以集中高效审理,贯彻落实刑事证据裁判原则和直接言词原则。

但是探讨刑事庭前会议的功能定位不能过度夸大其效用或者期望其达到超出其范围的功能。应准确把握刑事庭前会议的界限,避免架空庭审。刑事庭前会议是服务于庭审,不能处理定罪量刑等实体问题。如对江南区法院的调研中我们得到反馈,控辩双方对刑事庭前会议的功能认识不足,导致在会议中就实质性问题进行过多争论,将庭审调查问题前置,而庭审中又再次提及相同问题,不仅弱化庭前会议的作用,也导致庭审虚置化。这需要控辩审三方深入了解刑事庭前会议的功能定位,把握好相应的界限,审判机关积极引导,并在此基础上实现对庭审的整体规划,使庭审有的放矢,实现预期的功能,增强司法公信力。

2. 提高参与主体适用刑事庭前会议的积极性

适用刑事庭前会议不仅需要控辩审三方参加,更要求有效参与。当前司法实务中,对于刑事庭前会议召开的意愿度调查呈现出不尽如人意的状态。为此要明确庭前会议法官的权与责:在刑事庭前会议中,主持法官的权与责依据的是会议中探讨的内容;明确公诉机关的权利与义务,实务中,有部分公诉人对于刑事庭前会议的了解程度较低,不能认识到刑事庭前会议的功能,不知公诉方的职责,认为参加庭前会议会增加工作压力,不想节外生枝,因而会出现“跑会、赶会”现象。[3] 为此不愿意申请

---

〔1〕 参见宋英辉、陈永生:《刑事案件庭前审查及准备程序研究》,载《政法论坛》2002年第2期。

〔2〕 参见陈卫东、杜磊:《庭前会议制度的规范建构与制度适用——兼评〈刑事诉讼法〉第182条第2款之规定》,载《浙江社会科学》2012年第11期。

〔3〕 参见王玉葡:《S省检察机关参与庭前会议调研报告》,湖南大学2017年硕士学位论文。

召开庭前会议，因此需要规范控方在刑事庭前会议中的权利与义务，如申请权，享有关于会议召开时间、地点、被告人及辩护人申请或异议等事项的知情权，以便于控方可以充分准备；在会议中的发言；申请证人出庭等权利；明确被告人的权利与义务。被告人享有的权利应当首先是有申请召开庭前会议的权利和参加庭前会议的权利，但同时对其权利的保护需要做长远打算。其次是享有会议内容的知情权，获得辩护律师帮助的权利以及对于相关事项发表意见的权利；其义务则主要集中在参加庭前会议中积极配合会议内容的开展，利于对案件的全面梳理。

3. 保障辩护权的全面行使

（1）为被告人提供法律援助：刑事庭前会议中探讨的不是只局限于什么时候开庭，更多的还涉及证据类问题。况且，刑事庭前会议的发展只会对参与主体提出更高的要求，在此基础上不能强迫被告人，最好的方式是为其提供法律援助，让辩护律师参与进来。但不能因为被告人有了辩护人，被告人参与庭前会议就显得可有可无，两者发挥的作用还是存有很大不同。被告人是案件事实如何发展最清楚的当事人，而辩护律师为被告人提供的是法律上的帮助，最终承担相应法律责任的是被告人。司法正义的实现必然需要在此基础上有所付出。如人工智能为依托的“智慧法院”建设为我们提供可能。

（2）转变观念，消除顾虑：辩护律师对刑事庭前会议还存在认识不清、定位不准确的情况。针对上述辩护方可能存在的问题，需要立法机关、审判机关等有关主体积极引导，使辩护律师转变观念，消除顾虑。实际上，庭前会议更是保证辩护方可以就有争议的证据等问题与控方进行质证，围绕案件的关键点，更能让辩护人有的放矢。庭前会议的召开对于辩护人而言是有利可期的。当辩护方在转变观念、能够积极主动地参与到刑事庭前会议时，对庭前会议的完善期待就更进一步。

4. 明确刑事庭前会议事项的效力

（1）明确庭前会议处理结果的形式：赋予刑事庭前会议就已经达成合意事项的法律效力能有助于保证避免会议流于形式。庭前会议中对达成合意事项的认定需要以某种形式明确，并要在庭审中呈现，从而实现庭前会议和庭审的有效衔接。在庭前会议中，需要制作庭前会议笔录，会议笔录应当经过参与主体核对，确认认可后在笔录上签字或盖章。会议笔录对于控辩审三方都具有约束力。更为理想的是，之后庭前会议的法律效力可以通过相关司法文书的形式表现，更能确保会议对参与主体的约束力以及为当事人的权利救济提供方便。[1]

---

〔1〕 参见邓陕峡：《我国刑事庭前会议的实证研究与理论阐释》，中国政法大学出版社2017年版，第205页。

(2)规范非法证据排除机制:申请排除非法证据作为刑事庭前会议的一项重要内容是应当被规范且完善其处理机制的。但完全要求在庭前会议中解决或处理排非问题不现实且可行性低。根据处理的难度决定处理的阶段,即庭前会议可以承载非法证据排除的功能,但不必然要求完全处理于庭前会议中。

(二)相关配套机制的构建

1. 与认罪认罚从宽制度相结合

认罪认罚从宽制度与域外的辩诉交易相似却有自己的特色。该制度是在刑事司法体制改革大背景下,对提升司法质效的挑战作出的司法回应。[1] 将刑事庭前会议和认罪认罚从宽制度相结合,不单是会提高诉讼效率、节省司法成本,还有深层次的有助于修复社会关系,减少社会反抗、体现刑罚、彰显犯罪治理的自信等。[2] 具体操作为在庭前会议上法官需核实被告人认罪认罚的真实性、自愿性及告知或释明该行为的法律意义,并对公诉案件进行司法审查并最终确认。继而被告人可以提交书面材料,承诺其认可相关指控,以便增加适用简易程序审理的空间。

2. 与证据开示制度相结合

证据开示制度追求平衡,即在案件审理前控辩双方有权利从对方知悉与该案相关的所有证据材料,实现双方的平等武装。[3] 庭前会议的进步与完善离不开证据开示制度的确立。首先,证据开示要求保证辩护人的阅卷权;其次,实现控辩双方证据的双向及全面开示,避免辩护突袭。此外,增加辩护人的取证权。在此基础上,控辩双方在证据上实现平等武装,从而在庭前法官的有序主持下,引导控辩双方明确案件争点,在庭审中围绕有争议事项进行集中认证、质证,实现庭审实质化。

结　语

自建立刑事庭前会议以来,该制度为以审判为中心的诉讼制度改革推进发挥了重大的作用。虽然在司法实践中该制度存在一定的问题,但是庭前会议制度的完善和构建作为我国刑事诉讼制度改革的关键一步与切入点,我们更应该从利用到程序设置上注重发挥庭前会议程序应有的功能,特别是在认罪认罚从宽、案件繁简分流、

---

〔1〕 参见何群、储槐植:《认罪认罚从宽制度的实体法解读:从刑事一体化的视角》,载《中南民族大学学报》2018 年第 6 期。

〔2〕 参见卢建平:《认罪认罚从宽:从政策到制度》,载《北京联合大学学报》2017 年第 4 期。

〔3〕 参见孙飞:《论刑事诉讼中的证据开示制度》,载《法制博览》2018 年第 11 期。

刑事速裁制度工作中。由于本文对于刑事庭前会议制度的实证考察是基于南宁市二级法院,特别是有代表性的2～3个基层法院的刑事庭前会议适用情况,因此难以反映全国该制度的全貌。今后笔者拟扎根司法实践活动,进行更深刻、广泛的考察活动,为有关研究提供更好的实践材料。

关于基层人民法院巡回法庭推进矛盾纠纷多元化解机制的调研报告

——以P市法院巡回法庭为切入点

凭祥市人民法院课题组*

随着我国经济社会的转型,不同利益群体之间的关系错综复杂,社会矛盾纠纷也呈现出多层次、多样性的趋势,不断推进和深化多元化纠纷解决机制也成了当今法治建设的迫切要求。2016年最高人民法院发布的《关于人民法院进一步深化多元化纠纷解决机制改革的意见》中指出,要加强平台建设,完善诉调对接,发挥社会各力量参与到解决纠纷中去。巡回法庭具有极强的司法实践价值和社会价值,适应了我国法治社会的发展道路。但在我国司法实践中,存在不少弊端,导致巡回法庭的功效尚未得以最优化的发挥。本文从基层法院巡回法庭切入,通过对巡回法庭在矛盾纠纷多元化解决中的研究,剖析其特点、功用和存在的种种制约,探寻完善和发展巡回法庭的对策。

一、历史背景——巡回法庭溯源及特点、作用

巡回,即按一定的路线、范围到各处活动。字面上的意思框定了其具有对外性,而巡回审判制度需要面向基层、面向交通不便、面向经济不发达的农村地区进行办案,是一种特殊的审判方式,对外性质明显。此

---

* 课题主持人:艾静,凭祥市人民法院党组书记、院长。课题组成员:冷应洪,凭祥市人民法院党组成员、诉讼服务中心主任;黄舒萍,凭祥市人民法院调研室主任。执笔人:黄舒萍。

制度可追溯到新民主主义革命时期,1932 年何叔衡同志在瑞金县处理水利纠纷案件期间,出现的巡回审判法庭,可以说是最早的巡回审判制度体现。随着历史的推移,1954 年颁布的《人民法院组织法》对基层人民法院进行了相关的规定,“派出法庭”这一集合了巡回审判特点的概念产生了。

巡回审判制度从沉寂走向复苏,乘着最高法设立巡回法庭的东风,各地基层法院纷纷创新审判制度,大力推行巡回审判,巡回法庭也就应运而生了。针对社会转型中出现的不同类型的矛盾,不同地域、不同类型的基层人民法院巡回法庭,也成了多元化纠纷解机制中一个表现形式,及时化干戈止纷争,降低了当事人的诉讼成本,促进矛盾纠纷消除在萌芽状态,将涌入法院的井喷案件分流,为社会和谐稳定发展提供了强有力的司法保障。

但要论如今的巡回法庭,又与基层法院所属的派出法庭有着不一样的区分,巡回法庭作为巡回审判制度的载体,被社会转型赋予了更多的社会属性。党的十八届四中全会上提出最高人民法院设立巡回法庭,以优化司法职权配置。此背景下,巡回法庭如雨后春笋,相继在不同法院挂牌成立,“草原上的法庭”“边疆线上的巡回法庭”“马背上的巡回法庭”层出不穷。

但究其主要特点和作用大体有:

第一,调解为主。在我国“以和为贵”深厚的历史文化基础上,用调解的手段解决矛盾纠纷,被誉为“东方经验”。巡回法庭办案过程中,法官接触到更多的是标的额较小、案情较为简单、适用简易程序、速裁程序,表现为买卖合同纠纷、相邻关系纠纷、继承纠纷、婚姻家庭等类型的案件。矛盾纠纷当事人因文化程度不高,对于诉讼程序了解不深,甚至因耳听传说对司法审判存在很深的误解,认为案件到了法院后,会有其他的人为因素造成不公、拖延、迟迟得不到公平结果。加上双方当事人彼此认识,社会关系链牵扯较大,因这样的地缘、人缘等关系,又迫于社会评价、“息事宁人”心理等因素促使当事人倾向于选择调解来平止争端。这样一来,调解可以加快矛盾纠纷解决的进程,调解过程有人民群众的监督,诉讼成本和时间又得到了大大的节省。因此,巡回法庭多采取人民群众普遍认同和接受的调解模式开展工作。

第二,社会属性极强。巡回法庭适用对象决定了社会属性强度对其的影响,巡回法庭本身所具有的流动性,所在地域带来了许多审理方式上的影响。以广西 C 市法院为例,地处祖国南疆国门,管辖着 7 个县(市),居住着许多壮族人民群众,而壮乡儿女方言和社会良俗又不尽相同。这就意味着巡回法庭流动到不同辖区解决矛盾纠纷时,为高效化解双方当事人之间,在合法和自愿的大前提下,所借助的化解手段和方式不尽相同,如审理语言、当地社会良俗等。

另外,巡回法庭得以大力推广的目的,在于分流部分不复杂易解决的案件,因此充分发挥社会力量参与到多元化矛盾纠纷化解机制中,人民调解扮演一个重要的“和事佬”角色,巡回法庭中人民调解的力量显得尤为突出,这样可以达到提高司法资源配置、促进社会稳定和谐的共同目标。

再者,社会生产力使一个地域的支柱产业不尽相同,也滋生了不同类型的矛盾纠纷,如我国沿海发达地区商品经济、新兴文化产业繁荣,衍生出的消费者权益纠纷、知识产权矛盾纠纷更甚,“中国的法治之路必须注重利用中国本土资源,注重中国文化的传统与实际”。[1] 因此在这样的社会属性影响下也就决定了巡回法庭设置的专有职能,于是消费者权益保护巡回法庭,知识产权巡回法庭应运而生。

第三,司法为民职能突出。基层人民法院的巡回法庭受众大多为交通不便的村镇,受文化水平限制当事人法律素养不高,没有足够的知识承担一份书面起诉状的拟写,也没有过硬的经济能力去委托他人代写。再加上交通不便或者是矛盾纠纷标的特殊性使然,令其直接诉讼到法院显得存在阻碍。这些客观存在的局限性都赋予了巡回法庭司法为民的职能,而这又集中体现在就地立案和就地审理。

就地立案一般表现为,巡回法庭的办案法官到现场进行依法受理案件,此类案件多适用于简易程序。而法官到田间地头、农家民户、边贸货场巡回开庭,即就地审理的表现形式。因当事人居住相近,法官可以根据当地农民劳作、作息时间,灵活安排庭审,询问、调查取证、传唤证人和送达文书等工作,而适时邀请村委、村民旁听案件审理,可以对整个庭审程序一目了然,起到了以案释法、法治宣传、普法的作用,也提升了司法公信力。

此外,矛盾纠纷涉及标的物存在不易保存、鲜活易坏、占地大等特殊性,巡回法庭法官接到群众的求助,采取便民的就地审理,也保证了证据的原始性、完整性和真实性。如广西 P 市法院巡回法庭审理的一起货物运输合同纠纷,双方互相约定将一车洋葱从河南运抵广西 P 市,并约定会有代办前来安排卸货并付货运费,但迟迟无人来接货,因当地高温影响下洋葱易腐烂,货运费又无人支付,即将陷入了一个人财两空的窘境,而货物又已经办理了出口货物报关手续,在无报关人接货情形下,海关不同意其开离货场。P 市基层人民法院巡回法庭法官赶往货场调查取证、就地立案和就地审理。在这样的情况下,巡回法庭的优势显而易见。

---

[1] 苏力:《法治与其本土资源》,中国政法大学出版社 1996 年版,第 6 页。

综上所述，随着巡回审判制度从沉寂走向复苏，乘着最高法设立巡回法庭的东风，基层人民法院巡回法庭被大力推行，具有极强的司法实践价值和社会价值，起到“两个便利”的作用，即便利群众参与诉讼、便利人民法院高效审理案件的作用，同时它进一步夯实诉调对接工作的基础，适应了农村社会发展和地域本土文化的迫切需要，也是完善我国社会主义法治的必然要求，但司法实践中巡回法庭功效尚未得以最优化的发挥。

二、实践透视——巡回法庭运作的现状

基层法院巡回法庭是巡回审判制度的延伸，以调解为主要职能的它，是多元化矛盾纠纷化解中的一个平台和载体。本文将通过实证分析法，以一个区域的数据来分析基层法院巡回法庭中存在的共性问题，检验其运行实效。

（一）基层法院巡回法庭运行的模式

P市法院巡回法庭于2016年5月正式成立，其运行模式主要为：选派法官负责边贸巡回法庭巡回办案，通过开通和公布巡回法庭联系电话以及在浦寨互市点公示联系方式，及时知悉矛盾纠纷并前往解决，建立边贸矛盾纠纷联络员工作机制，从浦寨互市点推选出1~2名负责处理边贸纠纷的联络员，保证矛盾纠纷流经法院渠道；以“人调”为着眼点，联动部门将矛盾纠纷化解在诉前，主要参与调解对象有边防武警、南山管委会、工商所、人民调解员等，指导各单位发挥工作优势进行联合调解。以P市法院为例，笔者对比了C市辖区下的7个基层法院巡回法庭，在缺少统一规范性文件指导下，各院对本院法庭运行机制进行了构建，模式大同小异、区别不大，较为鲜明的即为巡回法庭与基层法庭二者之间交融的关系，如表1所示：

表1　C市辖区内基层人民法院巡回法庭隶属管理部门

法院名称	F	D	T	N	L	J	P
隶属管理庭科室	基层法庭	基层法庭	基层法庭	基层法庭	基层法庭	基层法庭	立案庭

由表1可以看出，基层法院的巡回法庭同基层法庭隶属于派出和管理关系，二者在许多特征上相似，毋庸置疑共同管理起到一定资源配置的效用，但并非所有基层人民法庭的指导性文件都适用于巡回法庭，这样容易导致巡回法庭主体地位的边缘化，最终“巡回”变成了基层法庭的“固定”特质，那就失去了意义。

（二）基层法院巡回法庭受理的纠纷类型

巡回法庭受到社会发展形态影响，也呈现出针对性、专业化的倾向。不同区域之间因经济水平、社会环境影响，某一类型的案件趋向集中，由表2可以看出巡回法庭实践中也就随着这个趋势发展，不同地方分别根据各自地域特点、社会构建、经济产业等实际情况衍生出了专业化的设置。

表2 不同地域所在基层法院巡回法庭专业化设置类型

巡回法庭所在地域	当前发展典型产业	巡回法庭设置类型	受理纠纷类型
浙江	小商品经济	消费者权益保护巡回法庭	小额消费纠纷、产品销售者责任等纠纷
江苏	文化产业	知识产权巡回法庭	著作权、企业间专利商标等纠纷
湖北	湿地产业	水上巡回法庭	湖区渔民民事矛盾纠纷、湿地保护纠纷
海南	旅游业	旅游巡回法庭	旅游过程中出现的矛盾纠纷

日新月异的经济产业转型带来的社会关系摩擦引发的各类矛盾，致使各类专业化的巡回法庭层出不穷，但多数设置地区法院集中在发达的江浙一带，而落后、交通极为不便利的不发达地区西北、西藏地区一带，更需要巡回法庭设置的地区却显得更为落寞，同时所设置的巡回法庭是否真正地具有实用性和成效性，也引发社会共同关注。

（三）基层法院巡回法庭结案数据分析

P市位于中越边境线上，对外贸易产业繁荣，专门针对此过程中引发的边民矛盾纠纷，如红木纠纷、合同纠纷、道路运输纠纷等，P市法院设立边境贸易巡回法庭，自2016年至今，该法庭发挥了一定的司法审判功能，如表3所示：

表3 P市基层法院边境贸易巡回法庭纠纷化解数据

年份（年）	受理（件）	结案（件）	判决（件）	调解（件）	撤诉（件）	标的（万元）
2016	54	43	11	30	3	4,380
2017	165	153	21	111	21	9,791.3
2018	42	30	3	19	8	503

从P市边贸巡回法庭2016—2018年以来受理、结案、判决、调撤等数据来看,化解矛盾方式以调解为主,2017年调撤率为86.3%,较2016年的76.7%上升了9.6%,为凭祥边民客商挽回经济损失标的数目也较大,由此不难看出边贸巡回法庭对纠纷解决和“一带一路”口岸建设中占据的举足轻重的地位。但从另一方面看,P市基层法院所在地管辖着10余万人口,辖区面积为630平方公里,年平均受理案件数在1,100件左右,P市法院巡回法庭收结案数字对分流案件起到的作用显得并不夺目,那么巡回法庭的设置是否需要更为合理的规范和衡量标准,其中存在的弊端笔者将从下文进行分析。

三、审思困境——巡回法庭实践中存在的问题及成因分析

(一)立法制度上不完善

当前,在我国立法上,较多的关注都集中在最高人民法院设立的去地方化巡回法庭,而对基层人民法院巡回法庭尚没有明确的规定,更多依附于与巡回审判制度和基层法院人民法庭有关的规定中,实践中,基层法院已相继设立了很多巡回法庭,但基层法院的巡回法庭只能根据《民事诉讼法》、最高人民法院《关于人民法庭若干问题的规定》来开展工作,导致其法律地位和功能无法得到彰显。

(二)缺乏可操作性和统一的运行规定

现有的法规多停留在指导性、政策性的意见,但可操作性不强,具体规范办法并没有明确作出,如最高人民法院《关于人民法庭若干问题的规定》第18条规定:“人民法庭根据需要可以进行巡回审理,就地办案。”“可以”这样的字眼一定程度上授予了法院和法官较大的自由裁量,容易造成巡回法庭功用得不到利用和肯定的局面。另外,其也缺乏统一的衡量标准和具体的运行模式要求,如可设置巡回法庭的条件、巡回法庭受理案件范围和巡回审判工作规范化管理等,在这样的条件下致使不同区域间巡回法庭存在较大差异,也无法保证走向复苏的巡回审判制度往严格化、制度化、规范化的轨道发展下去。

(三)“泛滥化”地流于形式忽略实效性

近年来,随着巡回审判制度的复苏,在最高人民法院设置巡回法庭的背景下,各地法院跟上步伐,纷纷根据自身定位,挂牌成立了五花八门类别的专业性巡回法庭,从中透视出来更多为了追求政绩而形成的“巡回法庭”乱象,着眼点是标政绩树亮点而忽略了巡回法庭本身具有的功能,只是为了应付式地完成工作安排和指标,并没有认真构建巡回法庭在多元化矛盾纠纷化解中的地位,长远谋划、安排巡回法庭合适的

法官人选、运行工作模式等,有的巡回法庭为了追求调解率过分追求调解,致使纠纷长期积压形成更大的矛盾,类似这样的现象都导致巡回法庭只看到了华丽特色的“面子”,却无法找到实在的“里子”,这样巡回法庭司法为民的职能宗旨也无法得到体现。

(四)保障力量缺失

巡回法庭保障力量十分薄弱,尤其体现在人力和财力上。一方面,巡回法庭组成人员较少,往往是一名法官和一名书记员。巡回法庭的设置多为偏远、交通不便、经济欠发达的地区,又加上平时受理的多为乡里邻间多年积怨的案件,当事人法律意识缺失,动辄恶语相逼甚至威胁法官人身安全。一旦发生紧急突发事件,难以对庭审秩序进行维持,也无法有效应对和处置,因此安全隐患成为一大难题。另一方面,财力上保障不足。没有成文的固定专项经费,基层法院巡回法庭的经费开支只能从财政给予的经费上量化分配到巡回法庭办案上,而巡回周期长、路程远、通讯工具配备不齐、基础设施上的完善都需要一个足够可观的财力去投入,才能支撑起巡回法庭的正常运转。

(五)与基层组织沟通不足

之所以重视巡回法庭在多元化矛盾纠纷化解中的积极作用,是因为其受理的案件多已经过人民调解组织、村委会等基层组织前期疏通引导工作,而巡回法庭办案人员可以通过深入到基层,与上述基层组织沟通、了解纠纷的实质真相,大幅提高案件审理效率。而法官没有运用到这一优势资源,很少积极与当地基层组织、调解人员沟通,并对庭审进行预期通知,导致巡回审判不能有条不紊地开展,也达不到预期法治宣传效果。

(六)法官心理认同感不足

基层法官面对井喷式增长的案件,埋头伏案写判决书的时间都是奢侈,认为巡回法庭只是追求形式上的审判,无疑分散精力、增加负担。他们带着偏见看待巡回法庭“巡回”这个特征,往往忽略了其积极性、可塑性带给司法审判高效解决矛盾的“福音”。

四、完善路径——巡回法庭的发展和完善的意见和建议

(一)出台相关的制度完善和推进巡回法庭的实践

为切实发挥巡回法庭在多元化矛盾纠纷中的作用,进一步规范巡回法庭在司法实践中的运行,最高人民法院应尽快出台巡回法庭制度细则、司法解释,进一步明确

巡回法庭适用区域、规定巡回法庭服务范围、巡回法庭受案范围和审理规范要求等等，这样巡回审判制度才有章可循、有据可依。如对于“西部边远地区、少数民族地区以及其他群众诉讼不便地区的基层人民法院，特别是人民法庭，应当逐步确立以巡回审判为主的工作机制”[1]，基层法院巡回法庭服务范围应当适用于经济欠发达、交通不便利、地处偏僻的地区而非发达地区，促进欠发达地区不同地域之间巡回审判制度统一于一个尺度之下，又起到合理调配司法资源，优化司法资源配置的作用。对于适用巡回法庭条件的基层法院应当登记备案在册，经过系列报批手续和严格核查后予以审批，可以有效避免巡回法庭泛滥化，也为巡回法庭管理和监督长效追踪初步搭建参考性依据平台。

（二）切实保障巡回法庭人财力

落实巡回法庭所需人员配备，将其在巡回法庭审理过程中完成的指标任务纳入法官考核体系，以法院回访跟踪民众满意度为依据，测评和衡量法官在巡回法庭审理工作中实际情况，刺激法官履行巡回审判司法为民的职能，严格规范自己在巡回审理中的仪容仪表、审理的规范高效，提高法官素养，杜绝敷衍、流于形式的现象发生，重塑巡回法庭在法官心中的认同感。重视巡回法庭审判过程中法官的人身安全，进一步完善安全保障制度，配备司法警察到现场维护巡回审理秩序，同时也应加强法官自身的安全保护和防范意识，为遇到危险时自救奠定基础。国家层面上要加大对巡回法庭经费投入，并适当向中西部欠发达地区予以倾斜和扶持。法院方面应专门列出巡回法庭这一项目的预算，积极向当地政府争取到财力支持，并确保相关经费用到实处，如购买必要的庭审办公用品等。

（三）建立与基层组织良好互动和长效沟通机制

人民调解是我国多元化矛盾纠纷化解机制中的重要组成部分，其特有的优势为刚性的法治模式增添了柔性化因素，符合善治的理念，人民调解又是对本土资源的有效利用，体现了法治本土化时代精神的传承。[2] 因此，运用其优势是法院实现高效化解矛盾纠纷的“助推器”。巡回法庭法官应积极主动与村委会等此类对于当地的风土民情、纠纷根源，基层组织构成人员和人民调解员较为了解的基层组织保持联系，争取到其配合参与到庭前准备或庭后法治宣传的工作中。充分借用人民调解员机

---

[1] 2010 年最高人民法院《关于大力推广巡回审判方便人民群众诉讼的意见》第 4 条。

[2] 参见关保英、陈书笋：《论人民调解的法治价值》，载吴军营主编：《人民调解理论与社会管理创新》，上海社会科学院出版社 2011 年版，第 7 页。

制,进而提高人民调解员业务素质,增加与法院并肩作战、共同化解矛盾纠纷的力量。

(四)完善诉调对接机制

以调解为重是巡回法庭的常态选择,但有时候对于积怨已久的案件并不适用调解,巡回法官要充分尊重和保障当事人起诉的权利,应事先告知双方当事人有诉讼的权利,也要引导人民调解员不得以调解不成或其他非法理由而剥夺其起诉的权利。只有完善诉调对接机制,保证当事人诉权,畅通解决矛盾纠纷的渠道,避免了民众纠纷缓一时而非彻底解决的表面,才能达到巡回法庭司法为民的目的。

结　语

基层人民法院的巡回法庭是我国巡回审判制度复苏繁荣的延续,也为多元化矛盾纠纷开辟了一条高效便捷、司法便民的路子,调动了更多力量参与到化解矛盾纠纷中,促进了矛盾纠纷化解在基层、消除在萌芽,不失为法院对人民群众日益增长司法需求的一个积极回应,适应我国法治社会发展的进程。但我们在充分了解巡回法庭本身具备的特点优势的同时,也从司法实践情况中清楚地看到了存在的问题,为从困境中走出探寻积极的完善对策。笔者衷心地希望司法改革不断深化的进程中,巡回法庭在实现公平正义的路上发挥出其最大化、最优化的审判作用。

商品现货分散式柜台交易刑法规制的司法实践与重构

——以162份裁判文书为样本

商品现货分散式柜台交易是指现货交易平台发展会员,会员招徕客户,实行做市商模式,采取标准化合约、集中交易、保证金、当日无负债结算制度、对冲交易、强行平仓等期货交易方式与客户在交易平台上对赌。[1] 由于缺乏有效监管,大量良莠不齐的商品现货交易市场,以金融创新名义,在市场和法律的灰色边缘上游走,以原油、茶叶等农产品,黄金、白银等贵金属,沥青等大宗商品现货交易名义进行虚假期货交易,以高杠杆、低投入、高回报诱骗大量投资者参与交易,诈骗投资者的资金,已然成为近年来社会危害性很大的一种互联网诈骗活动。这对市场经济正常秩序和投资者财产安全造成巨大损害,有必要用刑法对其予以规制。司法实践中,对商品现货分散式柜台交易的概念、性质、罪与非罪、此罪与彼罪的认定上存在巨大异议,有必要进行深入研究。本文以审判实践为基础,通过对162份涉商品现货分散式柜台交易的判决书进行梳理,从理论上明确犯罪本质,从实务上提出定性标准,以期统一裁判标准和尺度。

一、"期货"vs."现货":商品现货分散式柜台交易方式的性质认定

交易行为性质的认定是界定商品现货分散式柜台交易是否具备违

---

〔1〕 参见清理整顿各类交易场所部际联席会议办公室《关于做好清理整顿各类交易场所"回头看"前期阶段有关工作的通知》(清整联办〔2017〕31号)。

法性的前提,也是进行刑法规制的前提。司法实践中,对商品现货分散式柜台交易的交易方式认定上,存在非法期货和现货(现货延期交易)的分歧。

(一)性质认定争议

对商品现货分散式柜台交易方式的性质,在司法审判中主要存在两种观点:一是应定性为非法(变相)期货,交易行为无效,交易平台和会员承担客户因交易产生的损失。二是应定性为现货交易或现货延迟交易,交易有效,交易平台和会员不承担客户因交易产生的损失。在本文搜集的进行性质认定的 32 份典型案例中,认为应定性为非法(变相)期货的有 17 份,认为是现货交易或不能认定为非法期货交易的有 15 份。

1. 定性为非法(变相)期货。主要采取以下标准:(1)采用形式要件标准,〔1〕判断要素包括集中交易、标准化合约、保证金、对冲交易等,实践中多运用标准化合约和集中交易两个要素。(2)采取形式要件和目的要件的认定标准。〔2〕目的要件的判断要素包括是不是对冲合约获取风险利润,是否有实物交割。(3)采取形式要件和实质要件标准。〔3〕此标准实际是对形式要件和目的要件的标准的深化,在目的要件之上认为还需要进一步判断交易功能是促进商品流通还是套期保值、发现价格和投资管理。(4)采取主体要件、形式要件和目的要件标准,〔4〕认定为非法期货交易,主体是未获得依法设立的期货交易场所,也不具备经营黄金期货交易的资质。

2. 定性为现货交易或不能认定为非法期货交易。认定标准主要有:(1)主体标准,认为涉案交易平台是经有关行政机关审批同意合法成立,通过了相关清理整顿,应推定行政机关已经对涉案交易模式做过审查。〔5〕(2)表面标准,当事人之间交易协议约定是“现货交易”或“现货延迟交易”,不属于期货交易。〔6〕(3)形式标准,认为不构成集中交易或标准化合约,不符合期货交易特征。

(二)认定标准分析

判断交易行为的性质应当从交易本质特征上把握。从金融学角度看,期货与现货交易在交易目的、方式、标的等方面存在本质区别:现货交易的标的是商品实物,是

---

〔1〕 详见内蒙古自治区赤峰市巴林左旗人民法院(2016)内 0422 刑初 16 号刑事判决书。

〔2〕 详见最高人民法院(2016)最高法民申 1002 号民事裁定书。

〔3〕 详见抚州市中级人民法院(2015)抚民二终字第 118 号民事判决书。

〔4〕 详见北京市第二中级人民法院(2015)二中民(商)终字第 07970 号民事判决书。

〔5〕 详见浙江省高级人民法院(2015)浙民申字第 1878 号民事裁定书。

〔6〕 详见辽宁省高级人民法院(2016)辽民申 3368 号民事裁定书。

为了让渡或取得标的物的所有权;期货交易标的是合约而非实物,是为了对冲现货市场价格风险和投机获利。现货交易多是一对一合同内容,期货交易则是投机或投资,实行多空双向交易、集中交易、标准化交易、保证金交易、当日无负债结算等交易制度。因此,本文认为,在认定标准上主张以形式要件和目的要件为基本判断标准,以主体要件为辅助标准。即除合法成立的期货交易所以外的其他机构或个人,采取标准化合约和集中交易等期货交易方式,进行无实物交割的双向对冲交易,均为非法(变相)期货交易行为。

(三)争议问题辨析

两种观点在认定标准选择上并无根本性的区别。双方的分歧点主要在于:一是交易方式的认定,主要集中在集中交易和标准化合约的认定上。二是交易主体合法能否说明交易方式合法?三是《客户协议书》约定"现货(延迟)交易"是否即为现货(延迟)交易?

对具体争议问题,本文认为:

1. 标准化合约和集中交易的认定。标准化合约和集中交易已经有明确的官方定义:标准化合约是指除价格、交货地点、交货时间等条款外,其他条款相对固定的合约。集中交易是指由现货市场安排众多买方、卖方集中在一起进行交易,包括集合竞价、连续竞价、电子撮合、匿名交易以及做市商机制等。[1] 一些判决以未约定交易价格和交易时间为由否定为标准化合约,[2]恰恰明显违背了标准化合约"价格、交货地点、交货时间"未定的法定标准。关于集中交易,有判决认为"会员与客户进行一对一交易、交易价格不经撮合""主体特定系双边交易",因此不构成集中交易。[3] 从表面来看,单独客户与会员是一对一交易,但会员同时与众多客户开展了买卖行为,该交易方式实际上构成了做市商机制,是集中交易。随着信息化技术的发展,电子交易平台成为主要交易平台,对集中交易也可以理解为集中在一个交易平台的集中之上。[4]

2. 交易主体合法能否说明交易方式合法?此种观点在2017年之前,是许多地方

---

〔1〕 参见《国务院关于清理整顿各类交易场所切实防范金融风险的决定》(国发〔2011〕38号)《国务院办公厅关于清理整顿各类交易场所的实施意见》(国办发〔2012〕37号)。

〔2〕 详见陕西省高级人民法院(2017)陕民终122号民事裁定书。

〔3〕 详见南京市六合区人民法院(2014)六商初字第133号民事判决书。

〔4〕 参见任素贤、于书生:《非法代理境外黄金合约买卖与变相期货交易的认定》,载《人民司法·案例》2011年第8期。

法院的主流做法。不客气地说,这是一种惰政,将认定工作依托在行政机关的具体行政行为上,而非司法机关依职权进行独立认定,实际上是对涉案交易模式是否构成非法期货交易这一案件基本事实未予查清。认定某种交易模式是否构成非法期货,应主要依据形式和目的要件进行认定,而非以交易主体上是否经行政机关审批合法成立及通过清理整顿为标准。经有关行政机关审批同意合法成立,并不能足以推翻法院关于案涉交易模式系非法期货交易的认定。[1] 从逻辑上讲,合法成立并不代表成立之后不违规,通过此次清理整顿并不代表其后的交易模式一定合法。事实上,以现货交易名义从事非法期货交易的多是合法成立的交易平台,也多次通过了行政机关的清理整顿。

3. 关于表面证据标准。是否构成期货交易,应从交易的本质特征上去审查,而非流于审查是否有期货交易等文字出现。非法期货交易违法并涉嫌犯罪,除经批准的特定期货交易所外,其他任何交易平台均不会在交易协议上明确是"期货交易"来自投罗网。单纯从交易名称就认定交易模式,这无论是在逻辑上还是在法理上,都无法自洽。法院已经开始纠正这种错误观点,在刘某诉天津贵金属交易所案中,最高人民法院最初在2015年再审审查时支持了甘肃省高院的这种裁判观点,但在2017年再次再审审查时推翻了之前的认识。[2]

综上,结合商品现货分散式柜台交易的概念和特征,认定其为非法(变相)期货交易是准确的。

二、有罪 vs. 无罪:商品现货分散式柜台交易的刑法学检视

对商品现货分散式柜台交易等非法期货交易是否需要刑事规制存在争议。商品现货分散式柜台交易是否需要刑法规制,应根据刑法学基本理论,从交易的实质是否合法、以是否具备现实的、高度的盖然性社会危害性为前提,和以其他监管是否有效以致刑事政策上的"不得已"作为必要性等方面进行考察。

(一)诈骗本质:刺穿金融创新的面纱下商品现货分散式柜台交易制度设计上资本零和游戏的实质

如前所述,行政法的视角下,商品现货分散式柜台交易性质为非法期货交易。从

---

〔1〕 详见最高人民法院(2016)最高法民申1002号民事裁定书。

〔2〕 详见甘肃省高级人民法院(2014)甘民二终字第121号民事判决书、最高人民法院(2015)民申字第2989号民事裁定书、最高人民法院(2016)最高法民申1002号民事裁定书。

交易实质来看,商品现货分散式柜台交易的游戏规则决定了其资本零和游戏的诈骗本质。

首先,制度设计上的盈利掠夺性。商品现货分散式柜台交易采取的是做市商而非撮合,客户之间无法进行交易,只能与会员交易。交易虽然采取境外国际市场价格,但整个交易是封闭性的,并未与外部市场连接。在这样闭环性资金对赌游戏中,会员的赢利只能来源于客户亏损的头寸和缴纳的手续费用;交易平台的赢利则来源于与会员按照一定的比例对客户缴纳的手续费用进行分成,这种交易制度和盈利模式决定了交易所平台与会员是利益共同体。为了确保交易平台和会员能稳定获得收益,在制度设计上,通过收取交易手续费、点差、仓储费、过夜费(延期费)等各种高额的交易费用来掠夺客户的资金。单以过夜费为例,保证金按5%,过夜费费率按万分之一计算,一年的过夜费率就达73%,客户的本金在缴纳完相关费用后已经所剩无几。

其次,交易过程的欺诈性。交易中,客户处于对赌的严重不利一方,交易平台通过篡改后台交易数据或延迟发布数据,反向喊单,直接造成客户短期内巨额亏损。在真正的交易市场中,采取公平公正公开的交易制度,投资者自身交易水平和研判能力的高低是盈亏的关键因素。但在一个刻意采取"以攫取客户钱财为唯一目的"交易制度的交易平台上,投资者将面临100%亏损的概率,亏损在客户入场时已经被交易制度锁定。

最后,交易行为的虚假性。商品现货分散式柜台交易的交易价格来源于国际市场的外盘价格,并不是由本交易平台的所有交易者博弈、竞价而产生;在交易中,也没有真正的实体经营者参与,更没有实物交割。其交易资金在客户—会员—交易平台之间闭环流动,交易价格仅仅是与客户对赌胜负的指标。由此,商品现货分散式柜台交易无实际商品买卖,并非现货交易;也不具备正规的期货交易所和现货交易所所应有的"发现价格"、"便于实物买卖双方达成交易和完成交割"以及"便于实物经营者套期保值"等市场功能,也非真正的期货交易,而是采取期货交易方式的虚假交易。

(二)损害保护:予以刑事评价的刑法哲学基础

道德正当性问题是刑事实践的根基问题,能够提供哲学性反思视角。美国刑法学家范伯格认为,刑法的正当性在于防止(或消除、减少)对行为人之外的其他人的损害。[1] 行为应否入罪,关键在于是否具备严重社会危害性。

商品现货分散式柜台交易面对不特定的社会公众,吸引了大量的不具备专业知识的社会公众参与,往往涉及众多受害者。涉案金额巨大,少则几百数千万,多则几千亿。(见表1)司法统计仅仅是冰山之一角,据估计,每年投资者的亏损金额至少在2000亿~3000亿元,其社会危害性之严重可见一斑。因此,刑法及时介入,对非法期货交易适度犯罪化是打击犯罪活动的合理选择,也是实现刑事法治良性运行的基本要求。

表1 部分案件涉案金额统计

案 号	涉案平台	涉案金额(元)	受害人数(人)
上海市第二中级人民法院(2008)沪二中刑终字第285号裁定书	联泰黄金	119亿	723
北京市高级人民法院(2011)高刑终字第71号刑事判决书	伦亚(北京)国际贵金属有限责任公司	771亿	1143
杭州市上城区人民法院(2009)杭上刑初字第248号刑事判决书	世纪黄金公司	583亿	1217
赤壁市人民法院(2014)鄂赤壁刑初字第00095号刑事判决书	湖北元汇贵金属经营有限公司	9400万	2687
梧州市中级人民法院(2015)梧刑二终字第3号刑事判决书	梧州市裕农大宗农产品电子商务有限公司	1.6亿	
台州市中级人民法院(2013)浙台刑二终字第214号刑事判决书	宁夏鼎丰资产管理有限公司	1744亿	

(三)逻辑分析:检视行政监管的无力和失序

刑法是其他法律的制裁力量,刑法介入的时间和逻辑条件是其他规范无法保障正常的秩序。

对于期货交易,国家制定了严格的审批和监管制度,严禁任何形式的非法期货交易。从1994年开始,特别是2006年以来,国务院及证监会等相关部门出台了诸多规范性文件和整顿措施,打击非法期货交易,整顿规范市场秩序。但遗憾的是,非法期货交易犹如离原之草,烧之不尽,斩之不断,风头一过,又如雨后春笋。近年来非法期货的案件每年几乎以100%的幅度增加。(见表2)

[1] 参见[美]乔尔·范伯格:《刑法的道德界限:对他人的损害》(第1卷),方泉译,商务印书馆2013年版,第28~29页。

表 2　非法期货案件年份统计[1]

年份	案件数(件)
2005 年	1
2007 年	1
2009 年	6
2010 年	5
2011 年	10
2012 年	8
2013 年	41
2014 年	235
2015 年	253
2016 年	548
2017 年	825

究其原因,主要在于行政监管不力,对非法期货行为往往缺少实质性打击措施,与巨大的非法收益相比,行政处罚力度太小。这充分说明了刑事介入的紧迫性和必要性。在行政处罚和民事责任无力,刑事就有必要介入,为行政和民事法律提供保障。

综上所述,商品现货分散式柜台交易具备严重的社会危害性,一方面危害当事人的财产安全,另一方面也危害正常的社会主义市场经济秩序,刑法必须介入。

三、此罪 vs. 彼罪:商品现货分散式柜台交易的定罪之争

商品现货分散式柜台交易从其特征来看,涉嫌诈骗罪或合同诈骗罪、非法经营罪以及赌博罪。定性的主要争议焦点在究竟应以非法经营罪还是诈骗罪(合同诈骗罪)定罪量刑。定罪为诈骗罪理由主要是以非法占有为目的,虚构交易平台、隐瞒操控平台控制交易行情真相,骗取客户资金。[2] 定罪为非法经营罪理由主要是未经国家证券期货管理机关批准,非法从事期货业务的经营。[3] 这些争议,不仅存在于刑事被

〔1〕 来源于中国裁判文书网。

〔2〕 详见浙江省高级人民法院(2016)浙刑终 169 号刑事裁定书等。

〔3〕 详见湖北省通山县人民法院(2015)鄂通山刑初字第 133 号刑事判决书。

告人与司法机关之间，也存在于司法机关内部。有的案件侦查阶段认定涉嫌“诈骗罪”，公诉阶段则改为“非法经营罪”；[1]有的案件一审定性为“诈骗罪”，二审却改判被告人构成“非法经营罪”。[2] 在本文研究样本中，定罪为非法经营罪和诈骗罪的各有 72 件，定性为合同诈骗罪的有 3 件。

本文观点是应按诈骗罪定罪量刑，理由如下：

(一)胶柱鼓瑟：定性非法经营罪之失于片面

司法实践中以非法经营罪来定罪量刑主要有两个方面原因：(1)惯性思维，按照早期对“纯中介模式”判处非法经营罪的逻辑思路，[3]对现在完全不同的“做市商”模式的商品现货分散式柜台交易，以其采取期货交易方式认定为非法经营罪。(2)对非法经营罪和商品现货分散式柜台交易实质认识不清，未深入分析非法经营罪的适用条件和商品现货分散式柜台交易的内在特征，简单适用非法经营罪。

从表面看，商品现货分散式柜台交易确实符合非法经营罪的构成要件，定性为非法经营罪并无不当：在客观方面，不管是经有关部门批准成立的现货交易平台还是专为犯罪而成立的虚假平台，均未取得进行期货交易的市场准入主体资格；在客体上，确实侵犯了国家管理期货市场的管理制度”；在主观方面具有谋取非法利润的故意。但非法经营罪立法原意是对市场主体资格的限制和市场准入秩序的维护，定罪的前提基础是存在真实的经营性行为，获得非法利润的途径是通过经营行为取得。“纯中介”模式的非法代理境外期货交易本质上还是期货交易，存在真正的交易行为，只是交易主体未得到合法的市场准入，对此适用非法经营罪是正确的。而在商品现货分散式柜台交易中，并不存在真正的交易行为，既不存在真正的交易标的物，也未接入真正的期货市场，所有的“交易行为”并不会对真正的市场价格产生任何影响。并不符合非法经营罪应存在“经营行为”这一前提设定。非法经营罪中的经营行为，本质上是一种有赢有亏的行为，经营者在一定的市场规则下营运，并承担相应的市场风险。而商品现货分散式柜台交易通过一系列不平等的交易规则，使进入交易平台投

---

[1] 详见淮安市中级人民法院(2016)苏 08 刑终 258 号刑事裁定书。

[2] 详见绍兴市中级人民法院(2016)浙 06 刑终 362 号判决书。

[3] 纯中介模式是指单纯提供中介服务，客户的入金、出金均直接与正规期货交易机构结算而与中介方无直接关系，所进行的期货交易都是真实的，无其他欺诈行为，中介方通过期货交易机构的佣金返点获得报酬。典型的是代理境外黄金盘。该模式判处非法经营罪定罪逻辑思路是：交易行为系变相期货交易，未经批准为境外公司提供黄金期货居间介绍业务。参见任素贤、于书生：《非法代理境外黄金合约买卖与变相期货交易的认定》，载《人民司法》2011 年第 8 期。

资的客户处于必然亏损的地位,属于以期货交易方式进行诈骗。两者虽然都是非法期货行为,但有着本质的不同。商品现货分散式柜台交易实质上为诈骗行为而非交易行为,至于行为人经营的金融业务、销售的是何种金融产品并不重要,都只是其诈骗的工具和借口;是以"非法期货交易"这一单一特征评价无法全面揭示其特征。如果未抓住诈骗本质而纠结个别特征,难免出现偏差。

(二)以偏概全:定性合同诈骗罪之失于表象

相对于诈骗罪,合同诈骗罪起诉标准高,量刑低,因此当事人多以合同诈骗罪辩护。一些判决也认为交易平台、会员和客户之间签订有交易合同,因此属于是在签订、履行合同的过程中骗取对方当事人财物,构成合同诈骗罪。[1]

合同诈骗罪与诈骗罪是法条竞合关系,之间的区别在于合同诈骗罪是在"在签订、履行合同过程中"实施诈骗行为。但有合同存在并不是构成合同诈骗罪的充分条件,合同诈骗罪中行为人必须实施与合同内容相关的经济活动或合同是其诈骗的主要手段。商品现货分散式柜台交易中,客户与交易平台和会员之间一般都签订有交易协议。从表面来看,交易平台、会员在诈骗过程中,确实和客户有签订、履行合同的形式让客户参与进行非法期货交易,进而从中获取非法利润,似乎确应以合同诈骗罪定罪量刑。但我们应透过现象看本质,仔细分析商品现货分散式柜台交易的诈骗手法。此类案件中,行为人的诈骗行为并未在签订、履行合同过程中,而是通过设立虚假现货交易平台,诱骗客户入金,并通过设置高额交易费用、后台控制行情等手段,骗取客户财物,不符合合同诈骗罪的构成要件。

(三)缘木求鱼:定性赌博罪之失于偏颇

清整联办〔2017〕31号文认为"微盘交易"涉嫌聚众赌博。微盘交易实质是商品现货分散式柜台交易的变种,区别在于合约量变小,交易平台转移到手机微信等APP上。

赌博罪是以聚众赌博、开设赌场或者以赌博为业来谋取不法利益,其营利来源于赌博本身。商品现货分散式柜台交易中,行为人虽然设置圈套,诱骗客户参加交易,但不是通过交易行为来营利,而是直接或间接诈骗取对方的交易资金。虽然客户与会员之间存在对赌,但交易平台和会员已经事先共谋设计好了骗局,通过交易制度的设计直接控制输赢结果,来骗取财物,这是一个只赢不输或先小输后大赢的定局。而赌博是射幸行为,具备输赢结果偶然性、不确定性的特征,并不必然就能够赢。综上,

---

〔1〕 详见合肥市蜀山区人民法院(2014)蜀刑初字第00067号刑事判决书。

此类案件并不符合赌博罪的犯罪特征。

（四）正本清源：定性诈骗罪的正确解析

按照罪刑法定原则，认定诈骗罪应以《刑法》第266条规定的构成要件作为判断的唯一标准。商品现货分散式柜台交易构成诈骗罪，理由如下：（1）主观上符合"非法占有为目的"。在此类案件中，行为人为了达到诈骗目的，通过虚构交易平台资质，让被害人错误地以为是在从事合法交易；通过虚假宣传和先给予小额赢利，诱骗受害人深陷其中；通过后台操纵和反向喊单，让受害人误以为行情和运气不好；通过故意引导频繁交易刷手续费、重仓，收取高额手续费。通过一系列操作来诈取客户资金，这正是行为人追求的非法占有目的。因此，上述交易结构以及交易过程中的具体情节可以证明行为人具有非法占有客户资金的目的。司法实践中也主要是从行为人的客观表现证明其主观故意，如虚构交易平台合法资质、后台操作行情、恶意反向喊单等方面考察。[1]（2）客观上具备"虚构事实或隐瞒真相"事实。此类案件中，存在虚构交易平台获得国家批准的合法资质、虚构身份来接触客户、虚构非法期货交易的高收益性、虚构交易记录来引诱客户涉入交易、虚构有专业知识的分析师团队、虚构非法期货交易对手、虚构交易资金等虚构事实行为。存在隐瞒收取高额手续费的事实、隐瞒所谓"现货交易"实为虚假交易并且完全无法实物交割的事实、隐瞒交易资金实际进入会员账户并无第三方监管的事实、隐瞒对赌关系、恶意反向操作、后台修改和操纵交易行情的事实等隐瞒真相行为。在司法实践中，也基本是按照以上各点进行认定。

四、重塑 vs. 重构：商品现货分散式柜台交易法律适用的矫正与统一

"同案同判"是自然正义和法治统一原则的基本要求。针对司法实践中各地法院裁判标准的混乱，应从理念到制度进行反思和完善，完善法律制度、统一法律适用，实现司法公正。

（一）观念重塑：从秩序维护转向个人利益保护

我国目前的金融刑事立法和司法，是从国家本位的立场建构，其重点是维护国家正常的金融经济秩序，而不是投资者的利益是否受损。司法审判中诸多判决定性为非法经营罪而非诈骗罪，显然是这种理念的折射。"法从表现形态上看是一种规范，

〔1〕 详见重庆市九龙坡区人民法院(2016)渝0107刑初1530号刑事判决书。

但实则是一种价值观念以立法技术方式予以成形的规范集合体。"[1]从法价值的视域来看,金融刑法立法和司法目的应该重新定位为"对金融市场交易主体利益的平等保护",应从国家本位转向社会本位,从秩序维护转向个人利益保护,重新构建金融刑法,回应社会公众的诉求。

(二)立法重构:建立完善的法律制度及规则

立法指导实践,司法折射立法。司法实践中的混乱反映出期货法、现货交易法等期货和现货交易行业基本法律的缺失。因此,有必要加快商品现货市场交易治理领域的立法,增强法律的及时性、系统性、针对性和有效性。

建议从以下几个方面加强立法:(1)制定期货法,作为统一调整期货(包括商品和金融期货)以及其他商品、金融衍生品市场的基本法,确立国务院期货监管机构的集中统一监督管理体制,建立更加严密多层次的市场监管和处罚体系,注重对投资者的权益保护。(2)制定现货交易法,建立类似期货交易所的严格的市场准入制度和监管制度。(3)制定商品现货交易司法解释,对诈骗罪客观表现作出扩张解释以解决法律文本的相对固定性与社会生活的流变性之间的矛盾,前文述及的商品现货交易中常见的诈骗手法作为《刑法》第266条"诈骗罪"的客观表现。

此外,一些学者曾建议参照美国1936年《期货交易所法》设立"期货交易欺诈罪"。[2] 本文认为,商品现货分散式柜台交易本质为诈骗行为,没有真实的期货交易行为发生,并非发生在真正期货交易中的欺诈行为,设立该罪并不能真实反映犯罪的本质。奥卡姆剃刀原则认为,"如无必要,勿增实体"。诈骗罪已经能够有效保护投资者的合法利益,给予与此种行为相适应的处罚以有效地抑制此种行为的社会危害性。既然能够在既有的框架内解决的问题,就没必要增加一种新的罪名。

(三)规则重述:类案裁判规则指引的初步意见

统一法律适用一个重要途径是案例指导制度。案例指导制度的目的就是让典型案例起到示范引导作用,统一司法尺度和裁判标准,确保"同案同判"。

因此,建议最高人民法院和高级法院分别发布商品现货分散式柜台交易纠纷指导性案例和参考性案例、典型案例,指导下级法院正确适用法律。按照类型化的思维,具体而言可确立以下裁判规则:(1)对交易方式的认定,应采取形式要件和目的要件,应着重审查是否采取期货交易的基本规则,是否符合期货交易的基本特征,而不

---

[1] 何荣功:《"预防性"反恐刑事立法思考》,载《中国法学》2016年第3期。

[2] 参见陶阳:《完善我国期货犯罪立法浅论》,载《中南民族大学学报》(人文社会科学版)2004年第4期。

是依据交易合同中有无期货之名，也不是依据交易平台是否合法成立或通过行政机关的相关审查。(2)对"纯中介模式"非法期货交易行为，应以非法经营罪定罪量刑。(3)做市商模式的商品现货分散式柜台交易，应以诈骗罪定罪量刑。(4)对采取商品现货分散式柜台交易方式，但行为人虚构事实、隐瞒真相进行诈骗的证据无法收集或不充分的，或未造成客户实际损失的，应按非法经营罪定罪量刑。(5)对无法印证全部犯罪事实的电子证据的采信规则。商品现货分散式柜台交易采取电子交易方式，印证犯罪行为的诸多证据主要是电子证据。证据分布在计算机、网络系统中，易遭到修改、删除或破坏，要收集证明完整犯罪事实所有电子证据基本上是不可能的。司法实践中，一些案件因证据不充分而无法准确定罪量刑。[1] 本文认为，对无法印证全部犯罪事实的电子证据，在确保真实性、合法性和关联性的前提下，能对作为犯罪构成的各个要件予以证明的，即可作为定罪证据，不能简单视为证据不足不予以认定。如对商品现货分散式柜台交易构成诈骗罪客观要件"虚构事实、隐瞒真相"的认定，只需要提交虚构合法平台、虚假宣传、进行虚假期货交易骗取高额手续费即可，无须提交后台操控价格行情等证据。

结 语

E. 博登海默说过，没有强有力的规则保护的法律，初看似乎可以提供一致性和稳定性，但在实践中往往变成了一种虚幻和空想。[2] 法律的制定固然重要，但如何更好地进行司法实践才是惩治犯罪的重中之重。商品现货分散式柜台交易是一种新型网络诈骗犯罪，无论是理论界还是实务界对此都缺乏足够的重视和深入的研究。本文对商品现货分散式柜台交易是否应当入罪以及如何定罪进行了较为深入的探讨，并提出粗浅和不成熟观点。希望本文能够抛砖引玉，引起司法领域特别是刑事司法领域范围内一定程度上的重视和关注，共同解决司法实践中存在的问题，达成共识，实现司法公正。

---

〔1〕 详见绍兴市中级人民法院(2016)浙06刑终362号刑事判决书。

〔2〕 参见[美]E. 博登海默:《法理学:法律哲学与法律方法》，邓正来译，中国政法大学出版社2004年版，第75页。

实务探讨

无效行政行为缺席审判之司法困境

黄 坤*

引 言

国家法律之运行机理,犹如人之生理机理,眼之功能在于视,耳之功能在于听,鼻之功能在于嗅,嘴之功能在于食,某项生理机能之失灵,终会肇致系统功能之紊乱。一国之法律体系由宪法、法律已降,层层规范,形成法纲,行政权力和司法权力运作以其作为依据,保障人民基本权利及达成国家任务。原则上,公民有遵守合法法律以及服从合法公权力之义务,公民之权利一旦受到法律或公权力不合法之限制和侵犯,当有救济之途径。然在司法实践之中,某些无效行政行为限制、侵犯了公民权利,在审判体系内无救济途径,公民不得已否认公权力所产生之义务,采取抵抗行为,而抵抗行为所涉诉讼却仍须附带审查无效行政行为,细思颇有趣致,确是值得探讨之问题。下面笔者就一则案例〔1〕为引分析之:

(一)问题之提出

案例一:2003 年蒙二因其未满 20 周岁,故用其兄蒙一之身份与何某登记结婚。2009 年蒙一与李某恋爱数月,用蒙二身份与李某于 L 县民

* 桂林市中级人民法院立案一庭法官助理。

〔1〕(案例)详见广西壮族自治区桂林市临桂区人民法院(2018)桂 0312 行初 34 号行政裁定书,广西壮族自治区桂林市中级人民法院(2019)桂 03 行终 20 号行政裁定书。

政局登记结婚。婚宴后,李某经村民告知,方知兄弟互换身份事实,结婚登记错误,提出离婚恢复各方真实身份,男方不允。延至2018年4月,李某与蒙一感情破裂,向法院提出离婚诉讼。经审理,主审法官向李某释明,其事实婚姻与婚姻登记不一致,民事诉讼无法解决,应向民政局申请撤销结婚登记,遂李某撤销起诉。

其后,李某数次向L县民政局提出撤销结婚登记,民政局认为李某与蒙一共同到婚姻登记机关申请登记结婚,对双方信息应该了解得最清楚,行政法规基于对申请结婚登记当事人的尊重和信赖,只要求婚姻登记工作人员对当事人出具证件、证明材料进行形式审查,对符合结婚条件的申请人应当当场予以登记,登记审查完全符合法律法规的规定,故拒绝撤销。因此,李某于2018年8月提起行政诉讼,认为L县民政局对婚姻登记双方的身份信息未尽审查义务,作出错误的婚姻登记。4人及子女关系有悖伦理,血缘关系混乱,罔顾事实,属于无效登记,请求法院撤销无效结婚登记。一审法院经审理,以撤销之诉超过行政起诉期限为由,裁定驳回李某起诉。

李某不服,向中级法院提起上诉,上诉称其诉讼为确认行政行为无效之诉,根据法律规定,无效的登记自始无效,不受起诉期限限制。二审法院经审理,以最高人民法院《关于适用〈中华人民共和国行政诉讼法〉的解释》第162条"公民、法人或者其他组织对2015年5月1日之前作出的行政行为提起诉讼,请求确认行政行为无效的,人民法院不予立案"之规定,维持了一审裁定。

然而,生命终是一连续体,前行为之终,是为后行为之始,许多事可于前处找到缘由伏笔,同样,许多事也会于将来无声处听见惊雷。假定民政局之行政行为确系无效行政行为,无效行政行为究竟是自始无效,还是宣判无效,其效力如何势将影响李某后续法律行为之性质。因此,我们就先探讨无效行政行为之效力问题,俟后再徐而展开。

(二)无效行政行为之效力

凡是人类建立了政治或社会组织单位的地方,都力图防止出现不可控制的混乱现象,确立某种适合生存发展之秩序形式。法律是秩序和正义的综合体,旨在创设一种正义的社会秩序,依据法律作出的行政行为是法律在实践中寻求公共利益与私人利益之间的平衡,秩序能有效地防止混乱,而突破秩序也就意味着打破平衡,故行政行为一旦作出,秩序需求即赋予了它公定力。

公定力是指行政行为一经作出,即被推定为合法、有效,并应受到尊重的效力。其内涵包括:(1)这种效力发生在行政行为作出后,而且行政行为一经作出即具有此种效力。(2)它是一种对世的效力,不仅对作出行政行为的行政机关和行政针对的相对人,而且对一切机关、组织和个人都具有效力,要求整个社会对行政行为的尊重和信任。(3)它是一种被推定的法律效力,并不意味着行政行为就真正地合法、有效、绝对正确,其实质效力由法定机关通过法定程序加以确认,只是在确认之前约束人们不能对其任意否定。[1]

有争议的行政行为原则上都具有公定力,非经法定程序不得否认其法律效力。然而,某些行政行为已完全突破正义界限,已非违法可言,为无效行政行为,其是否仍具有公定力,法学界现主要存在两种观点,即完全公定力说和有限公定力说。完全公定力说认为,只要行政行为,不论存在什么样的瑕疵,在被依法消灭前都具有公定力。而有限公定力说则认为,行政行为在一般情况下具有公定力,但是也存有例外情形,如行政行为存在重大且明显瑕疵。

根据最高人民法院行政审判庭《最高人民法院行政诉讼法司法解释理解与适用(上)》之观点,"无效行政行为的'无效'具有如下特征:一是自始至终无效,即行政行为从作出之时起就没有法律上的约束力;二是当然无效,即该无效不是由于法院的判决导致无效,而是其本身就无效,法院的确认只是对该事实予以宣告而已;三是绝对无效,即该行政行为所包含的意思表示完全不被法律承认,法院判决宣告无效,如同该行政行为从来没有过。无效行政行为因其脱离一般理性人的判断,达到'匪夷所思'的地步,其根本不具有任何效力,任何机关和个人都可以无视它的存在",[2]可知,最高人民法院是抱持有限公定力说之观点的。

既如此,无效行政行为自始至终无效、当然无效、绝对无效,是否仅凭受侵害人之无视即可达致其事实不存在的效果,这显然不可能。无效行政行为拥有行政行为的外在表现形式,导致其无效的重大且明显瑕疵往往不为社会所知,虽然行政行为无效,但基于法秩序,社会仍会认可。除非经过审理确认其无效,并宣告于社会,否则仅凭受侵害人无视无效行政行为,将会对其今后行使个人权利带来诸多困惑,不利其权利之保障。

(三)我国行政行为无效诉讼之发展

稽考我国确认行政行为无效诉讼规范之滥觞,最早规定于2000年最高人民法院《关于执行〈中华人民共和国行政诉讼法〉若干问题的解释》之中,第57条规定:"人

---

〔1〕 参见应松年:《行政法与行政诉讼法学》,中国人民大学出版社2009年版,第135页。

〔2〕 最高人民法院行政审判庭:《最高人民法院行政诉讼法司法解释理解与适用》(上),人民法院出版社2018年版,第437页。

民法院认为被诉具体行政行为合法,但不适宜判决维持或者驳回诉讼请求的,可以作出确认其合法或者有效的判决。有下列情形之一的,人民法院应当作出确认被诉具体行政行为违法或者无效的判决:(一)被告不履行法定职责,但判决责令其履行法定职责已无实际意义的;(二)被诉具体行政行为违法,但不具有可撤销内容的;(三)被诉具体行政行为依法不成立或者无效的。"其时未对立案期限进行限制。

2014 年《行政诉讼法》进行了修正,第 75 条规定:"行政行为有实施主体不具有行政主体资格或者没有依据等重大且明显违法情形,原告申请确认行政行为无效的,人民法院判决确认无效。"首次确立了确认行政行为无效的判决方式,其时也未对立案期限进行限定。

随着 2018 年最高人民法院《关于适用〈中华人民共和国行政诉讼法〉的解释》实施,第 162 条规定:"公民、法人或者其他组织对 2015 年 5 月 1 日之前作出的行政行为提起诉讼,请求确认行政行为无效的,人民法院不予立案。"其对确认行政行为无效之诉立案时间进行了限制。根据最高人民法院行政庭之观点,立法目的在于进一步完善确认行政行为无效的诉讼制度,维持行政法律关系和法律秩序的稳定性,避免行政诉权的滥用。[1]而时间定于 2015 年 5 月 1 日之后,则因 2014 年修正的《行政诉讼法》自 2015 年 5 月 1 日起施行。至此,2015 年 5 月 1 日之前的无效行政行为将无法进入行政诉讼程序而通过审理进行宣判。而我国目前尚未建立违宪审查制度,公民救济途径似乎仅存忽视无效行政行为,行使抵抗之一途。

一、附带审查无效行政行为之司法困境

公民抵抗,一般会以不服从、侧面抵抗和正面抵抗三类形式表现出来。不服从指负有服从义务之公民,拒绝服从公权力之命令,为一种消极抵抗。侧面抵抗指通过另案附带审查无效行政行为进行抵抗,为一种柔性抵抗。正面抵抗则是指公民采取积极行动进行反击,抗拒公权力之命令,是一种积极抵抗。如果行政行为是其他法律行为的条件,无效性也具有意义,行使抵抗所涉诉讼恐势必得附带审查无效行政行为,无效行政行为缺席审判之司法困境亦由此而生。

1. 对无效行政行为不服从产生的司法困境

回溯案例一,假设李某在行政、司法途径用尽的情况下,其放弃公权救济,而后与

---

〔1〕 最高人民法院行政审判庭:《最高人民法院行政诉讼法司法解释理解与适用》(下),人民法院出版社 2018 年版,第 775 页。

周某相恋相爱，向N市民政局登记结婚，或事实上以夫妻名义共同生活，生育。蒙一、蒙二俟后得知，向公安机关报案李某犯重婚罪，或向法院自诉李某犯重婚罪，李某以原结婚登记行政行为无效为由进行免责抗辩，则该刑事案件仍然绕不开原结婚登记行政行为无效之问题。如果法院认定原结婚登记行政行为无效不能成立免责理由，判决李某重婚罪成立，表面上法秩序固然得到了维持，然李某、周某、其子女必然承受灾难性后果，亦难免存在千万个李某之悲剧，同时亦未免失之正义考量；如果法院认定原结婚登记行政行为无效可成立免责理由，判决李某重婚罪不成立。则蒙一、蒙二自然觉得周某可以冲破原婚姻登记，吾人当可如法炮制，如此法秩序荡然无存。

2. 对无效行政行为侧面抵抗产生的司法困境

仍以案例一假设，李某在行政、司法途径用尽的情况下，其放弃公权救济，而后与周某相恋相爱，向N市民政局申请登记结婚，民政局因发现李某原结婚登记之事实存在，拒绝李某、周某之申请。李某、周某遂提起课以义务行政诉讼，以原结婚登记行政行为无效，自始至终无效为由，诉请法院判令民政局作出婚姻登记，则该课以义务诉讼仍绕不开原结婚登记行政行为是否为无效之审查。

3. 对无效行政行为正面抵抗产生的司法困境

显然，不服从和侧面抵抗致司法审判系统绕不开行政行为无效之审查，在价值考量与抉择上承受着不小困惑。然两者尚算平和，终非正面冲突，倘若公民采取的是正面抵抗，司法审判系统则将会承受更大的价值判断与利益平衡。再举一案例[1]分析：

案列二：2014年8月14日，滑县城乡规划局对王某作出滑规罚字（2014）第001号行政处罚决定，限其10个工作日内自行拆除违建部分，并将行政处罚决定于当日送达王某。2014年8月15日，滑县城乡规划局对其作出《违法建筑拆除通知书》，2014年8月22日，滑县城乡规划局工作人员到现场对王某进行催告拆除执法行为时，被告人王某通过恐吓等方式阻碍工作人员执行公务。王某的阻挠行为导致执法人员受伤，经滑县公安局法医鉴定，已构成轻微伤。检察院以妨碍公务罪对王某提起了公诉，经滑县人民法院、安阳市中级人民法院一、二审，认定被告人王某犯妨害公务罪成立。

假定王某曾行政起诉确认滑县城乡规划局的《违法建筑拆除通知书》无效被驳

〔1〕 参见邵焕、吕万众：《行政相对人抵抗权行使不当构成妨碍公务罪》，载河南省滑县人民法院网：http://hnhxfy.hncourt.gov.cn/public/detail.php? id=1167，2019年3月1日访问。

回,在刑事案件中,王某以《违法建筑拆除通知书》属无效行政行为,其误伤公职人员实为行使抵抗权之意外提出免予刑事责任。如此,该行政行为是否为无效又将在妨碍公务罪之刑事诉讼案件中回到法院审查。若行政行为系无效行政行为,妨碍公务罪必定不能成立,因为妨碍公务之前提应有合法公权命令为依凭。若行政行为合法或仅属瑕疵,王某的阻挠行为固然符合妨害公务罪之要件,却有失正义考量,易致社会怨愤公权。

其实,立法权、行政权、司法权等皆为国家之主权,这些权利之间齿轮相接,环环相扣,秩序井然,犹如一台精密仪器管理着社会,一般应不致公民行使抵抗,然一旦某一环节缺位,则可能肇致国家运行的失调,公民抵抗补位而行。司法审判缺位无效行政行为审理,只要行政行为是其他法律行为之条件,最终都会以其他诉讼形式附带进入司法审判系统进行审查。同时,这种行政行为之附带审查又紧紧地与抵抗权相关联,构成抵抗所涉诉讼审理之困惑。换言之,即使行政行为确系无效,公民之抵抗得否成立抵抗权而免责亦颇多疑义,抵抗权有其法律渊源、行使要件、行使原则及法律后果,倘若法官未有深刻洞悉,则难免会为抵抗所涉诉讼审理带来更大的困惑与冲突。

二、行政相对人抵抗权审理之司法困境

(一)行政相对人抵抗权的概念及渊源

抵抗权一般指的是,在国家权力实行了侵犯人之尊严的重大不法行为的情形之下,且在其他合法的救济手段已属于不可能之时,国民为了保护自身的权利与自由,确保人之尊严,拒绝实定法上义务的抵抗行为。[1]侧面抵抗显然不符合抵抗权之概念范畴,在此不表。

揆诸德国、日本、美国、法国等国家、地区之宪法,明确将抵抗权实定化的并不多见,最为明确之宪法规范当属《德意志联邦基本法》第 20 条第 4 款规定:“对于任何企图破坏自由民主基本秩序的任何人或集团,在别无其他挽救可能的情况下,任何德国人皆有抵抗的权利。”而于行政法层面,则各国均有诸多规范,即便未有将抵抗权实定化的之国家和地区,也都不否认抵抗权之存在,大多视抵抗权为保障公民权利之最后手段,甚至是超宪法性质之保障制度,只不过没有形诸实证法规范,会带来行使之不

〔1〕 参见[日]芦部信喜:《宪法》(第 6 版),高桥和之补订,林来梵、凌维慈、龙绚丽译,清华大学出版社 2018 年版,第 296 页。

安定性,以及判断之随意性。

稽查我国实定法之抵抗权规范,于宪法层面,并未形诸明文,然如上述所言,也未否认过抵抗权之存在。《宪法》第 2 条规定,“中华人民共和国的一切权力属于人民”;第 33 条第 2 款规定,“中华人民共和国公民在法律面前一律平等”;第 3 款规定,“国家尊重和保障人权”,我国宪法亦受人民主权、天赋人权理论之影响,将国民的抵抗权推导演绎出来,也当为题中之义。

在行政法层面,法规范则不胜枚举。如《行政处罚法》第49 条规定,“行政机关及其执法人员当场收缴罚款的,必须向当事人出具省、自治区、直辖市财政部门统一制发的罚款收据;不出具财政部门统一制发的罚款收据的,当事人有权拒绝缴纳罚款”。第 56 条规定,“行政机关对当事人进行处罚不使用罚款、没收财物单据或者使用非法定部门制发的罚款、没收财物单据的,当事人有权拒绝处罚,并有权予以检举”。《治安管理处罚法》第 106 条规定,“人民警察当场收缴罚款的,应当向被处罚人出具省、自治区、直辖市人民政府财政部门统一制发的罚款收据;不出具统一制发的罚款收据的,被处罚人有权拒绝缴纳罚款”。此外,《税收征收管理法》第 59 条、《农业法》第 67 条、《中小企业促进法》第 6 条、《统计法》第 11 条、《担保法》第 11 条、《居民身份证法》第 15 条、《道路交通安全法》第 19 条、《全民所有制工业企业法》第 33 条也皆有相关抵抗权之规定。根据上述诸多行政法规范,我国行政法层面自是肯定国民抵抗权之存在,不过多限于赋权性质,缺乏实操性。这就给抵抗权诉讼审理带来了极大的困惑。

（二）抵抗权行使要件

行使抵抗权具有超实证法律性,必然肇致正义与法秩序的冲突,带来法律安定性冲击。因此,在审理抵抗所涉诉讼中,对当事人主张行使抵抗权免责之要件把握就须慎之又慎,避免公民恣意,任意行使之,对社会秩序造成过大伤害,同时也要避免公民抵抗权遭到忽视。下面,笔者就审理抵抗权容易产生困扰之处逐一分析。

1. 抵抗权行使主体

抵抗权行使必须是因为自身的权益受到侵害以自己的名义对无效行政行为作出抵抗,主体如果以他人的名义为他人的利益而抵抗公权行为,该行为即不能产生抵抗权效果。如王某遭到无效行政行为之侵害,王某之妹基于亲情、义愤、实力进行抵抗而遭到刑事追诉,则不能构成抵抗权之行使,更不能以此阻却违法。

2. 抵抗权发动要件

对于抵抗权发动要件,法学界提出过诸多观点,大都从限制抵抗权之行使角度出发，有公然侵害论、严重程度论、全面排除论，但均有其缺陷，未能获完满之效果。而“最后手段论”致力于明确抵抗权行使之边界，将抵抗权作为保持或回复法秩序之紧急之权，具有较强实操性，获得了普遍认可。其论点认为，人民的抵抗权是仰赖其他救济手段的附属及最后救济之方法，必须穷尽救济途径，方可行使。

具体而言，在我国，除政府外，国家机构还包括人民代表大会、法院、检察院、监察委，皆具有纠正政府违法以及维护正义之功能，只有当这些国家机构已经不愿意或无法提供救济渠道，才为最后时刻，公民方可行使抵抗权。至于信访答复是否可视为“最后手段”而得行使抵抗权之问题，笔者认为，信访局属于政府组成机构，依据《信访条例》实施信访处理工作。因此，对无效行政行为之信访仍属于政府救济渠道，自动纠错程序。如果公民已选择发动司法程序，司法具有终局性，信访自然不可为“最后手段”。如果公民提起确认行政行为无效诉讼，法院依据最高人民法院《关于适用〈中华人民共和国行政诉讼法〉的解释》第162条对起诉进行了驳回，则可视为司法救济途径已经用尽。在上述途径已尽情况下，形式上公民唯有诉诸人民代表大会，若仍得不到救济，公民自可视为国家机构已经不愿意或无法提供救济渠道，行使抵抗权应无碍。不过，最高人民法院《关于适用〈中华人民共和国行政诉讼法〉的解释》具有法律性质，最高人民法院既是审判机构，也具有立法功能，受害人诉请法院救济被驳回，也非不可视为国家机构已经不愿意或无法提供救济渠道了。

(三)抵抗权适用原则

公民不得已而行使抵抗权，须基于降低法秩序之伤害以及将社会损害降至最低之考量，故抵抗权仍应当遵循某些基本原则，主要为比例原则和法益权衡原则。这也是判断抵抗权是否超过边界之依据，倘若公民之抵抗权行使超出了社会和法律所容忍之界限，也须承担相应之法律责任。

1. 禁止过分原则适用

禁止过分原则，或称比例原则，是指公民任何抵抗行为皆必须恰如其分，必须在必要范围内，必须达成抵抗目的所必要，不得有过分情形。换言之，即手段尽可能和缓，只要达成目的即可，不可以过度地造成被抵抗者及其他人民法益之损害。遵守此原则，为的是避免抵抗权人可能造成的恣意行为的后果。

2. 法益权衡原则

法益权衡原则，即狭义比例原则，是指抵抗行使之行为所侵犯到的法益必须小于受到该抵抗权所保障之法益价值，不能因抵抗权所追求的法益价值，致使社会和法律承受巨大的损失。分析2014年8月22日王某抵抗滑县城乡规划局的《违法建筑拆除通知书》,导致执法人员受轻微伤之情形,抵抗权的基本目的在于对权利之保护,王某采取暴力过激方式进行抵抗,而非缓和、达成目的即可之方式,有违禁止过分原则。基于法益权衡原则,公民进行抵抗的成本和产生损害代价进行比较,王某致人轻伤,抵抗所损害的法益价值高于抵抗权所追求的法益价值,由是判断,王某之行为亦难说符合抵抗权适用原则。

(四)抵抗无效行政行为之法律免责分析

公民一旦行使抵抗,就有可能构成行政法律、刑事法律上违法(犯罪)要件,随之受到行政处罚或刑事追诉。倘若抵抗无效之行政行为符合抵抗权行使要件和原则,依上述之分析,理应可以产生阻却违法之效果。不过在司法实践中,究竟以正当防卫还是抵抗权阻却违法效果,却常混为一谈,以致给审理带来了困惑,下面笔者仍以前述两则案例分析之。

1. 抵抗行为之重婚罪犯罪要件分析

抵抗无效行政行为,以案例一观之,如遭重婚罪刑事追诉,得否以抵抗权阻却违法效果。正当防卫和抵抗权两者符合行使要件,皆可阻却违法效果,在无效行政行为导致重婚罪刑事追诉中,公民抵抗行为应以抵抗权阻却违法效果,还是以正当防卫阻却违法效果,有必要辨析正当防卫与抵抗权之差异。

正当防卫,是指对正在进行不法侵害行为的人,而采取的制止不法侵害的行为,对不法侵害人造成一定限度损害的,属于正当防卫,不负刑事责任。正当防卫具有急迫性,等不及公权力救济;而抵抗权则是已经无公权力之救济之渠道,公权救济无望。正当防卫具有被动性,属消极的反抗,而抵抗权则具有主动性之一面。在位阶上,抵抗权可上升至宪法,而正当防卫属刑法实体法规范。基于上之分析,李某被追诉重婚罪无紧迫性,显然不能以正当防卫产生阻却违法效果,得以抵抗权产生阻却违法之效果。

2. 抵抗行为之妨碍公务罪犯罪要件分析

抵抗公权力之行为,以案例二观之,如遭妨碍公务罪刑事追诉,得否适用抵抗权阻却违法之效果。依据《刑法》第277条“以暴力、威胁方法阻碍国家机关工作人员依法执行职务的,处三年以下有期徒刑、拘役、管制或者罚金……”之规定,“依法”应是依合法之公权命令,公职人员非依合法之法律执行公务应不触发妨碍公务罪,如行政行为属违法、无效之行为,公民抵抗之侵犯,不应构成妨碍公务之罪名,如果出于急迫而为,则符合正当防卫要件。因此,抵抗权与正当防卫在一定程度上是存在重合的,而正当防卫于实定法有据,自应优先适用。如果滑县城乡规划局对王某作出的行政处罚决定属无效行政行为,王某出于紧迫而抵抗,就应以正当防卫产生阻却违法效果,而勿以抵抗权阻却违法效果。

总而言之,正当防卫于实定法中有明确规范,公民采用自当产生阻却违法之效果,司法易判定。而抵抗权于实定法中大多无明确规定,或无实操性,公民行使起来自然颇多争议,更易构成行政法律、刑事法律上违法(犯罪)要件,但只要抵抗符合抵抗权行使要件和原则,就理应产生阻却违法之效果,不得受到忽视。

小 结

每一个法律都具有一定的目的,以及所谓的公共利益外衣,但重要的是,其实施是否真正在追求实质正义。最高人民法院《关于适用〈中华人民共和国行政诉讼法〉的解释》第 162 条之立法目的在于创造法律安定性,避免诉权滥用。然笔者认为,最高人民法院《关于适用〈中华人民共和国行政诉讼法〉的解释》第 162 条却难言达到立法之目的,反易致使抵抗权行使的“最后手段”要件形成。受侵害之公民一旦行使抵抗,有可能构成行政法律、刑事法律上违法(犯罪)要件,如此,无效行政行为又将在后续行政诉讼、刑事诉讼中附带审查。如果法官无法深刻理解抵抗权行使之要件、原则、法律后果,则难免产生谬误。即便审判逻辑无瑕,无效行政行为缺席审判恐致正义与秩序失衡,社会撕裂,亦是考验法官价值判断之难题。为川者决之使导,为民者宣之使言,最高人民法院《关于适用〈中华人民共和国行政诉讼法〉的解释》第 162 条实有修改之必要。

网络犯罪帮助行为正犯化的理论省思与司法适用难题梳解

——以《中华人民共和国刑法修正案(九)》为视角

李颖宜*

大数据、物联网、云计算、移动互联网等现代网络信息技术的飞速化发展和成熟化运用,将人类社会带入"互联网+"时代。网络技术在带给人们前所未有的便利之余,亦有不法之徒利用网络谋取非法利益。网络犯罪案件数量井喷式增长,各犯罪行为的分工呈现出严密化、链条化的趋势。网络帮助行为,简言之,即网络服务者为网络的接入、储存、服务器的托管、交易中介平台、广告推广、网络结算等提供信息网络技术与渠道的行为,该行为在提供网络信息服务的同时,也有可能对网络犯罪提供纵容和帮助,对"现实"和"网络"二元社会结构造成严重危害。有鉴于此,《刑法修正案(九)》第29条帮助信息网络犯罪活动罪应运而生,表征着帮助行为正犯化时代的到来。

一、网络犯罪帮助行为正犯化的规范梳理

我国网络犯罪帮助行为正犯化,历经了从司法上的探索到立法上的确认两个阶段。首先,以司法解释的形式对具有严重社会危害性的网络犯罪帮助行为进行独立的价值判断和法律评价,将其提升为"正犯"。其次,以修正案的形式对司法上"正犯化"的成功探索予以立法上的确认。

---

* 南宁市西乡塘区人民法院刑事审判庭副庭长。

(一)司法探路

综观我国相关的司法解释,我们不难发现,司法解释对于网络帮助行为共犯化之规定,实质上并非传统刑法上的共犯行为,而已突破了传统的共犯理论。详言之,体现为两个要件的突破:一是共同犯罪故意要件的突破;二是共同行为要件的突破。

1. 犯意联络的突破:片面共犯的司法确认

最高人民法院、最高人民检察院《关于办理赌博刑事案件具体应用法律若干问题的解释》(2005年)第4条规定,明知他人实施赌博犯罪活动,而为其提供资金、费用结算等直接帮助的,以赌博罪的共犯论处。该规定对于双方之间有无犯意的沟通和联络并无要求,其超越了我国传统刑法理论中共同犯罪的认定规则,是司法实务界对刑法理论界片面共犯理论的认可。

2. 共同行为的突破:帮助行为犯罪化

根据传统共犯理论,帮助犯依附于正犯而存在,其本身不具有独立性和主导性,离开了正犯,帮助犯便无从谈起。但是,根据最高人民法院、最高人民检察院《关于办理危害计算机信息系统安全刑事案件应用法律若干问题的解释》(2011年)第9条的规定,如果行为人明知他人实施非法侵入、控制、破坏计算机系统,或者非法获取系统数据,仍然为其提供接入等帮助的,以“非法侵入计算机信息系统罪”“破坏计算机信息系统罪”等罪的共犯论处。实则已经实现共同行为的突破,即被帮助行为构成犯罪与否,不再是共犯成立的前提,亦无须存在共同的犯罪行为。

3. 犯意联络与共同行为的全面突破:帮助行为正犯化

最高人民法院、最高人民检察院、公安部《关于办理网络赌博犯罪案件适用法律若干问题的意见》(2010年)第2条第1款规定,明知是赌博网站,而为其提供服务或者帮助的,以“开设赌场罪”的共犯论处。从共犯理论进行深层次分析,不难发现,司法解释对于网络赌博帮助行为近乎全面颠覆了共犯理论,行为人间有无“通谋”,或者被帮助行为是否构罪,均不在考量之列。

可见,针对已具独立性的网络帮助行为,司法解释已然超越了传统共犯理论评价模式,而直接将其独立作为正犯行为进行犯罪化的评价。但值得注意的是,囿于司法解释本身的权限,该探索是因有司法者越俎代庖,僭越罪刑法定原则之嫌,[1]而被理论界诟病与质疑。但是,无可否认的是,该模式在司法实践中的试运行,为网络帮助

〔1〕 参见刘仁文、杨学文:《帮助行为正犯化的网络语境——兼及对犯罪参与理论的省思》,载《法律科学》(西北政法大学学报)2017年第3期。

行为立法上的正犯化奠定了实践土壤。

(二)立法演进

1. 提供侵入、非法控制计算机信息系统程序、工具行为正犯化

司法上对网络犯罪帮助行为的正犯化乃权宜之计,最终还是需要在立法上将其单独入罪。《刑法修正案(七)》增设《刑法》第285条第3款即“提供侵入、非法控制计算机信息系统程序、工具罪”,严密了对网络犯罪上下游帮助行为制裁的刑罚圈,但是有学者指出,该规定仅仅是针对提供黑客工具行为,规制范围尚显局促。

2. 网络犯罪技术支持和帮助行为的正犯化

《刑法修正案(九)》增设《刑法》第287条之二,即帮助信息网络犯罪活动罪,涵盖了广告推广、支付结算、技术支持、中介平台等帮助行为,是对单一帮助行为的扩容,实现了网络犯罪帮助行为的全面犯罪化。

二、网络犯罪帮助行为正犯化的理论省思

(一)理论反思:罪刑法定原则的坚守

对于一个法治国家而言,成熟的立法技术和规范的法律文本是其法治建设的基础和前提,而理念则是风向标。刑法理论思潮的转变,势必对刑事立法和刑事司法产生深远的影响,体现在我国刑事立法中的趋势则是法益保护的前置,如犯罪预备行为的实行化、帮助行为的正犯化等。有学者对此进行批判,并认为,帮助行为正犯化是对传统共犯理论的突破,其实质是以行为为基础,对罪刑法定理念的彻底违背,是国家权力不审慎、不克制的体现。笔者认为,面对日益猖獗的上游网络犯罪的帮助行为,如通过向不法网站投放广告、提供技术支持等行为,在某种程度上诱发和助推了网络犯罪的高发,传统犯罪出现网络异化的情况下,将网络帮助行为正犯化是传统刑法在网络空间中的延伸适用,也是传统刑法理论对时代革新和犯罪异化的积极能动回应,[1]其并未逾越罪刑法定原则的红线,而是刑法含义在当代的变迁和扩张,是对罪刑法定原则的坚守。

(二)理论回应:帮助行为正犯化的正当性解读

面对网络安全日益严峻的形势,网络犯罪帮助行为独立性、危害性日趋明显,帮助行为正犯化是时代变迁和法治需求的必然结果。

---

[1] 参见于志刚:《网络空间中犯罪帮助行为的制裁体系与完善思路》,载《中国法学》2016年第2期。

1. 逻辑前提:帮助行为可罚性根据

帮助行为正犯化的逻辑前提是其可罚性根据。在立法论层面上,学者们多是围绕因果关系而展开论证,这既是对共犯处罚根据论的重申,也是出于刑罚目的正当性的考虑。根据逻辑推演,犯罪行为的本质在于其对法益的侵害或者威胁。故而,无论在正犯概念上采行何种基本立场,帮助行为正犯化,其刑事可罚的正当化根据均在于该帮助行为自身所具有的对于法益侵害结果的危险。而网络信息帮助行为已然具备了法益侵害的独立性。随着技术变革、社会分工的变迁,网络帮助行为对网络犯罪的助推和"加功"促进作用越发显著,其严重的社会危害性并不亚于网络犯罪行为。比如,淫秽色情网站的广告投放等行为助推了网络淫秽色情传播的猖獗;网络病毒等破坏性程序的传播,助长了网络公民个人信息的泄露、网络财产的窃取等犯罪行为的高发。司法实践中,淫秽网站的主要收入,即来源于向色情网站投放的广告,该投放广告行为一定程度上成为"资助"传播淫秽物品犯罪的经济支撑。因此,将网络犯罪上游行为的资助服务行为,进行入罪化考量,刑法前置化地将其提前打击,在犯罪链条的第一环即对其进行瓦解,消除其经济保障。

2. 理论基础:帮助行为正犯化的可行性

帮助行为正犯化,易言之,即将共同犯罪中的帮助行为,从原有的共犯关系中剥离开来,将其提升为正犯行为,独立成为新的罪名。我国现行刑法中,帮助行为正犯化早有立法例。比如,资助危害国家安全犯罪活动罪、帮助恐怖活动罪等。在已有的立法模式基础上,从《刑法修正案(七)》的"提供侵入、非法控制计算机信息系统程序、工具行为"正犯化到《刑法修正案(九)》的"网络犯罪技术支持和帮助行为"正犯化,均遵循了共犯行为正犯化的立法思路,其可行性已然得以验证。

3. 理论进路:帮助行为单独入罪的必要性

根据传统的共犯理论框架,帮助犯刑事责任的分配依托于实行犯,仅在实行犯构成犯罪的情形下,才谈及帮助犯入罪问题。然而,网络的交互性、虚拟性导致了网络犯罪行为分工的异化,网络犯罪已然形成了一个相对独立的"产业链",而这些产业链上的技术帮助行为、资金资助行为等的危害性不仅超过了实行行为,也呈现出逐步脱离实行犯,需要进行独立判断的价值取向。"为网络犯罪提供服务的行为,虽系网络犯罪实行行为的帮助行为,但其并不依附于实行行为。"[1]换言之,对网络帮助行为的价值判断正逐步与其实行行为进行剥离,可以径直对网络帮助行为进行认定与处

---

〔1〕 于志刚:《网络空间中犯罪帮助行为的制裁体系与完善思路》,载《中国法学》2016年第2期。

罚,而无须经由实行行为。因此,实行行为构成犯罪与否,甚至是实行行为存在与否,均不会影响网络帮助行为的价值断定。伴随网络犯罪帮助行为附属性的逐渐减弱,主导性的不断强化,以及严重社会危害性的凸显,网络犯罪帮助行为殊于传统共犯特征,急需作出专门规制,网络犯罪帮助行为正犯化的必要性越发显著。

(三)理论检视:把控网络中立帮助行为的可罚性边界

中立帮助行为,即指外观上看似无害,主观上没有犯罪的意思,实际上对他人的犯罪却具有加功促进作用的行为。[1]网络中立帮助行为的刑事可罚性问题已经为域外所关注,甚至已经被认定为"法所不允许的危险行为"而予以定罪处罚。[2] 在网络犯罪帮助行为正犯化问题上,网络中立帮助行为的可罚性一直是我国学界争议焦点。网络中立行为的可罚有利于互联网企业履行网络用户"看守人"的义务。但是应当把控好可罚性边界,在严厉打击侵害法益的帮助行为的同时,也应避免刑罚圈的过度扩张。[3] 否则,将可能桎梏新兴网络技术的发展。

中立帮助行为的入罪进路,于定性上,设置了"明知"的主观门槛;于定量上,设定了"情节严重"的客观入罪标准。通过刑法主客观以及定性定量设置,限制中立的帮助行为可罚边界,设定了司法权无法逾越的藩篱,亦解决了司法实践中面临的对于部分帮助行为如何定罪的司法难题。

从立法、司法解释实践来看,对结果的发生不具有重要影响的,可替代性高的中立帮助行为,具有典型的社会价值和交际意义,不宜作为犯罪处理。但是对结果的发生具有推动作用的,行为的可替代性较低的网络帮助行为,其提升了网络犯罪既遂的可能,此类情形,行为人成立概括性的帮助犯,应将其纳入打击半径之内,认定其对于帮助他人实施犯罪具有"概括"的故意。因此,急需制定专门的司法解释对成立犯罪的中立帮助行为的主观"明知"作出明确界定。

三、网络帮助行为正犯化的司法适用难题疏解

网络犯罪帮助行为的正犯化,消除了难以以共犯维度对其定罪处罚的尴尬。有

---

〔1〕 参见陈洪兵:《帮助信息网络犯罪活动罪的限缩解释适用》,载《辽宁大学学报》(哲学社会科学版)2018年第1期。

〔2〕 参见李灿:《风险社会背景下中立帮助行为可罚性探究——基于德日刑法理论的对比考察》,载《东南大学学报》(哲学社会科学版)2016年12月。

〔3〕 参见刘艳红:《网络中立帮助行为可罚性的流变及批判——以德日的理论和实务为比较基准》,载《法学评论》2016年第5期。

关《刑法》第 287 条之二案件逐年上升的当下，面对日益猖獗的网络犯罪帮助行为，关于主观上“明知”的诉讼证明、客观上“情节严重”的把握、犯罪竞合的科学处理等难题日益凸显。在立法已成既定事实之际，应将视线转向此罪的司法适用。

（一）主观上“明知”的诉讼证明

帮助信息网络活动犯罪有别于总则上的帮助犯，其乃独立罪名，故而不能通过共犯理论来解读其构成要件。假若要求网络服务商对利用网络来实施犯罪的行为人的犯罪意图具有明确、具体的认知，则将导致该罪名的适用重新陷入犯意联络的窠臼。网络犯罪与传统犯罪相较而言，其犯罪主体更隐蔽、其犯罪行为更虚化，导致意志因素的判断更困难、认识因素的认定亦更复杂。因此，该明知应包括确知和推定的明知。

1. 明知的判定方法

在“明知”的认定方法中，包括两种情况即“明知的直接证明——确知”和“明知的司法推定——应知”。司法实践中，通过对已决的帮助信息网络犯罪活动罪案件的审判情况进行考察，我们可以发现，被告人及其辩护人，常常对“明知”这一主观要素提出辩解，“是否明知”成为其重要的辩护事由，亦是庭审的争议焦点。如辩称，其仅是对网站疏于监管，并没有帮助他人犯罪的主观故意，对他人利用其网站所实施的犯罪活动也并不知情；抑或辩称，其只是从事普通的网络服务业务，并未从实施犯罪行为人处获取利益，没有犯罪动机，等等。这就使得“明知”的判定问题成为横亘在司法机关面前的一道不得不解决的难题。当缺乏口供的情况下，明知的判定仍主要取决于案件的所有证据是否形成完整的链条，能否达到法定的证明标准。基于主客观相统一原则，刑事推定是主观事实证明的重要手段。至于推定的事实，可以借用美国《数字千年版权法》针对网络服务商的“红旗标准”和“避风港规则”。“红旗标准”是在认定网络技术服务提供者侵权责任时“应当知道”的判断标准，是像“红旗”一样明显存在的，一般普通理性人均能够作出的判断的标准。[1]“红旗标准”是浅层规则，而“避风港规则”，则是一种以通过被动告知进行判断，从而建立“告知 = 明知”的推定认知方式。比如，网络服务提供者已经接到网络用户的投诉举报或者收到网络监管部门的通知，被告知其网络服务被犯罪行为所利用，即可认定为明知的存在。

2. 明知的标准细化

在严密网络犯罪打击法网的同时，也应避免刑罚圈的肆意扩张。对于网络技术服务者“明知”标准的细化，可以借鉴其他同类具体解释的规定。通过梳理我国现有

〔1〕 参见崔国斌：《网络服务商共同侵权制度之重塑》，载《法学研究》2013 年第 4 期。

的规定，最高人民法院、最高人民检察院《关于办理利用互联网、移动通讯终端、声讯台制作、复制、出版、贩卖、传播淫秽电子信息刑事案件具体应用法律若干问题的解释（二）》第8条对于“明知”的五种情形进行了列举，同时还规定了豁免情形。《信息网络传播权保护条例》第14～24条规定了网络服务提供者免责、担责的情形。最高人民法院《关于审理侵害信息网络传播权民事纠纷案件适用法律若干问题的规定》第8～12条，对“应知”的认定标准进行了规定。借鉴过往司法所作的努力，帮助网络信息犯罪活动罪的“明知”标准可以从以下几个方面考量：（1）将具有明显违法犯罪内容的网络信息数据，置于技术服务网站的首页抑或其他主要页面的明显位置的；（2）主动对违法网络信息数据进行选择、编辑、整理、推荐，或者为其设立专门的排行榜的；（3）违法网络信息数据的广告点击率明显异常，或对其收取的网络服务费明显超过一般行业标准的；（4）公众举报或行政主管机关责令整改后，仍继续实施服务行为的；（5）故意避开网络监管或者采取技术措施进行规避的；（6）执法人员调查过程中故意销毁、隐匿相关数据等情形。总的来说，在运用法定判定方式以及推定制度之际，应注重司法经验的归纳总结，在其他同类司法解释的基础上，制定专门的司法解释。

3. 中立认识的明知排除

网络服务行为已经全方位渗透社会生活，网络服务商的广告推广、结算支付等行为无可避免地面临被作为犯罪工具予以利用的风险，若要求网络服务商在业务开展的同时，还需对可能利用其业务实施犯罪的行为进行实时监控或主动搜索，势必造成其沉重的运营负担，束缚网络技术的发展。但是，如果对于网络服务提供者的部分中立行为不进行刑事归控，则可能致使其打着“技术中立无罪”旗帜进行违法活动，无疑有碍于合法权益的周延保护。网络中立帮助行为，是指没有主观的犯罪意思，但是客观上对于犯罪起到促进作用的行为。在判定是否“明知”时，行为人的“概括故意”和主观明知均需要体系化的证明，中立的认知不应囫囵吞枣式地一并纳入。立足于互联网现行发展状态，假若行为人所实施的行为，一般普通人的理性无法认知到该行为是在帮助网络犯罪，或者行为人以审慎的态度妥善地履行了审查义务，且采取了必要的防范措施，他人依旧利用其行为实施犯罪，其也应跳脱帮助信息网络活动罪归责范畴。

（二）客观上“情节严重”的准确把握

帮助信息网络犯罪活动罪，是结果犯，“情节严重”是其定量标准和出入罪门槛。因而在追究刑事责任时，应当明确追诉标准。在司法解释亟待出台之际，应在对司法审判实践探索的归纳整理基础上，对情节严重确定适合当下的判定准则。

1. 司法探索的整理

“情节严重”这一表述具有一定抽象性，其赋予了法官相当大程度的自由裁量权。在没有司法解释进行明确规定的情况下，司法实践中对“情节严重”的认定，缺乏统一的标准。从北大法宝上可以查询到的已决案件来看，情节严重主要从以下四个方面进行考量：(1)泄露的个人信息数量。如江苏省苏州市中级人民法院(2016)苏 05 刑终 776 号刑事判决书，以该网站公布的公民个人信息的总量来确定危害结果。(2)非法获利的金额。如南京市鼓楼区人民法院(2017)苏 0302 刑初 602 号刑事判决书，以被告人明知他人利用其网络盗取他人支付宝密码、手机验证码等信息的犯罪，仍提供互联网接入等技术支持，而以非法获取利益的数额来确定，然而该案中其非法获利数额比较少，仅 1000 余元，与被害人的损失相去甚远。(3)网络服务的数量。浙江省浦江县人民法院(2016)浙 0726 刑初 968 号刑事判决书，以提供网络服务的服务器、域名等作为判断依据。(4)被害人所遭受的经济损失数额。如江西省吉安县人民法院(2015)吉刑初字第 204 号刑事判决书，则是以多名被害人累计被骗数额作为判断依据。但是由于网络的虚拟性，网络服务的数量、网络虚拟财产的价值、点击量的价值、被害人的直接损失等难以直接转化为犯罪的数额，因而导致定罪受限或举证不能。审视当前的定量评价体系，单一的判断标准稍显局促。

2. 情节严重的判定

审视我国当前刑法定量评价体系，关于本罪“情节严重”的判定，需要分三步来解决本罪入罪标准模糊的现实难题。第一步，运用解释学确定追诉标准。一方面，结合本罪的罪状特征，确定追诉的边界，本罪法定最高刑为 3 年以下有期徒刑，属于轻罪，是刑事制裁的边界；另一方面，参照最高人民法院、最高人民检察院《关于办理危害计算机信息系统安全刑事案件应用法律若干问题的解释》关于网络犯罪的追诉标准规定以及《网络安全法》关于行政处罚标准的规定，根据罪责刑相适应原则，确定追诉标准，但是应注意与行政责任的界分。第二步，健全完善案例指导制度。目前我国已经确立案例指导制度，完善网络犯罪的案例指导，特别是针对《刑法》第 287 条之二新罪名的指导性案例的发布，是暂时缓解立法供给不足的不二法宝。第三步，制定新的司法解释。第一、二步均是在现有条件下的无奈之举，最终还是需要出台新的司法解释。可以在对已决案件进行归纳梳理的基础上，选取最具有代表性的因素，同时尊重网络犯罪规律，立足帮助信息网络犯罪活动罪罪质特征，综合本罪“情节严重”的入罪标准。

(三)犯罪竞合的科学处置

1. 与非法利用信息网络罪的界分

"非法利用信息网络罪"与"帮助信息网络犯罪活动罪",虽然侵犯的客体均是国家对正常信息网络环境的管理秩序,但是存在本质区别:非法利用信息网络行为是前端行为,本质上是预备性行为,与之对应的是网络实行行为,非法利用信息网络罪是属于预备行为的实行化;而帮助信息网络犯罪活动行为通常是中端或末端行为,与之对应的是网络正犯行为,帮助信息网络犯罪活动罪是属于帮助行为正犯化。因此,二者在网络犯罪分工的体系中,存在实质的功能差异,危害性也不同。但是,在某些网络犯罪中,预备行为和实行行为之间,可能存在网络技术的"帮助或支持"的关系,因而,两个罪名可能发生逻辑上的竞合关系。在界分二罪时,应当综合主客观方面考量:(1)在主观方面,确认是否存在帮助的故意,还是仅有非法利用的故意;(2)在客观方面,从技术层面进行实质区分,究竟属于设立违法犯罪活动网站、通信群组或者为实施违法犯罪活动发布信息,还是属于互联网接入、网络存储、支付结算等网络技术帮助或支持行为。

2. 与诈骗罪的界分

从已决案件的审判来看,本罪与诈骗罪的竞合现象较为突出。其主要原因在于不少网络帮助行为背后的正犯行为,通常是诈骗犯罪行为。在界分本罪和诈骗罪时,应当特别注意刑法修正案的溯及力问题。2011 年施行的最高人民法院、最高人民检察院《关于办理诈骗刑事案件具体应用法律若干问题的解释》第 7 条,将网络帮助行为以共同犯罪论处,但《刑法》第 287 条之二则已将帮助信息网络犯罪活动的行为由共犯中的帮助行为独立作为犯罪论处。因为两条文间存在时间差,故而就变成了刑法的时间效力认定问题。《刑法》第 287 条之二的处罚轻于第 7 条的处罚,因此,根据从旧兼从轻原则,应适用新的刑法。如果案发系《刑法修正案(九)》生效后,则直接按照该条第 3 款的从重规定进行处理。

3. 同时构成其他犯罪的从犯的处置

从实践来看,帮助信息网络犯罪活动罪因客观上为网络犯罪提供了便利与帮助,因而注定无法摆脱构成其他犯罪从犯的命运。但是从立法原意的厘定来看,《刑法》第 287 条之二立法通过之后,是独立构罪还是以共同犯罪的帮助犯论处的争议,便应告一段落。本罪系帮助行为正犯化的立法产物,与背后的正犯之间已然泾渭分明。

除非有证据证明，双方存在事前实施正犯犯罪的故意，或者说存在事前的意思联络，[1]否则，在明知他人可能利用信息网络实施犯罪而提供网络技术支持或帮助的，应当构成本罪，而不构成相关犯罪的从犯。[2] 当具有帮助的故意或共同犯罪的故意，仍可以按照第 3 款的规定处理：如果根据其在共同犯罪中所起的作用，对应的处罚较轻的，则依照《刑法》第 287 条之二第 1 款之规定，以"帮助信息网络犯罪活动罪"论处；如果根据其在共同犯罪中所起的作用，对应的处罚较重的，则依照《刑法》第 287 条之二第 3 款的规定，以共同犯罪予以论处。

在"互联网 +"视域下，网络与现实社会呈现"蝴蝶效应"，简单敲击键盘所实施的网络行为，可能在现实社会引发重大危害后果。[3]网络犯罪行为从网络木马、病毒等恶意程序的制作、传播，到公民个人信息的泄露，再到网络财产的窃取、销赃等各个环节实现了"流水作业"，逐步形成完整的"黑色产业链"。随着传统犯罪网络异化，以及新型网络犯罪的井喷，适用于传统犯罪的刑法理论面临前所未有的挑战，共犯理论自身的局限性与网络犯罪新趋势相抵牾，确立网络帮助行为正犯化立法模式的《刑法修正案（九）》的隆重登场，是立法严密刑事法网的能动回应。但是，为统一裁判尺度，健全定量评价体系，帮助信息网络犯罪活动罪的入罪标准、指导性意见以及司法解释亦亟待出台。与此同时，还需进一步推进网络监控技术发展，破解取证难困境，促使该罪的司法适用难题得以消解。

---

〔1〕参见全国人大常委会法工委刑法室编：《〈中华人民共和国刑法修正案（九）〉释解与适用》，人民法院出版社 2015 年版，第 157 ~ 158 页。

〔2〕参见赵秉志、袁彬：《刑法最新立法争议问题研究》，江苏人民出版社 2016 年版，第 69 页。

〔3〕参见于冲：《网络诽谤行为的实证分析与刑法应对——以 10 年来 100 个网络诽谤案例为样本》，载《法学》2013 年第 7 期。

十年回首:对法官遴选制度的检视与修正

——以司法能力与司法美德为视角

林　滢*

"法院是法律帝国的首都,法官是帝国的王侯。"

——[美]德沃金

一、问题的调查——以司法能力与司法美德为视角

(一)法官的司法能力——以A省B市C区法官为样本

1.司法能力的内涵

司法能力可以根据主体的不同,划分为法院的司法能力和法官的司法能力。本文探讨的是法官的遴选制度,因此我们将侧重讨论法官的司法能力。法官的司法能力,是指法官在处理社会矛盾纠纷的综合能力,包括理解和运用法律的能力、法律语言沟通的能力、制作法律文书的能力、调解矛盾的能力等。本文选取A省B市C区的法官为样本,基于以下几点:一是因为该法院系基层法院,具有广泛的代表性;二是该法院法官以本科及以上学历、25~45岁的青年为主,司法能力具有代表性;三是该法院地处A省B市即省府所在的城市,系该省经济、社会、文化中心,法官的司法实践经验丰富,具有一定的代表性。

* 南宁市青秀区人民法院办公室审判员,副主任。

2. A省B市C区法官司法能力的现状

大数据:展现该法院法官的司法能力

第一方面的资料来源于审判管理部门的审判质效的数据。笔者选取该院20名法官2018年的案件质量绩效指标数据。具体如表1所示:

表1 案件质量绩效指标数据

序号	结案率	调撤率	上诉率
1	92.47%	37.64%	18.25%
2	89.85%	34.75%	16.81%
3	88.64%	36.31%	17.49%
4	93.15%	35.23%	28.74%
5	92.26%	35.33%	24.25%
6	91.89%	34.79%	19.71%
7	88.97%	29.48%	18.67%
8	89.14%	29.45%	18.79%
9	90.78%	23.88%	20.34%
10	91.03%	24.42%	24.54%
11	89.28%	19.99%	16.36%
12	89.89%	30.91%	18.71%
13	88.91%	28.55%	19.52%
14	90.21%	29.76%	25.12%
15	91.41%	30.11%	22.31%
16	89.07%	27.50%	18.46%
17	87.93%	31.33%	19.91%
18	88.13%	30.55%	20.49%
19	89.35%	32.97%	19.98%
20	90.74%	30.74%	24.78%

该院的结案率、调撤率、上诉率分别为90.23%、31.33%和17.45%,对比表1,仍然有部分法官达不到平均值,法官被"两低一高"问题困扰。

(1)田野调查:审判过程所需要的司法能力

第二方面的资料来源于庭审竞赛评委的评分表。A省B市2018年组织开展庭审技能竞赛活动方案,该竞赛活动主要考察法官程序把控、争议焦点的归纳、庭审驾驭能力、语言表达能力以及庭审礼仪等方面。以下是该庭审竞赛评委的评分表。

材料一:宣布法庭纪律、核对当事人、告知权利义务、处理程序异议及回避申请规范,庭前准备良好。

材料二:少数参加竞赛的法官归纳争议焦点过于概括、不够准确。例如,个别案件的争议焦点概括归纳为:原告的各项诉权是否有事实及法律依据,少数庭审的举证、质证及辩论未围绕争议焦点展开。

材料三:少数法官应对庭审突发事件的应变能力不足,致使庭审程序受到影响甚至中断。例如,当事人手机未调静音,手机铃声影响庭审秩序;庭审中,电脑突然黑屏,导致庭审中断。

材料四:少数法官庭审语音不够洪亮,语速过快。

材料五:个别审理思路不够清晰。例如,当事人当庭提交的证据材料,庭前未能有效预见,导致庭审调查不够深入彻底。

材料六:个别法官仪态举止不够规范。

从该庭审竞赛的参评意见可以看出,法官的庭审能力总体印象良好,但在庭前准备、争议焦点的归纳、庭审驾驭能力、语言表达能力以及庭审礼仪等方面仍然存在或多或少的问题。

(2)调查问卷:来自当事人的印象

第三方面的资料来源于调查问卷。为了充分了解法官的司法能力,有必要从当事人的角度进行调研。笔者制作了《法官司法能力调查问卷》,并在诉讼服务中心、广场、超市等人流多的地方向群众发放。共发放 150 份调查问卷,回收 105 份,其中有效问卷 101 份,4 份问卷确认无效。以下图 1、图 2 为调查问卷的具体情况。

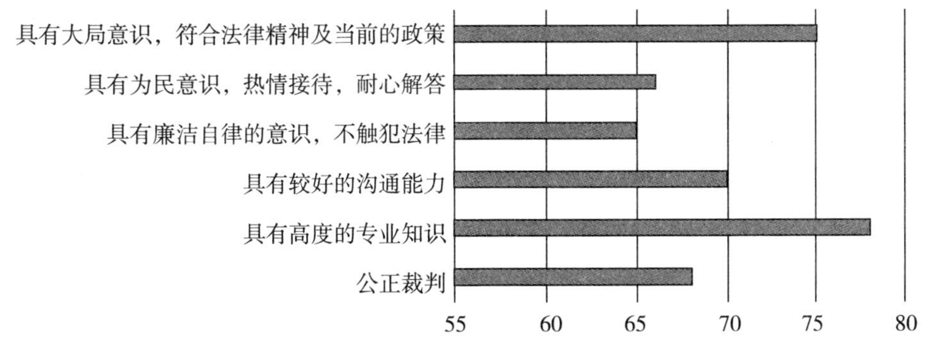

图 1　法官司法能力调查问卷一

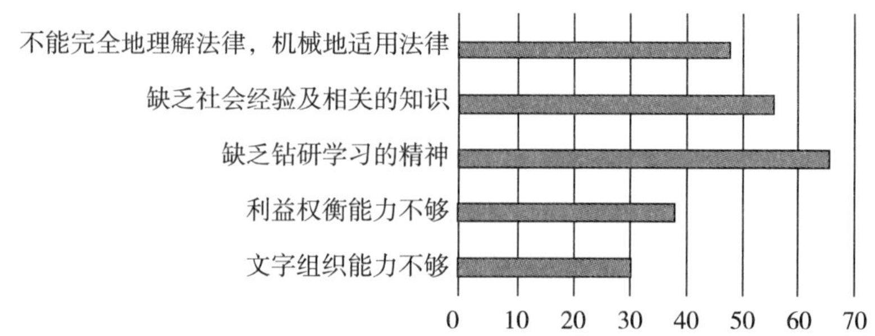

图2 法官司法能力调查问卷二

从上述调查问卷可以看出,法官对法律的理解、社会经验、钻研精神、文字表达等能力仍然欠缺,而这些能力正是当事人期待法官应当具备的能力。

3. 小结:法官司法能力的总体印象

从上文的调查结果来看,总体而言,法官的司法能力是值得肯定的,但是仍然存在一些不尽如人意之处。主要有:

(1)法官的文字和语言表达能力有待进一步加强。文字表达不清,当事人则不能理解法院裁判的思路和想法,不能理解和支持法院的裁判结果;语言表达能力不佳,当事人在庭审活动中无法理解法官的意思。

(2)对法律的理解不够。部分法官由于个人原因,法律知识不扎实,对法律的内涵理解不够,导致适用法律不准确。

(3)法官缺乏一定的社会经验及常识。少数法官由于个人的阅历、社会经验及生活常识的欠缺,导致在案件审理过程中把握不准确。

(4)突发事件应对能力不足。在面对突发事件的时候,部分法官无法及时、有效地处理好,反映出法官突发事件应对能力的欠缺。

(5)司法美德欠缺。面对着各种利益冲突和诱惑,个别法官抵制不住诱惑,迷失了方向,最终受到了法律的制裁。笔者将在下文详细分析该问题。

(二)法官的司法美德——以30个司法腐败案例切入

1. 司法美德的内涵

司法美德是法官从事审判职业必须具备的职业操守和道德,包括忠于法律和事实、清正廉洁、恪尽职守等美德。马克思说过:“法官是法律世界的国王,除了法律就没有别的上司。”人民法院是社会公平正义的最后一道防线,法官作为法律的适用者和社会公平正义的守护神,法官在法治建设、实现社会公平正义中发挥着重要的作用。

2. 法官司法美德的现状

近年来,法官队伍里频频被媒体曝出司法腐败的案件。当人们不断地感叹司法腐败案件对司法公信力、法律的威严造成的负面影响时,不得不反思法官遴选制度乃至整个司法制度背后存在的问题。笔者从互联网上搜索近年来法官队伍被媒体曝出的30个腐败案件(见表2),以此逐渐揭开法官遴选制度的“面纱”。

表2 互联网上搜索的司法腐败案例

序号	姓名	单位、职务	主要违法行为	处理结果
1	黄松有	最高人民法院原副院长	贪污、受贿	无期徒刑
2	奚晓明	最高人民法院原副院长	贪污、受贿	无期徒刑
3	王洪光	最高人民法院民一庭原审判长	受贿	有期徒刑
4	吴振汉	湖南省高级人民法院原院长	受贿	死刑,缓期两年执行
5	田凤岐	辽宁省高级人民法院原院长	受贿	无期徒刑
6	麦崇楷	广东省高级人民法院原院长	受贿	有期徒刑
7	张家慧	海南省高级人民法院原副院长	严重违纪违法	接受审查调查
8	潘宜乐	广西壮族自治区高级人民法院原副院长	受贿	有期徒刑
9	刘翼民	山西省高级人民法院原副院长	严重违纪违法	接受审查调查
10	潘福仁	上海市高级人民法院原副院长	涉嫌贪污受贿	接受审查调查
11	和正兴	云南省高级人民法院原副院长	严重违纪违法	接受审查调查
12	曹卫平	河南省高级人民法院原副院长	严重违纪违法	接受审查调查
13	张 弢	重庆市高级人民法院原副院长	严重违纪违法	接受审查调查
14	吴 声	山东省滨州市中级人民法院原党组书记、院长	严重违纪违法	接受审查调查
15	王 晨	武汉市中级人民法院原党组书记、院长	严重违纪违法	接受审查调查
16	董秉惠	内蒙古自治区呼和浩特市中级人民法院原党组书记、院长	严重违纪违法	接受审查调查
17	邓夏思	广东省潮州市中级人民法院原党组书记、院长	严重违纪违法	接受审查调查

续表

序号	姓名	单位、职务	主要违法行为	处理结果
18	彭卫国	桂林市中级人民法院原副院长	严重违纪违法	接受审查调查
19	陈大利	海南省三亚市中级人民法院原副院长	受贿	有期徒刑
20	周内金	厦门海事法院原副院长	严重违纪违法	接受审查调查
21	孙世芳	山西省运城市中级人民法院原副院长	严重违纪违法	接受审查调查
22	鲍东升	安徽省黄山市中级人民法院原党组副书记、副院长	严重违纪违法	接受审查调查
23	耿明生	湖南省长沙市开福区人民法院原党组书记、院长	严重违纪违法	接受审查调查
24	陈　刚	吉林省吉林市丰满区人民法院原院长	严重违纪违法	接受审查调查
25	文建平	山西省晋中市榆次区人民法院原党组书记、院长	严重违纪违法	接受审查调查
26	张凤军	吉林省长春市高新技术产业开发区人民法院原党组书记、院长	严重违纪违法	接受审查调查
27	王　睿	江苏省南京市栖霞区人民法院原院长	严重违纪违法	接受审查调查
28	施吉祥	江苏省镇江市丹徒区人民法院原党组书记、院长	严重违纪违法	接受审查调查
29	杨　杰	平顶山市新华区人民法院原党组书记、院长	严重违纪违法	接受审查调查
30	罗　文	广西壮族自治区百色市田阳县原法官	伪造法律文书	被提起公诉

3.小结:法官司法美德的总体印象

从表2中我们可以归纳以下几点:

(1)从地域上看,司法腐败案件不仅发生在东部经济高度发达地区,在西部落后地区也存在司法腐败事件。

(2)从主体上看,触犯法律的人员大部分都身居要职、手掌大权,上至最高人民法院副院长,下至基层法院的普通法官,在金钱和利益面前经不起诱惑,从而触犯了法律。

(3)从犯罪的行为来看,贪污、受贿等手段占了大部分,他们触犯法律大部分是为了追求非法经济利益,钱权交易,以权谋私。

(4)从承担法律责任来看,上述人员均不同程度地受到了法律的制裁,或者正在接受相关司法机关的追诉,最严厉的惩罚是死刑缓期两年执行,最轻微的惩罚是有期徒刑。

(5)从社会影响方面来看,司法腐败直接冲击司法公信力,违背了法律的目的,对法律权威性和严肃性造成巨大侵害,最终导致群众对法律失去信任,影响社会主流风气。司法腐败与其他领域腐败相比,社会危害严重,可以说,司法腐败是社会危害最大的腐败。

(6)从主观来看,有部分腐败分子是故意而为之,知法犯法,主观上属于故意;而有部分腐败分子是在利益多元化、诱惑众多的社会环境中,迷失自我,并且认为偶尔以权谋私不会被追究责任,轻信能够逃脱法律的制裁,主观上属于间接故意。

司法腐败案件的发生,其根本原因是什么?我们的司法制度出现了什么问题?如果司法制度出现了问题,我们应该何去何从?法官的遴选应该如何设置才能有效防止司法腐败案件的发生?笔者将带着这些问题,对法官遴选制度进行检视,进而探寻出适应法律规律和时代需求的法官遴选制度。

二、现状的检视:现行法官遴选制度存在的问题及原因

为了解决该制度的深层次问题,笔者将进一步进行分析。

(一)司法能力欠缺的根源

1. 法官司法能力有新要求

党的十六大提出要提高党的执政能力。人民法院的司法能力是党的执政能力的重要组成部分。人民法院加强执政能力建设,重要的是要下功夫抓好人民法院的司法能力建设,提高法官的司法能力。自立案登记制实施以来,大量社会纠纷不断涌入人民法院,加之社会转型加速,社会矛盾多样化,各种新型、复杂、疑难案件不断增多,人民群众对司法解决纠纷的期待越来越高,对法官的司法能力要求也越来越高。[1]因此,法官的整体司法能力提升速度与人民群众对法官司法能力的需求速度不成正比的时候,矛盾就会凸显出来。

---

〔1〕 参见谭世贵:《中国法官制度研究》,法律出版社2009年版,第76页。

2. 法官自身的社会阅历和经验不足

实践中,法院队伍里的年轻法官大多数是历经 4 年全日制学习,获取法学本科学历后,通过公务员考试而进入法院工作的,后经过法官初任培训进入法官队伍。[1] 从该遴选程序来看,通过此渠道进入法官队伍的法官,或多或少地缺乏社会阅历和生活常识。[2] 例如,某未婚的法官处理离婚案件,对于夫妻感情是否破裂的把握,缺乏生活的阅历,因此无法很好地作出判断。

3. 法官法律知识结构有缺陷

法官的司法能力,主要包含理解和运用法律的能力、法律语言沟通的能力、制作法律文书的能力、调解矛盾的能力、庭审驾驭能力等多方面,而法官的法律专业知识往往更多地侧重理论的学习,而对于法律文书的制作、跟当事人的语言沟通能力、矛盾调解能力和庭审驾驭能力则要靠司法实践和锻炼方能达到一定的水平,[3] 而这些知识是法官知识结构里所缺少的内容。

(二)司法美德欠缺的根源

1. 中国封建思想根深蒂固

哪里有权力,哪里就为腐败的滋生提供了温床。法官是宪法和法律赋予审判权的主体。而中国五千年的封建社会历史,人治代替法律,统治者即是法,“法官就是官”“官本位”“权本位”等封建思想残留,这种封建思想根深蒂固。[4] 当今社会变人治社会为法治社会后,将权力关进制度的笼子里。但是这种特权和人治的思想仍然深刻地影响着人们。当矛盾纠纷产生时,人们往往会通过找“熟人”、找关系来解决,甚至当纠纷进入司法程序后,人们常常不会选择相信法律,也是选择跟法官“打招呼”来实现自己的权利。而这种思想就为司法腐败提供了温床。

2. 法官“三观”受到侵蚀

正确的世界观、人生观和价值观是法官保持职业操守的前提和基础。当今社会转型加速,社会关系急剧蜕变,追求更多的经济利益成了人们首要追求的价值,而讲奉献、讲信用等社会美德开始被人们遗忘。利益多元化,诱惑纷繁呈现,法官在这样的社会大流中,面对各种各样的利益和诱惑,司法为民、公正司法等价值观被追求经

---

〔1〕 参见陈卫东、韩东兴:《法官遴选制度微探》,载《法学论坛》2002 年第 3 期。

〔2〕 参见刘星:《法学知识如何实践》,北京大学出版社 2011 年版,第 200 页。

〔3〕 参见陆而启:《法官角色论——从社会、组织和诉讼场域的审视》,法律出版社 2009 年版,第 169 页。

〔4〕 参见吕伯伦:《司法廉洁视野下的法官素质建设》,载《人民法院报》2012 年 5 月 9 日。

济利益的价值观取代了。在这样的价值观指导下,法官手中的审判大权就成为他们谋取不当利益的工具。

(三)现行法官遴选制度存在的不足

当前法官遴选制度,有以下几方面不足:

1. 忽视法官的法律工作经历

《法官法》要求担任法官必须是“高等院校法律专业本科毕业或者高等院校非法律专业本科毕业具有法律专业知识,从事法律工作满二年,其中担任高级人民法院、最高人民法院法官,应当从事法律工作满三年;获得法律专业硕士学位、博士学位或者非法律专业硕士学位、博士学位具有法律专业知识,从事法律工作满一年,其中担任高级人民法院、最高人民法院法官,应当从事法律工作满二年”。而这样的规定,恰恰反映了忽视法官从事法律相关职业的工作经历,且把学历和法律工作经历画上了等号,是不科学的。我们知道,学历注重理论学习,而法律工作经历注重实践,两者是有很大区别的。再者,《法官法》把法律工作经历等同于在法院工作,排除了在司法局、检察院、律师事务所等地方的实践,规定不合理。

2. 忽视法官的社会阅历

《法官法》要求担任法官必须年满 23 岁。而按照中国当前的教育体制,23 岁刚好是高等院校法学本科学生毕业的年龄,虽然法学本科毕业的学生受到了系统的法律专业知识的教育,但其阅历仍然无法达到法官所具备的司法能力等要求。1 名刚毕业的大学生担任法官,其庭审驾驭能力、矛盾调解能力、突发事件应急能力等,仍然是需要经过多年的磨炼才能具备的。

3. 忽视法官的法学素养

法官者,位列人杰,内当言素质,外见诸行为。法官所具备的法学素养,主要源于大学本科的教育,除此之外,还源于实践操作,而《法官法》未对法官的法学素养作出具体要求。另外,司法考试及法律职业资格考试作为法官面临的第一大考,也通常是侧重于理论的考察,对于实践的考察是非常欠缺的。

4. 忽视法官的职业操守

每一个行业都应当有其职业的规范,而法官也不例外,法官必须清正廉洁,不贪赃枉法,忠于法律和事实,恪守其职业道德,以确保每一个案件都能得到公平、公正的审理。

三、解决的对策:法官遴选制度完善的建议

(一)美国、德国的模式

"他山之石,可以攻玉"。域外对于法官的遴选与我国存在诸多不同之处,但越是不同,我们越要深挖和把握其实质和核心,从而把握其规律。

美国和德国关于法官遴选制度的设计主要有以下几个方面的亮点:

1. 学历要求高

都要求接受过系统的法学教育,具有扎实的法律专业知识。美国要求法官是法学毕业并且获得 DJ(Doctor of Jurisprudence)的学位,[1]相当于我国的法律硕士学位,而德国则要求法官接受大学法律在职教育的学历。

2. 法律工作经验要求较长

例如,美国要求法官从事律师若干年,[2]而德国则要求法官必须在律师事务所见习不得低于 3 个月,具备法官资格后在法官岗位上服务 3 年以上。

3. 年龄要求较高

美国要求法官完成系统的法学教育、通过国家法律资格考试且经过长时间的法律职业训练,美国的律师要经过一个漫长的过程方能任命为法官。[3]而德国的法官也必须经过 4 ~5 年的法学大学学习、2 年的专业实习期,最后还要接受预备服务期,这三个过程也是一个相当漫长的过程。

4. 法官任命机构层次较高

美国联邦法院的法官由总统提名,参议院批准后由总统任命,州法院的法官由州长任命。[4]而德国的法官由司法部任命或者与法官选任委员会联合任命。

5. 监督机制十分有效

美、德两国都十分重视法官的权力监督,通过建立事前防范、事后监督来防范司法腐败现象发生。他们通过"声誉机制"来抑制当事人的不正当行为。在美、德两国的法官任职条件中,法官必须要有相当长的法律职业经验,长期的司法执业经历形成

---

〔1〕 参见关毅:《法官遴选制度比较(中)》,载《法律适用》2002 年第 5 期。

〔2〕 参见王琦:《国外法官遴选制度的考察与借鉴——以美、英、德、法、日五国法官遴选制度为中心》,载《法学论坛》2010 年第 5 期。

〔3〕 参见[美]汉密尔顿、[美]杰伊、[美]麦迪逊:《联邦党人文集》,程逢如、在汉、舒逊译,商务印书馆 1980 年版。

〔4〕 参见王莹:《法官遴选制度考察》,南京大学 2010 年硕士学位论文。

了一定的声誉,这种“声誉机制”从而约束法官必须恪守执业操守。

(二)国情的考量

我国《法官法》自施行以来,历经了几次修改,得到了进一步的完善。而对于法官遴选制度,存在不足之处,应当进行修正和完善。

1. 价值取向

建设一支专业化、职业化、正规化的法官队伍,是我国长期以来,特别是党的十八大以来,法院队伍建设的一个重要课题,也是法官遴选制度修正和完善的价值取向。[1] 按照党的十八大确定的“关于政法队伍建设”的总体部署,要想打造一支专业化、职业化、正规化法官队伍,必须从落实法官职业准入、执法资格和分类管理制度入手,分阶段、有步骤地逐步实现法官队伍的专业化、职业化、正规化水平。

2. 路径中注意的问题

一是法官荣誉感的问题。提升法官的社会地位,增强法官的尊荣感、荣誉感和归属感,通过高薪养廉、提高法官的待遇吸引和留住人才。

二是法官职业保障的问题。法官的职业得不到有效的保障,法官被侵害的事件时有发生。法官的合法权益保障面临着诸多问题,法官职业保障尤其是安全保障关乎法官的职业尊严和职业安全感,关乎司法权威和司法公信力,法官职业保障刻不容缓,完善法官遴选制度也应当考虑法官职业保障的问题。

三是法官工作强度的问题。[2] 随着立案登记制的实施,大量社会矛盾纠纷不断涌入法院;而法官员额制实施后,[3]法官的数量较改革前有所减少。随之而来的是法官人案比呈现出增长的趋势。人案比增多,就意味着法官所要办理的案件就会增加。我们经常会看到新闻报道出,某法院的法官每天加班到深夜,年结案逾千,加班加点成家常便饭,积劳成疾甚至因公殉职等新闻。这都反映出法官所承受的工作强度是不可忽视的问题。法官工作强度加大,遴选法官的时候应当考虑能否承受。

四是法官行政化管理问题。一直以来,我国的法官实行的是行政化管理模式,随着司法改革不断深入,建立符合审判工作规律、符合人们法院工作特点的法官职务序列,淡化法官行政化管理,是建立法官队伍的专业化、职业化、正规化的主要途径。

---

[1] 参见苏力:《法治及其本土资源》(修订版),中国政法大学出版社 2004 年版,第 317 页。

[2] 参见[美]理查德·波斯纳:《法官如何思考?》,苏力译,北京大学出版社 2009 年版,第 157 页。

[3] 参见许前飞:《关于建立中国法官定额制度若干问题的思考》,载《法学评论》2003 年第 3 期。

(三)完善的建议

1.适当提高法官任职的年龄

提高法官的任职年龄有助于树立法院的司法权威。司法权威是现代司法理念的一个重要内容,而我国的司法因其缺少司法权威而受到批判。提高司法权威在一定程度上受到法官年龄的限制。[1] 法官年纪轻,相对而言,其司法经验和生活阅历就会比较少。而法律的生命在于经验,而不在乎逻辑。法官的经验、生活阅历对审判活动有着重要的意义。23岁的年纪,这个阶段的年轻人未经历过生活过多的风雨和历练,难以处理纷繁复杂的社会矛盾纠纷。而法官年龄的增长意味着有了一定经验和阅历,也意味着作出的判断更加理性。

2.适当提高法官从事法律工作的年限

法学学科是实践性非常强的一个学科,而司法权是对案件事实和法律的判断和裁决,法官则是运用法律知识判断案件当事人的是非与对错的主体。对于缺少生活阅历和办案历练的年轻法官,要求其精到拿捏复杂社会生活中的是非曲直,并以平实的语言达到说服人心的效果,这种期待常常是脱离实际的想法,甚至是一种事与愿违的苛求。因此,法官必须要有丰富的司法实践经验和丰富的社会阅历。可借鉴美国经验,即在初任法官任职之前,法官要在律师事务所、检察院、司法机关等法律工作机构工作满一定的年限,受到法律职业训练,具有一定的法律工作实践经验。需要指出一点的是,实习的机构不仅限于法院,而且包括律师事务所、检察院、司法机关等法律工作机构,这样可以吸收社会更多的具有丰富法律实践经验的人才进入法官队伍。

3.适当提高法官素养的要求

习近平总书记在考察中国政法大学时强调,全面推进依法治国离不开一支高素质的法治工作队伍。法治人才培养上不去,法治领域不能人才辈出,全面依法治国就不可能做好。法治人才要德法兼修。[2] 法官是法治人才的重要组成部分,是依法治国方略的具体实践者,必须德法兼修。法官的素养,不仅包括崇尚法律的理想和信念、政治素养,也包括在大学里学到的法律专业知识,包括在司法实践中积累的实战经验,同时还包括与当事人语音和文字的沟通能力、矛盾化解能力、庭审驾驭能力以及突发事件处置能力等。而这些素养,都应当体现在法官身上,是新时代人民法官应

---

〔1〕 参见刘忠:《关于法官的选任年龄》,载《比较法研究》2003年第3期。

〔2〕 参见万鄂湘:《法官职业化建设是通往法治的必经之路》,载《法律适用》2012年第12期。

当具备的基本素养。

4. 取消学历与从事法律工作年限的折算

从现行的《法官法》可以看出，法官的学历越高，从事法律工作的年限可以相应地减少。换句话说，学历可以折合成一定的法律工作年限。[1] 而这样的规定恰恰跟司法规律是不相符的。我国的法学教育是侧重法学理论的教育和研究，对司法实践的操作是有所忽略的，具有一定学历的法官，在某种程度上说具备了一定程度的法学研究水平，但不代表其受到了司法实践的训练。学历背后的知识结构与从事法律工作所获得的经验是完全不能等同的。因此，这样的折算缺乏合理考虑。

5. 增加法官的品格评价

如果法官受外界之利诱、物欲之蒙蔽，舞文弄墨，徇私枉法，反而以其法学知识为其作奸犯科之工具，则有如为虎添翼，助纣为虐，因而法官的品格修养尤为重要。在法官的精神世界里，与职业特性密不可分的品格自然是：追求、捍卫社会公平和正义的坚强意志，崇尚法律的价值取向和思维习惯，以及建设社会主义法治国家的坚定信仰和历史使命感。倘若缺此，则意味着法官缺少必不可少的精神支撑或精神脊梁，相应地也失去法官的立身之本。法官队伍中出现的工作责任心不强，把审判案件当作一般的谋生手段，满足或止步于完成工作指标或任务的消极情绪；面对形形色色的关系案、人情案，时有放弃中立、公正裁判立场的表现；以及少数法官身上发生权钱交易的司法腐败案件。这些轻重不同、类型有别的病灶反应，虽有制度、机制上的多种诱发原因，但是，法官自身的精神懈怠与道德叛离无疑是起主导作用的内在因素。一言以蔽之，法律和法学知识无论如何不能沦为任何个人玩弄于股掌的把戏甚至谋取私利的工具，法官的精神品格应当成为法官职业素养的第一要素。

结　语

司法制度很大程度上是结果而不是原因。法官遴选制度是几代法律人智慧的结晶。但是不可否认的是，法官遴选制度或多或少地存在一些与时代需求不和谐的因素，暴露出这样或那样的瑕疵，因此司法改革应当配套地对法官遴选制度进行修正和完善，需要对法官应当具备的一定条件进行再思考。法官是一个经验性很强的职业，我们选取了具有代表性的研究资料，以实证分析的方法评估了法官的司法能力和司

---

[1] 参见苏力：《法官遴选制度考察》，载《法学》2004 年第 3 期。

法美德,并对法官遴选制度进行深思,探寻出法官在实践中应当具备的能力、条件和要素。当然文中的想法不一定成熟,但是笔者愿意抛砖引玉;法官的遴选制度在运行中出现的其他问题,需要我们下一步进行研究和解决。

制约与监督:审判权公正运行问题探析

——以推进法院内部控权机制建立完善为视角

曾 艳[*] 梁 波[**]

作为一项公权力,司法的责任在于裁判案件纠纷,开展公力救济,以实现公正为宗旨目的。为达致公正目标,各国司法总在不断地变化,推陈出新,大到审判体制、法官选任制度,小到法庭布置、法官服饰等。[1] 中国特色社会主义司法制度建立以来,也在不断地调整变化,具体到法院改革,目前施行的已经是第四个五年改革纲要。本轮改革的具体路径是建成具有中国特色社会主义审判权力运行体系,以"让人民群众在每一个司法案件中感受到公平正义"为核心价值和终极目标。[2] 围绕这一目标,人民法院大力推进司法责任制改革,司法人员分类管理改革已基本到位,新型办案机制有效形成,司法权责强化落实,审判监督管理机制逐步健全,司法职业保障制度进一步完善,改革红利不断释放,审判质量、效率和司法公信力持续提升。同时,随着改革深入推进,围绕审判权运行出现了放权与监督如何把握的问题。[3] 对放权与监督的模糊看

---

* 北海市中级人民法院党组书记、院长。

** 广西壮族自治区高级人民法院政治部教培处处长。

〔1〕 参见夏勇:《文明的治理:法治与中国政治文化变迁》,社会科学文献出版社 2012 年版,第 191 页。

〔2〕 参见贺小荣:《人民法院四五改革纲要的理论基点、逻辑结构和实现路径》,载《人民法院报》2014 年 7 月 16 日,第 5 版。

〔3〕 参见李少平:《正确处理放权与监督,坚定不移全面落实司法责任制》,载《人民法院报》2018 年 3 月 28 日,理论版。

法，影响了我们对司法改革成果的评价，更重要的是对我们下一步深入推进改革造成思想障碍。我们有必要从审判权的性质着手，探讨实现其公正运行的有效机制，为推进改革提供理论支持。控制权力、防止权力滥用是法治的基本要义，制约与监督是控制权力和保障权益的最基本制度基础。[1] 审判权作为一种国家权力，也必然要受到制约与监督，才能确保人民群众在每一个司法案件中感受到公平正义。

一、现代司法及其内在逻辑：审判权必须受到制约与监督

在人类社会发展之初，国家主要依靠宗教、道德来实施对社会的控制。近代以来，法律在国家治理中的地位日益重要，司法活动成为国家控制社会的主要手段，现代法治国家逐渐建立。庞德提出依法司法的概念，他认为依法司法是根据权威性规范或标准（模式）或指引而进行的司法活动。这些规范、标准或模式是以某种权威性技术加以发展和适用的，是个人在争议发生之前就可以确定的，而且根据它们，所有人都可以合理地确信他们是得到了同样的对待。[2] 除了可以预见司法过程外，依法司法还具有避免个人判断的失误，并防止部分司法人员萌发不良动机等优点。“法官要受到法律规则的束缚，他的判决应尽可能地与当事人双方所陈述的权利主张一致，而且他还必须以法律规则作为推理的基础，这些过程都将被记录在国家档案当中作为备案材料，此外，他的判决还要接受上诉法院的审查，上述各种综合起来使法官绝少成为腐化堕落分子。”[3] 对于法官的权力有四种特殊的控制方式：法官的职业训练、职业共同体的批评、审理及判断过程被记入档案、上级审查。[4] 依法司法是现代法治国家司法的普遍模式。

除了上述论及的法治国家现代司法的普遍性外，我国司法还具有不同的特点，最突出的是，我国法院是作为一个整体行使审判权而非法官个人独立审判。[5] 审判权独立运行的主体是人民法院，而非法官。传统上，裁判的形成在法院内部要经由主办人、合议庭、院庭长、审委会等多个主体参与。这种运行机制的优点是监督制约环节

---

〔1〕 参见陈国权、周鲁耀：《制约与监督：两种不同的权力逻辑》，载《浙江大学学报》（人文社会科学版）2013年第6期。

〔2〕 参见庞德：《法理学》（第2卷），法律出版社2007年版，第297～298页。

〔3〕 参见庞德：《法理学》（第2卷），法律出版社2007年版，第305页。

〔4〕 参见庞德：《法理学》（第2卷），法律出版社2007年版，第365页。

〔5〕 参见《宪法》第132条规定：“人民法院依照法律规定独立行使审判权，不受行政机关、社会团体和个人的干涉。”

较多、有利于发挥集体智慧、便于裁判意见的相对统一、能够充分发挥院庭长作为资深法官的传帮带作用,但也存在违反直接言词原则、判审分离、司法腐败、司法低效等问题。[1] "四五"改革纲要以破除审判权运行的行政化作为价值取向,要实现"让审理者裁判,由裁判者负责"。依笔者的理解,改革就是要实现法官在审判权运行中的主体地位,独任制审判模式以主审法官为中心配备必要的审判辅助人员,合议制由主审法官担任审判长,负责主持庭审活动、控制审判流程、组织案件合议,裁判文书由独任法官或主审法官签发并终生负责。突出法官在审判权运行中的主体地位,必然随着如何实现对法官行使审判权的制约与监督问题,以避免法官对审判权的滥用或错用。

法官依据确定的法律(包括实体法和程序法)来行使审判权这一现代司法的特点,天然地存在几大不足:首先,法律规则是适用于普遍意义上的案件和当事人的,不考虑具体案件和当事人的特殊情况和个别要求;其次,制定法无法规定社会生活的所有方面,同时也无法预先规制新的社会关系及社会问题(新的社会关系及社会问题必然导致新的法律问题),法律具有滞后性;最后,法律规则越来越多地被制定出来,不可避免地存在新旧法律之间、不同法律之间的冲突。尽管存在这些不足,但是法官不能逃避裁判,法官必须对受理的案件作出一个确定判决,于是产生了法官的自由裁量权问题。我们可以认为自由裁量权是审判权的一部分。法官经由长期的职业训练,能够通过遵守法律原则和法律理性,对特殊案件作出司法裁决。但我们必须确保法官在正确的轨道上行使自由裁量权。

突出法官在审判权运行中的主体地位,另一个需要着重考虑的问题是法官本身。法官首先不是马克斯·韦伯宣称那样的"自动售货机",吃进当事人诉状和诉讼费,吐出判决和法典上抄下来的理由。法官也不是抽象出来、没有任何个性的纯粹理性的人,而是一个个有不同利益追求、兴趣爱好、性格特点的人。美国著名的法学者波斯纳,同时也是一个经验丰富的法官,担任了近30年的美国联邦上诉法官,他就指出,法官并非圣人、超人,而是非常人性的,行为受欲望驱动,同样追求诸如收入、权力、名誉、尊重、自尊以及闲暇等物质与精神利益。法官的政治偏好或法律以外的其他个性因素,如法官个人特点以及生平阅历和职业经验,会直接影响到他的司法判决。[2]

---

〔1〕 参见贺小荣:《人民法院四五改革纲要的理论基点、逻辑结构和实现路径》,载《人民法院报》2014年7月16日,第5版。

〔2〕 参见[美]波斯纳:《法官如何思考》,苏力译,北京大学出版社2009年版。

我们的中国法官,当然也是一个个具体的"人",有着个人的利益追求和个性特点,要确保审判权在不同法官手上都得到公正运行,统一司法裁决的尺度,同样需要对法官的审判权进行制约与监督。

二、制约与监督:确保审判权公正行使的一鸟双翼

在思考对法官的权力实施有效的制约和监督这个问题时,必须避免两种倾向:一是过于突出审判权运行的独立性,对法官行使审判权不闻不问,抽象化、理想化地认为法官都充满理性和智慧,只忠诚于法律,在案件审理过程中能够始终保持中立,通过掌握精密的法律推理方法,生产一个个公正公平的判决;二是回到行政化管理的老路。法院不是科层制的官僚机构,法院院庭长与法官之间不存在上下级的管理关系,至少在审判业务上不存在科层管理关系,对审判权加以制约与监督,不能单纯地通过加强院庭长的管理监督权来实现。在司法中,审判权始终是第一位的,法官始终是司法活动的主体,审判监督权、审判管理权必须服从并服务于这样的前提。

监督与制约是控制权力、防止权力滥用的两种基本方式。近年来,随着法治国家进程的推进,学界对制约与监督的研究也逐渐深入,对监督与制约作为不同权力关系具有差异性达成了一致,但对两者的概念、特点、功能、权力运行方式等仍缺乏共识。在研究中,研究者虽然在概念上承认两者具有差别,但在具体的制度和功能研究上仍对制约制度与监督制度不加区分。[1] 同样,在讨论对审判权的控制时,很多文章只是笼统地表述要加强对审判权的监督制约,建立审判权的监督制约机制,但缺乏对监督机制与制约机制的独立分析和政策建议。就概念而言,笔者认为,陈国权教授的研究有助于我们理解监督与制约的基本内涵。他指出通常使用的制约与监督的概念包括三个层面的含义:第一,制约与监督是权力关系,即权力主体之间的控制关系;第二,制约与监督是控权制度,是制约关系与监督关系的制度化实现形式;第三,制约与监督是控权状态,即权力受到制约与监督是控权制度运行的逻辑结果,是权力主体间的权力均衡状态。制约关系是双向的,是权力主体之间相互约束牵制的关系,具有制约关系的权力主体需共同参与到特定权力过程之中;而监督关系是非对称性的,监督者可以对被监督者权力行为进行单方的监察、督促,监督者并不直接

〔1〕 参见陈国权、周鲁耀:《制约与监督:两种不同的权力逻辑》,载《浙江大学学报》(人文社会科学版)2013年第6期。

参与被监督者的权力行使过程,只能对权力过程进行中止或事后追究。陈教授的文章主要从国家政治权力(立法、行政、司法、中央与地方)的宏观角度进行研究。笔者认为,制约—监督模式同样适用于研究法院内部审判权的控制问题,而且是一个较好的理论研究框架。

前已论述,审判权是一种判断权和裁量权,要得到良好行使,必须赋予法官高度的独立性、中立性和专业性,并对审判权实施一定控制。法院人员分类管理改革、建立法官员额制度、完善法官选任制度、加强法官任职训练等都是围绕增强法官的独立性、中立性和专业性而开展的,这些改革为审判权公正运行奠定了前提和基础。而对审判权的制约与监督则为司法公正提供了保证和保障。制约是权力主体之间相互约束牵制的关系,在法院内部,体现为行使审判权的各个权力主体之间互相牵制、互相审示。庞德论及:依法司法优点的发挥取决于法官的独立自主、经训练后能遵守原则和服从法律理性。此外,还取决于受到同种训练的法官职业共同体对法官的严密监视。[1] 这种监视,构成了对法官行使审判权的有力制约,通俗地说,也就是内行监控内行会更有成效。这种制约广泛存在于合议庭法官之间,以及法官会议、审委会之中,甚至对于独任审判,受过法律训练的法官助理与法官之间也存在一定的制约关系。制约关系当中的多个权力主体(多个法官)共同参与审判权的行使过程,他们彼此熟悉,经过大致相同的法律训练,熟知案件处理的规则和程序,对审判权运行中的不当行为能够直接地、专业地及时发觉。这是有效的、直接的、事中的权力控制方式。监督是监督者对被监督者权力行为进行单方的监察、督促,是自上而下、从外而内的,监督者可以对被监督者的违规行为进行纠正和处罚。监督是一种纵向的权力控制方式,往往通过强化权力的层级性、加强上级权力主体对下级权力主体行为的约束来实现,如设立专门的监察部门,赋予院庭长专门监督权。在法院内部,制约与监督的界线不是完全清晰的,制约与监督的权力主体也不是固定不变的。因为司法工作的性质,法院不是科层制的官僚机构,院庭长也不是完全意义上的行政长官,他们还有另一层身份:法官。他们有时是监督者,有时又与其他法官相互制约,还有时候成为被监督者。制约与监督是确保审判权公正运行的基本控权模式,由于法院内部存在多个权力主体,同时又非等级明确、存在单纯命令—服从关系的科层制单位,综合运用制约与监督手段,建立法院内部的制约—监督均衡控权模式,是确保审判权公正运行的有效途径。

---

〔1〕 参见庞德:《法理学》(第2卷),法律出版社2007年版,第359页。

三、转型时期法院制约监督机制存在的主要问题

(一)制约机制尚未有效运行

制约作为一种内在力量,主要通过权力运行的制度化、规范化、程序化来限制和约束权力主体的行为。[1] 就审判权的运行而言,我们建立了完备的诉讼制度,包括两审终审和再审审查,使下级法院法官的审判权能够得到上级法院法官审判权的有效制约。具体到单一法院内部,我们建立有独任制、合议制、审委会制度,司改以来,还逐渐建立起审判团队、专业法官会议制度,使审判权之间的相互制约有了足够的舞台和空间。但实际运作中,仍存在一些突出问题:

一是合议庭"合而不议、形合实独"现象仍然存在,弱化了合议庭成员间的制约。合议制度的目的在于发挥合议庭成员智慧共同把好案件质量关,同时通过合议庭成员之间的互相制约,防止出现个别法官独断专行甚至枉法裁判。但在司法实践中,由于"案多人少矛盾"突出,法官时间和精力主要集中在自己主办的案件上,很少投入参与合议的其他案件上,在讨论案件时因不掌握案件具体情况,提不出有效的合议意见。另外,合议庭成员相对固定,长期搭配共同办案,容易形成趋同的审判思路,甚至形成利益共同体进行利益交换。对于陪审员参加合议庭的情形,由于他们没有受过专门法律训练,缺乏审判经验,往往信心不足,在庭审、合议过程中不敢发言也不愿发言,出现陪坐、陪议现象。名为合议,实为独任,合议庭成员间的相互制约往往落空。

二是专业法官会议发挥作用不力。设立专业法官会议制度的目的是为法官审理重大、疑难、复杂案件提供咨询意见,研究涉及裁判尺度统一的法律适用问题。由于该制度设立不久,相关规定不够完善,影响其功能的发挥。第一,专业法官会议讨论案件的范围不明。对于哪些案件属于重大疑难复杂"可以"或"必须"提交会议审议缺乏明确规定。一方面,可能放宽了对提交专业法官会议讨论案件的"门槛",造成大量案件涌入专业法官会议;另一方面,可能出现一些需要讨论的案件由于主办法官的有意规避,又没有提交讨论。第二,专业法官会议意见缺乏约束力。根据"专业法官会议的讨论意见供合议庭复议时参考,采纳与否由合议庭决定,讨论记录应当入卷备查"[2]的制度设计,专业法官会议的意见仅供合议庭参考,是否采纳由合议庭决定,

---

〔1〕 参见陈国权、周鲁耀:《制约与监督:两种不同的权力逻辑》,载《浙江大学学报》(人文社会科学版)2013年第6期。

〔2〕 具体参见最高人民法院《关于完善人民法院司法责任制的若干意见》(法发〔2015〕13号)第8条规定。

错案责任由合议庭承担,以致有的法官对专业法官会议的意见不予重视甚至故意忽视。第三,专业法官会议缺乏激励机制。有些参加专业法官会议的法官认为自己在会议上发言只是参考意见,不太关心意见正确与否,他们在会前不认真阅读案件材料,在会上随意发表意见或者简单附和他人意见,在会议内部不能形成法官共同体之间的有效制约。第四,专业法官会议与审委会的功能区分、衔接还需进一步明确。包括哪些案件必须上审委会审议(而不必经专业法官会议讨论),经专业法官会议讨论的案件是否还需提交审委会审议,专业法官会议形成的讨论意见是否应在审委会讨论时披露等,涉及专业法官会议的"弱制约"与审委会的"强制约"之间的衔接问题。

三是审委会的职能改革仍需进一步推进。与专业法官会议制度类似的,审委会讨论案件的范围不明确。一方面容易成为法官逃避责任的保护伞,将大量案件提交审委会审议;另一方面又有可能让法官故意规避审委会的审查,特别是取消院庭长把关后,将一些本应提交审议的案件在合议庭内部处理掉。另外,审委会审议案件如何避免与"让审理者裁判、由裁判者负责"、审判公开、直接言词等之间的矛盾,也是审委会改革需要考虑的问题。

四是缺乏对独任制法官行使审判权的制约机制。一方面独任审判缺少法官间的相互制约,另一方面法官助理的职责(职权)尚不明确,仍在改革探索当中,无法形成对法官的有效制约。另外,在法官和法官助理之间,存在一定意义上的师徒关系,甚至利益关系,[1]也无法实现有效制约。

五是法院内部审判庭设置固化、人员流动性差,也不利于培育和发挥法官共同体之间的制约关系。审判庭室内部容易形成利益共同体,业务封闭,不利于形成统一的法官职业共同体相互制约。

(二)监督权力分散未形成合力

监督作为审判权之外的一种控权力量,通过对审判权运行进行监察和督促以实现对法官用权的监控,监督机制发挥作用的关键在于能够及时发现并纠正被监督违规行为,主要是一种事后的控权机制。在法院内部,行使监督权力的主要是院庭长、审判管理部门(审管办)、审务督察部门(监察室)及一些临时性机构等。目前存在下列一些问题:

一是院庭长角色多样导致监督缺位。院庭长同时扮演着审判权、审判监督权和

〔1〕 在一些法院,因法官助理人数较少,办案任务重,出现法官将绩效考核奖金拿出来与法官助理分享的现象。

审判管理权的主体角色，权力边界不清，在一定程度上导致“三权”角色冲突。[1] 他们既是行使审判权的主体，又负有监督职责。也就是说，这些主体既是监督者，也是被监督者。当这些权力主体，尤其是在院长、副院长等高级别法官行使审判权时，就会出现监督的“真空地带”，其他监督者对院庭长的审判权不敢公开大胆监督或者根本不去监督。这是始终存在的“谁来监督监督者”的问题。

二是法院内部监督权力分散，缺乏沟通配合机制，未能形成监督合力。如审管办，主要职责在于审判管理，同时又行使案件评查的职能，通过对已结案件的质量评查，对法官是否公正行使审判权进行评价。审管办发现问题之后，如何与专司监督职责的监察室进行对接，存在机制空白。监察室主要是事后监督，实行的是不告不理原则，监督面有限。院庭长的监督，在实施司法责任制后，如何具体落实，也是问题，存在部分院庭长不想管、不愿管的现象。

三是临时性的监督评查活动，囿于人力、物力，只能随机抽查部分案件，覆盖面有限，且评查效果欠佳，基本都是形式评查，无实质内容的评判，也不会对裁判结果进行实质评判。

（三）制约与监督机制失衡

传统上，我国法院对审判权的控制一直存在“强监督弱制约”的模式，试图通过强化院庭长及审判监督（管理）部门的权力来实现对法官行使审判权的监督，着眼于对个案的审批、把关、签发、评查。相对地，对于如何完善审判权运行机制（包括发挥独任制、合议制、审委会等），实现法官审判权的相互制约着力不多。由于监督主要是一种事后的、个案的控权方式，无法实现对案件的普遍的、实时的监控，导致控权效果不佳。而制约机制主要是一种事中的控权，在审判权运行的过程中实现权力间的相互制约、互相监视，且是普遍性的，在每一个案件审理当中都存在权力的制约。建立制约与监督均衡的控权机制，充分发挥审判权之间的制约功能，实现法官职业共同体内部的相互制约，才能更好地实现对审判权的控制，确保其公正运行；同时，监督的控权模式具有直接、有力、多样化的优点，在新的控权模式当中同样不可或缺。

[1] 笔者认为，对于审判监督权和审判管理权应明确，审判监督权指向防止审判权的滥用，避免司法不公；审判管理权指向促进审判权的高效行使，提升司法效率，两者的功能与目的不同，不宜合用为审判监督管理。

四、制约—监督均衡控权:法院内部控权机制建立完善的可行途径

(一)加强审判权互相制约机制

一是合理界定审判权行使主体之间的权力清单及运行程序,明确各主体依法独立行使审判权的权力边界。制定和完善合议庭议事规则,要求合议庭成员对案件涉及的重大事项要参与评议、重要程序全程参与、重要环节全程把控,这一过程要全程留痕、记录在卷,从而确保真正发挥合议庭成员间的相互制约的作用。对于人民陪审员陪而不审现象,通过建立人民陪审员考核及退出机制,督促其认真履职。同时审判团队和合议庭应加强自身管理,强化成员之间的制约关系,合议庭成员或审判团队成员不应长期固定,要定期调整交流,条件许可的,还可以实行随机组成合议庭的方式,避免因长期组成团队而形成利益共同体。

二是进一步健全和完善专业法官会议制度和审判委员会制度。要明确两者的职能、人员组成、提请程序、议事规则、讨论范围、结论形成及运用等。其中,一要明确讨论案件的范围,避免不符合条件的案件提交会议讨论审议以及确需提交的案件被规避。二要规范议事规则,确立充分陈述和独立表决规则,确立多数决定和异议保留规则。三要明确合议庭或独任法官不采纳专业法官会议多数意见的说明报告制度。四要建立两者之间的对接规则。

三是强化对院庭长行使审判权的制约。首先,需要明确院庭长重点审理重大、疑难、复杂、新类型案件或在法律适用方面具有普遍指导意义的案件;其次,院庭长审理案件,应采取参加合议庭担任审判长或参加合议庭作为成员的形式,不宜独任审判,以落实法官之间的相互制约;最后,加大院庭长办案庭审直播力度,鼓励院庭长积极开示范庭。

四是进一步优化审判庭室设置。总的设想是尽量减少审判庭室设置数量,强化审判团队建设,减少监管层级,同时建立完善法官定期交流制度,避免形成利益团体。

(二)进一步健全和完善院庭长监督权的运行机制

院庭长是监督者,也是法院的监督机关之一。“取消了院庭长审批案件,但并不意味着就不要监督、不能管理了。”[1]强化院庭长的监督权,首先要明确院庭长行使

---

〔1〕 李少平:《坚持以习近平新时代中国特色社会主义政法思想为指导,坚定不移全面深化司法体制综合配套改革》,2018 年 5 月 23 日在 2018 年全国高中级法院院长学习贯彻习近平新时代中国特色社会主义思想专题培训班上的授课。

监督权的形式。就负面形式而言,一是要摒弃对个案实体性裁决事项的审批,二是要杜绝对个案裁判的干预,三是要避免运用行政权力对法官施加不当压力。就正面形式而言,院庭长的监督权,可通过如下形式实现:一是对特定类案进行事中监督。最高人民法院《关于完善人民法院司法责任制的若干意见》第24条规定了院庭长可以直接对个案进行事中监督的四类案件:"涉及群体性纠纷,可能影响社会稳定的;疑难、复杂且在社会上有重大影响的;与本院或者上级法院的类案判决可能发生冲突的;有关单位或者个人反映法官有违法审判行为的"。[1] 需要对四类案件的具体范围、监督形式作出明确细致的规定。二是加强宏观研判,通过对审判运行态势的分析,全面掌握全院或全庭审判执行运行情况,及时发现审判运行中存在的重大问题,对审判运行中不正常态势进行督查。三是领导、组织(院长)或支持、配合(庭长)对个别法官的违规调查。四是通过谈心谈话等形式,对法官进行提醒、诫勉。

(三)整合内部监督部门,形成监督合力

内部若没有协调统一机制,即便都依据统一的法律或遵循先例,各自独立裁判的法官或分别组成的合议庭也常常会对类似的案件作出不同的判决。[2] 目前,法院内部具有监督职能的部门主要是立案信访部门、审判管理部门和审务监察部门。立案信访部门通过受理涉诉信访案件,可能发现法官违法违纪线索,并对此进行初步的调查、研判。审判管理办公室的监督职责侧重于组织开展案件质量评查工作,对可能存在审判权滥用导致判决不公的案件提请审委会或院长进一步核查。审务监察部门的职责主要侧重于对审判、执行环节的廉政风险点进行防控,负责对法官及辅助人员的违法违纪监督,并从信访举报投诉的案件中识别是否存在渎职、失职嫌疑和关系案、人情案、金钱案嫌疑,并开展相应的调查。为优化、协同、高效地实现对审判权运行的监督,应整合监督力量,建议在法院内设机构改革中,对上述三个部门进行合并,设审判监督管理办公室,领审判管理和审判监督两大职能。在审判监督职能方面,统一入口,即将原来信访部门、案件评查、举报等反映法官滥用审判权行为的三个入口合而为一;同时整合原三个部门的调查职能,对法官有涉嫌违反审判权公正运行的行为,统一开展调查,根据调查结果追究相应责任,或提交法官惩戒委员会处理。

(四)建立制约与监督的转换机制

实现制约与监督的衔接转换。一方面,对于法官在案件审理过程中发现不正常

[1] 最高人民法院《关于完善人民法院司法责任制的若干意见》(法发〔2015〕13号)。

[2] 苏力:《司法改革的知识需求:波斯纳〈各行其是——法学界与法院〉译序》,载《波斯纳及其他:译书之后》(增订本),北京大学出版社2018年版。

状况的情形，可通过转换机制提请院庭长或监督部门进行审查；另一方面，对于监督中发现存在形成利益共同体倾向的审判团队、合议庭等，采取调整组成人员等方式，建立新的内部制约。

小　结

审判权公正行使的关键在于对其施加有效控制，制约与监督是控制权力的两种基本形式。法院是法官职业共同体的组合，法官之间的制约关系对确保司法公正发挥着积极的正面作用；法院又具有一定的上下级权力关系，院庭长及专门部门的监督对于避免法官滥用审判权起到有效保障作用，制约与监督是确保审判权公正运行的鸟之双翼。可以寻找建立一种制约—监督均衡控权机制，加强法院内部对审判权的控制，确保其公正运行，以实现让人民群众在每一个司法案件中感受到公平正义的改革目标。

执行异议之诉审判程序的若干问题研究

曾亦桦*

执行异议之诉是民事诉讼执行程序中的特殊救济制度,即指案件在执行过程中,案外人、当事人对执行标的实体权利发生争议,要求排除人民法院对特定标的物强制执行所提起的诉讼程序。2007 年修订的《民事诉讼法》首次将该制度纳入我国民事诉讼领域。执行实施权与执行裁决权相分离,将执行过程中的实体权利争议适用普通民事程序解决,赋予案外人与执行当事人平等保护的权利,体现了诉讼公正与执行效率的兼顾。据统计,近 3 年来广西各中级法院及辖区基层法院受理执行异议、复议案件共 8,351 件,其中程序性和实体性案件分别占 44.7% 和 50.5% 。受理执行异议之诉案件 2,412 件。在执行异议、复议、执行异议之诉案件中,法院支持异议的占 20.6% ,驳回异议的占 78.4% ,当事人撤回申请的占 1% 。这反映出案外人提出的大部分执行异议并不成立,只有两成的执行异议得到支持。因此,在实践中,确实存在部分当事人滥用执行救济程序,严重影响“执行难”问题的解决,损害了公正高效权威的司法公信力。如何在实际工作中防范和解决这一问题,成为执行工作面临的迫切课题。本文将从执行异议之诉构建理论着手,结合审判实践,从执行异议之诉审判程序中的受理条件、诉讼标的、举证责任等方面进行探究,提出防范和解决这一问题的对策。

* 广西壮族自治区高级人民法院执行裁判庭审判员。

一、执行异议之诉的理论依据及特点

（一）执行异议之诉的理论依据

1. 民事执行制度是通过运用国家公权力强制债务人履行生效裁判义务，以实现债权人民事权利的基本法律制度。由于执行行为本身的职权性和强制性属性，决定其价值取向上适用效率优先、兼顾公平的原则。民事执行机构在高效执行过程中，采取“外观主义”或“形式主义”的判断标准确认被执行人的责任财产时，受到物权公示制度在权利归属上的局限性影响，加上民事权利的多样性、权能的复杂性特点，在执行中难免会出现误将案外人财产予以执行，造成民事执行侵害案外人权益的情况。因此，赋予案外人充分有效的救济程序保障尤为必要，执行异议之诉具有制度设计的正当性。

2. 公正与效率，是现代民事诉讼制度追求的价值目标。在执行过程中既要保证生效裁判的实现，也要对执行权力进行制约。对执行程序中的民事实体权利争议事项以诉讼程序方式予以解决，有利于保证有利害关系的案外人与执行当事人权利的平等保护，在制度上确保实现公正高效执行。人民法院依照法定程序对执行异议之诉进行实体审理，可以妥善平衡申请执行人、被执行人及案外人的权利冲突，体现诉讼公正与执行效率的兼顾原则要求。

（二）执行异议之诉的特殊内容

在执行救济制度中设立执行异议之诉是大陆法系国家的普遍做法。德国、法国、日本均有相应的规定。我国在1991年4月修改《民事诉讼法》时，增加了案外人对执行标的提出异议的执行审查程序。该制度有利于提高执行工作效率，也有利于保护案外人的合法利益。但由于缺乏审查程序的具体规定，也未明确异议人在审查程序中的权利义务，且缺乏统一的裁判标准，存在对案外人异议审查的随意性，执行员拥有较大的自由裁量权，难以充分保障案外人以及申请执行人的合法权利，无法实现执行救济制度设置的目的，且不利于执行廉洁风险防范。2007年10月修订的《民事诉讼法》对此加以修改完善，建立了案外人对执行标的提出书面异议的审查程序：一是执行异议审查程序。人民法院应当在收到书面异议之日起15日内对执行异议进行审查：理由成立的，裁定中止对该执行标的的执行；理由不成立的，裁定予以驳回。二是执行异议之诉程序。对于法院的执行异议审查裁定，案外人、当事人不服的，可以自裁定送达之日起15日内向人民法院提起诉讼，对执行标的实体权利争议通过普通诉讼程序进行审理，依法作出判决。这是我国在民事诉讼制度上第一次对执行异议之诉审理程序作出明确规定。之后,最高人民法院通过司法解释对执行异议之诉的审理程序又作出具体规定,完善了执行异议和执行异议之诉的审查、审判程序。对执行异议之诉的性质、地位以及双方当事人的权利义务作出了规定,进一步明确了执行异议之诉是审判程序。执行异议之诉应当由法院审判庭依法审判,法院执行机构只负责执行异议的审查裁定,在职能配置上实行执行实施权与执行审判权相分离。在审判中"案外人执行异议之诉的诉讼标的表现为法院的强制执行措施是否妨害了案外人的实体权益"。〔1〕案外人就执行标的享有足以排除强制执行的民事权益的,判决不得执行该执行标的;案外人就执行标的不享有足以排除强制执行的民事权益的,判决驳回其诉讼请求。

执行异议之诉与普通民事诉讼相比,主要特点是:(1)诉讼目的不同。执行异议之诉的诉讼目的是通过诉讼阻却或恢复人民法院对特定标的物的执行,人民法院作出的裁判结果具有直接否定执行行为的法律效力。而普通民事诉讼的目的在于保护某项民事权益,不能直接产生对抗执行的效力。(2)当事人不同。执行异议之诉的当事人,是执行程序中的案外人、申请执行人和被申请人。而普通民事诉讼的当事人是民事法律关系中的权利人或义务人。(3)诉讼请求不同。在执行异议之诉中,当事人必须明确提出请求人民法院对执行标的停止执行或者许可执行的诉讼请求。而普通民事诉讼的诉讼请求为确认、给付、变更民事权利的主张或请求。(4)起诉的法理根源不同。普通民事诉讼的起诉是赋予公民、法人和其他组织在其民事实体权利受到侵害或发生争议时,有权请求人民法院给予司法保护的资格和权能。而执行异议之诉的起诉系为保护案外人的合法权益,预防违法或不当执行而赋予当事人通过诉讼对抗方式予以司法救济的资格和权能。(5)管辖法院不同。执行异议之诉实行专属管辖,只能向执行法院提起。而普通民事诉讼当事人可以依法选择两个以上法院进行案件管辖。(6)受理程序不同。普通民事诉讼当事人可以依法直接向法院提起诉讼,法院必须依法受理。而执行异议之诉须以执行异议审查程序终结为前置程序,当事人向执行法院提起执行异议申请,只有执行异议审查裁定作出之后,当事人才能依法提起执行异议之诉。(7)诉讼程序起始期限不同。当事人须在执行程序开始后、执行程序终结前提起执行异议之诉,否则将丧失起诉资格或条件。普通民事诉讼起诉不受执行程序是否终结限制。(8)其他限制条件不同。对执行异议之诉,法律规定了

---

〔1〕 沈德咏主编:《最高人民法院民事诉讼法司法解释理解与适用》(下),人民法院出版社 2015 年版,第 825 页。

特殊的限制条件,即对执行法院的执行异议审查裁定不服,须在收到执行异议裁定之日起15日内提出,且提起的诉讼请求与原判决、裁定是否正确的争议无关。同时,为了充分保护案外人实体权利,法律作了特别慎重考虑,规定执行异议之诉不能适用简易程序审理,只能适用民事诉讼普通程序审理。普通民事诉讼没有这些限制性规定。

(三) 高度重视执行异议中的权利滥用和违法问题

最高人民法院司法解释为审判实践中预防当事人恶意串通,滥用执行异议权,故意拖延执行、阻碍执行,以及人民法院追究妨碍民事执行的违法行为提供了合法依据。但是在司法实践中,正如前所述,部分案外人滥用执行救济程序,为解决"执行难"设置障碍。为此,必须高度重视执行异议权利滥用的问题。

二、执行异议之诉的受理条件

依法受理执行异议之诉,是提高依法公正高效执行的第一道关卡,也是防止案外人利用执行异议之诉,干扰执行、妨碍执行效率的关键。

(一)执行异议的不同救济方式

在民事案件执行中,人民法院为及时控制处置与被执行人有关的财产,受财产权属形式审查等因素的影响,法院查封、扣押、冻结、拍卖、处分执行标的和强制搬出等强制执行行为有可能出现侵害当事人、利害关系人或案外人合法权益的情形。对此,我国《民事诉讼法》分两种情形规定了救济途径。一是依据《民事诉讼法》第225条规定的执行异议审查程序,二是依据《民事诉讼法》第227条规定的执行异议之诉审判程序。根据上述规定,以案外人执行异议之诉为例,执行异议之诉原告在满足《民事诉讼法》第119条规定的起诉条件的同时,还应提出与原判决、裁定无关的、排除对执行标的执行的诉讼请求;且必须在执行异议审查裁定生效后15日内向执行法院起诉,法院才能作为执行异议之诉立案受理。但在实践中,对执行异议之诉受理条件存在不同理解,导致部分不符合受理条件的起诉进入诉讼程序,妨碍了执行效率和执行权威。

(二)执行异议之诉实践中常见的问题

实践中,存在的主要错误包括:(1)没有准确区分执行行为异议和执行标的异议,将不服执行行为异议的起诉均作为执行异议之诉立案受理。依照最高人民法院《关于人民法院办理执行异议和复议案件若干问题的规定》第7条规定,执行行为异议是指当事人、利害关系人认为执行过程中或者执行保全、先予执行裁定过程中的执行行为违法提出的异议,包括对查封、扣押、冻结、拍卖、变卖、以物抵债、暂缓执行、中止执行、终结执行等执行措施,对执行的期间、顺序等应当遵守的法定程序,对人民法院作出的侵害当事人、利害关系人合法权益的其他行为都可以提出执行行为异议。当事人、利害关系人对执行异议裁定不服,可通过执行复议、执行监督程序进行救济,不属于执行异议之诉的受理范围。(2)执行程序终结之后,人民法院对案外人提出执行异议之诉予以受理的。因执行异议之诉的核心在于是否排除人民法院的强制执行,执行程序终结后,执行异议之诉因缺乏可供评价的执行事实而丧失审理基础。案外人不能通过执行异议之诉实现其排除执行的诉讼目的,其提起执行异议之诉的,人民法院应当不予受理;已经受理的,裁定驳回起诉。如原告黄某诉被告杨某、陈某案外人执行异议之诉一案,黄某对执行法院查封、拍卖其家庭房屋的行为提出执行异议,在执行法院裁定驳回其异议请求后,起诉请求对涉案房屋停止执行。而此前,李某某在执行法院对涉案房屋的公开拍卖中竞拍成交,法院裁定解除对涉案房屋的查封并将房屋转移登记的协助执行通知书送达不动产登记部门,该房已变更登记至李某某名下。原审法院仍将该案作为案外人执行异议之诉受理,经审理后判决驳回黄某的诉讼请求,实质上该案在受理时已不符合执行异议之诉的受理条件。(3)执行法院裁定解除对执行标的物的查封、冻结措施之后,法院仍按执行异议之诉立案受理。该种情形已不存在执行异议之诉受理的事实基础,不能纳入诉讼受理范围。(4)因执行和解协议没有得到履行,申请执行人请求法院恢复对执行依据的执行,法院将其提出的异议作为执行异议之诉立案受理。如原告冯某、百色某贸易公司诉被告彭某、朱某、广西某房地产开发公司申请执行人执行异议之诉一案,原告因执行当事人与案外人达成的《执行和解协议》未得到完全履行,起诉请求恢复对该案执行依据的执行。原审法院将该案作为执行异议之诉受理并裁判,不符合最高人民法院《关于执行和解若干问题的规定》第 12 条“当事人、利害关系人认为恢复执行或者不予恢复执行违反法律规定的,可以依照民事诉讼法第二百二十五条规定提出异议”的规定。(5)将执行分配方案异议之诉作为案外人执行异议之诉立案受理。此属另外一类执行异议之诉案件,当事人应当提起执行分配方案异议之诉。此外,有的法院在受理案件时,由于没有把握执行异议之诉当事人的特定性,把“案外人”理解为除当事人以外的其他一切人。执行异议之诉案外人是专指在法律上因执行行为而遭受权益侵害的公民、法人或其他组织,主要包括:执行标的的所有权人、共有人、抵押权人、典权人、合法占有人等裁判的特定标的物的合法权利人。[1] 在立案中对起诉人是否符合起诉主体资格

〔1〕 王毓莹:《执行异议之诉案件的裁判思路》,载《人民法院报》2017 年 9 月 27 日。

不予审查,把没有直接法律利害关系的起诉人作为案外人并受理其起诉。有的将案外人另行提起诉讼和申请再审之诉的情形与案外人执行异议之诉混同。还有的对案外人提供具体的事实证据不作审查,只要提供依据、理由都予以受理,“有异必立”。由于缺乏规范的立案审查程序,相当多不符合执行异议之诉受理条件的执行异议,通过受理环节进入诉讼程序,导致执行中止,增加了“人为”的执行难发生。

(三)执行异议之诉的具体受理条件

为解决执行异议之诉立案受理审查不严的问题。各地法院积极探索,制定了相应的规范意见。如江苏、吉林等高院均对执行异议之诉的立案条件作出明确规定。结合省外法院经验,笔者认为,完善执行异议之诉立案受理条件,应从以下几个方面把握:

一是正确认识执行异议权的性质。根据我国民事诉讼法的规定,案外人执行异议权属于诉讼权利,即请求法院提供司法保护的起诉权。通过异议权的行使保护案外人对执行标的的实体权益不受强制执行行为的侵害。

二是执行异议权的成立和行使具有特定性。没有实体权利就没有诉讼权利,这是诉讼法的一个原则。没有侵权的事实,或者发生权利争议及权利资格争议,自无行使诉讼权利的必要性,若这样的起诉大量进入诉讼程序,将纵容滥用诉权的行为,导致司法资源的浪费。因此对任何起诉权利的行使,均应当审查以下两个方面的内容:(1)起诉人是否享有实体权利或因实体权利发生争议。这是“原告与本案有直接利害关系”的实质内容。起诉人不能举证证明实体权利受到侵害,或者不能举证证明因实体权利发生争议的事实,则没有提起诉讼的资格和权利。而“凡诉必立”的观点有可能纵容滥用诉权,妨碍执行效率。(2)审查起诉人起诉是否符合法定条件。而其中最重要的法定条件就是起诉要有具体的事实、证据和理由。这就要求案外人在起诉时,需要提供证据证明执行标的上设定有其依法享有的实体权益,对执行标的的强制执行将损害其已经享有的实体合法权利。案外人异议权属于诉讼权利,它是基于实体权利正在受到强制执行行为侵害而依法产生。因此,执行异议权的行使应当要求原告提供证据证明其实体合法权利存在于执行标的之上,强制执行将导致其权利受到侵害。案外人不能提供证据证明其实体权利存在于执行标的的事实,可以不符合起诉条件为由不予受理。

三是执行异议权行使的法律后果。依照法律规定,案外人异议权的行使将直接启动普通审判程序、中止案件的强制执行,并引起诉辩双方诉讼程序的事实及法律对抗。这三个法律后果最终形成人民法院对执行标的是否应当强制执行的判决结果。

因此执行异议之诉的法律后果,是以判决的方式对执行标的是否应当强制执行进行判断,是对法院强制执行行为是否合法的判断。若案外人对执行标的享有的实体权利足以排除执行,则说明法院执行行为不合法,应当判决不得执行该标的。这也说明,执行异议之诉的审判权是一种判断权,而不是裁量权,是对争议执行标的强制执行行为合法与否的判断权,而不仅仅是对案外人就执行标的享有实体权利的判断权。这一法律上的判断原则上没有给付内容。在执行中执行财产的分配分割给付内容属于强制执行权原本的内容,不需要审判权予以再次确认,因此不属于执行异议之诉的审理范围,不应混同看待。如在不动产上并存着各种民事权利,在执行中如何解决这些权利之间的冲突,我国法律并没有专门的规定。但是,我国宪法法律规定了应当依法保护公民、法人的合法权利。强制执行合法性的边界就在于不得损害公民、法人的合法权利,例如,法律规定的各种优先权制度,就是为了保护公民、法人的合法权利以及公共利益划定的强制执行合法性的底线。因此案外人不但要证明在不动产上享有合法权利,而且要证明这一权利依法足以排除强制执行,以防止强制执行导致案外人合法权利消失、变更、减损。只有这样严格审查,才能实现执行公正高效权威的本质要求。

根据对执行异议权三个方面的理论分析,笔者认为,执行异议之诉受理的条件应当包括以下内容:(1)执行异议之诉应当在执行程序启动之后,执行程序终结之前提出。(2)应当以执行标的物存在案外人已经享有的合法民事权利为依据。对法院执行行为不服,或以尚未取得的民事权利为由提起的诉讼,均不属于执行异议之诉的受理范围。(3)因强制执行行为已经实施,案外人提起执行异议之诉时,不仅要有就执行标的主张实体权利方面的诉讼请求,而且必须明确提出排除对执行标的强制执行的诉讼请求。(4)案外人必须提供具体的事实证据,证明在执行标的物上享有真实合法的民事权利,对执行标的强制执行将损害公民、法人的合法权利。如果存在优先权情况下,必须证明案外人所享有的是具有优先受偿的权利。(5)必须在执行异议审查裁定送达之日起15日内提起执行异议之诉。逾期将丧失起诉权,并不得再次提起执行异议诉讼。(6)执行异议之诉适用不予受理、驳回起诉的程序。为保护案外人实体权益,减少执行信访,提高执行效率,对案外人的起诉裁定不予受理、驳回起诉后,根据执行异议之诉适用普通程序的规定,案外人应当享有上诉权,以切实保护案外人实体权利。这是基于避免诉权滥用,防止不当的案外人异议之诉进入到审判程序中,在坚持严格依法审查执行异议之诉受理条件的同时,为案外人提供充分的救济机会,对应当受理而不受理的案件提供二审救济,更有利于切实保护案外人的实体权利,减少违法执行行为的发生。

三、执行异议之诉的诉讼标的

(一)诉讼标的确立的一般原则

通说认为,民事诉讼的诉讼标的是法律关系双方当事人通过民事诉讼程序解决的、有争议的民事权利义务关系,是任何一起民事诉讼案件都必须具备的基本要素,是整个民事诉讼的核心。诉讼标的是由原告诉讼请求和诉讼请求所依据的事实和理由加以确定的。有什么样的诉讼请求和理由就有什么样的诉讼标的。诉讼标的必须建立在争议的民事法律事实上,不能凭空产生或者由法院确定。当然,根据法律规定,普通民事诉讼和特殊的民事诉讼的诉讼标的是不同的,表现形式和内容也有区别。如民事诉讼法规定的特别程序案件,只有当事人的诉讼请求,没有当事人之间争议的法律关系。但在普通诉讼中,没有诉讼标的就没有诉讼。

通常情况下,诉讼标的在诉讼中具有以下功能和作用:一是确定诉辩双方诉讼对抗的焦点。由此决定当事人之间的诉讼权利义务,特别是举证、质证、抗辩的诉讼权利义务。二是确定法院对案件判决处理的焦点。法院的裁判最终结果就是对诉讼标的依法作出判断和处理。三是判断当事人是否重复起诉、法院是否重复审理的重要标准。对同一诉讼标的不得重复起诉和重复审理,没有诉讼标的指引,重复起诉、重复审判就可能会发生,从而导致扰乱民事诉讼秩序的后果。

(二)执行异议之诉的诉讼标的争论

执行异议之诉适用普通程序,必然存在诉讼标的,否则法院无法确定案件的审判焦点问题,有时还会扰乱重复起诉和重复审判的判断标准。如案外人在提出排除对执行标的强制执行请求的同时,提出对执行标的进行确权的诉讼请求,人民法院作出裁判后,案外人不能对执行标的另行提起确权之诉,否则就违反了民事诉讼的“一事不再理”原则。最高人民法院《关于适用〈中华人民共和国民事诉讼法〉的解释》第312条规定,法院对案外人提起的执行异议之诉审判的焦点问题,就集中在案外人就执行标的是否享有足以排除强制执行的民事权益。对于这一审判核心是否构成案外人执行异议之诉的诉讼标的,有不同的看法。一般来说,存在形成诉讼说、确认诉讼说、给付诉讼说、诉讼救济说、命令诉讼说等。形成诉讼说认为,案外人提起异议之诉的权利在性质上属于形成权,目的是请求撤销执行机构的错误执行行为,变更现有的执行法律关系。该学说是德国和日本的通说。确认诉讼说认为,案外人执行异议之诉的目的是请求法院确认案外人有排除执行的权利,一旦法院确认该权利,执行机关即得停止实施强制执行,并撤销已采取的执行措施。给付诉讼说认为,执行异议之诉的诉讼标的是案外人要求申请执行人不作为的给付请求权，当事人要求法院命令债权人不得为强制执行，或者返还执行财产等就是给付请求的内容。诉讼救济说认为，异议之诉既不是单一的确认之诉，也不是单一的形成之诉，而是二者合一，既具有确认的法律效果，也具有排除执行的法律效果。命令诉讼说认为，案外人执行异议之诉的胜诉判决为执行机关设定了相应义务，即宣告执行机关须为一定行为，故其不属于任何一种既有的诉讼类型。这里的命令并非是指职务关系上的命令，而是设定特定的义务。[1]

但司法部门并不完全同意上述观点，认为执行异议之诉有其特殊性。这类争议在形式上体现为法院强制执行行为是否侵害案外人合法权益，是否应当停止并撤销法院的强制执行行为；在实质上是申请执行人请求人民法院对特定执行标的进行强制执行的主张与案外人对该执行标的的权利主张相互冲突，是平等主体之间的民事纠纷。在实体权属纠纷层面，申请执行人请求人民法院强制执行特定执行标的的行为实际上是实现生效裁判文书等所确定的债权的行为，申请执行人对执行标的并不享有排他性权利，对执行标的的权属纠纷只发生在被执行人和案外人之间。因此，执行异议之诉在形式上体现为是否排除强制执行行为的纠纷，在实质上是案外人与被执行人对该执行标的的权属纠纷和案外人对执行标的所享有权益与申请执行人在生效裁判文书等执行依据项下请求权的优先效力纠纷。可见，执行异议之诉并不能简单地归属于形成诉讼、确认诉讼或者给付诉讼，而是一种具有复合性的新类型诉讼。[2] 可以看出，目前上述观点都不能令人信服，在理论上及实践中都有缺陷。

(三)执行异议之诉诉讼标的实证分析

笔者认为，对执行异议之诉及其诉讼标的的性质的认识，应当从以下几个方面进行把握：(1)必须把握权利争议产生的基础和前提。双方当事人产生争议的法律关系的前提，是因为相互之间事先存在某种法律关系。否则，不可能在诉讼中凭空形成有争议的民事权利义务关系，也就不可能成为诉讼程序中对抗的双方当事人。(2)在民事诉讼中，诉的形成是基于实体请求权的司法保护。没有民事实体权利就没有提起民事诉讼的权利，除非有法律的明确规定和授权。例如，在民事诉讼特别程序中，原

[1] 沈德咏主编：《最高人民法院民事诉讼法司法解释理解与适用》(下)，人民法院出版社2015年版，第813～814页。

[2] 沈德咏主编：《最高人民法院民事诉讼法司法解释理解与适用》(下)，人民法院出版社2015年版，第813～814页。

告并不是基于实体请求权享有起诉的权利，而是依照法律规定可以提起民事诉讼。在执行异议之诉中，申请执行人与案外人之间的法律关系是法律拟定的诉讼法律关系。执行异议之诉是因法律设定而产生，而不是基于双方事先存在争议的法律关系而产生。申请执行人与案外人在实体上并没有发生法律上的权利义务争议，不存在民事纠纷，而仅仅是在诉讼权利义务上发生冲突和对抗。因此，双方不是民事权利之争，而是诉讼权利义务之争，即案外人与申请执行人之间发生的举证、质证、抗辩诉讼冲突，通过平等的诉讼对抗，查清案外人是否在执行标的物上享有实体上的合法权利。(3)申请执行人享有诉讼对抗权利的基础是由于司法裁判确认其享有合法请求权，并赋予法律强制力。从诉讼法律关系来看，申请执行人的申请执行权就是法院的执行义务。从执行标的上看，真正与案外人发生民事法律关系是被执行人而不是申请执行人。因此，认为案外人与申请执行人存在民事权利争议是极其牵强的。(4)执行异议之诉的目的和焦点，是通过诉讼程序依法判断是否应当排除强制执行行为。依照法律规定，人民法院生效裁判具有法律强制力，属于公权力的范畴。其法律效力体现在强制执行行为的不可抗拒性，这种强制力不会因为当事人行使执行异议权而被终止、撤销。依照职权法定的原则，公权力的行使必须具有合法性，违法或不当行使的公权力不应赋予强制执行的法律效力。经过双方参与的普通程序审理，如事实证明案外人对执行标的排除执行的实体权利成立，继续执行必然会损害案外人的合法权利，因此，执行异议之诉的审判结果应当以执行行为违法或不当，判决对该执行标的不得执行。相应地，执行法院对该执行标的的相关执行措施应当予以解除。如果经审理，判定法院强制执行具有合法性，则应当判决准许对执行标的的强制执行。因此，人民法院对执行标的强制执行是否合法，是执行异议之诉诉讼标的之核心，也是执行异议之诉的本质所在。(5)从案外人享有的实体权利看，案外人只有在其享有的合法实体权利遭受侵害时，才能对抗法院的强制执行。法院在依法执行的同时，应当充分保护与执行标的相关的案外人合法权利，不能因强调解决“执行难”而忽视平等民事主体的平衡保护，防止案外人因利益受到损害而增加新的“执行难”问题。

因此，从上述几个方面看，执行异议之诉是诉讼法设定的诉讼权利义务关系，是通过普通诉讼程序查明事实、判断执行法院对特定执行标的的强制执行是否合法的救济性程序，其诉讼标的如同民事诉讼特别程序一样，核心是案外人排除强制执行的诉讼请求是否成立，人民法院强制执行是否合法之争，即案外人举证排除执行请求与申请执行人继续执行请求的争议和对抗。把执行异议之诉的性质或者诉讼标的确定为案外人与申请执行人的实体权利之争，是没有事实和法律依据的。

四、执行异议之诉的举证责任问题

通过以上论述，可以清晰地看到，执行异议之诉是法律设定的诉讼救济程序，目的在于通过诉讼程序证明人民法院对特定执行标的强制执行的合法性，同时，判断和确认案外人对该执行标的是否享有合法的民事权益。为有效实现诉讼救济，应当建立和完善符合执行异议之诉特点的举证责任机制。

（一）执行异议之诉的举证责任机制设置

民事案件“执行难”一直是困绕人民法院工作、社会高度关注的热点问题。司法实践中，被执行人与他人恶意串通，采取虚构买卖、租赁、抵押等事实，或以虚构借条、收条等方式制造虚假债权债务，转移、隐匿财产甚至提起虚假诉讼，以规避法院强制执行的现象较为严重。一些被执行人利用我国当前不动产登记制度尚不完善的现状，将财产登记在他人名下，以及以离婚手段转移财产或恶意放弃债权，炮制被执行人失踪或下落不明等事实，以规避执行、干扰执行。一旦相关财产被纳入执行范围，被执行人、利害关系人或案外人便以种种理由提出执行异议，当事人不服执行法院审查结果继而提起执行异议之诉，上述虚假行为对执行异议之诉审理带来严重的困难和挑战，因此，必须在执行异议之诉举证责任机制设置上加以完善。

目前，最高人民法院《关于适用〈中华人民共和国民事诉讼法〉的解释》第315条规定，被执行人与案外人恶意串通，通过执行异议之诉妨害执行的，人民法院应当依法追究法律责任。申请执行人因此受到损害的，可以提起损害赔偿之诉。这些原则性规定，要具体落实还必须建立和完善更加具体的诉讼对抗机制，在制度上阻断案外人与被执行人恶意串通，逃避执行的机会和可能。

（二）执行异议之诉举证责任的具体内容

笔者认为，执行异议之诉举证责任机制应当包括以下内容：(1)建立符合执行异议之诉特点的诉讼对抗机制。诉讼对抗机制重要意义在于通过双方当事人行使举证、质证、反驳、辩论等诉讼权利义务，从而判断证据，发现事实，最大限度地实现程序正义，提高审判的公信力。诉讼对抗机制，关键在于强化举证质证责任机制。在执行异议之诉中，被执行人应当作为当事人参加诉讼，有利于查清其与案外人客观上存在的民事法律关系，对判断案外人是否对执行标的享有实体权益提供事实证据。(2)强化案外人举证责任，明确具体举证证明内容。对案外人或者申请执行人提起的执行异议之诉，均应由案外人就其对执行标的享有足以排除强制执行的民事权益承担举证责任。具体内容包括：证据以书证、物证为主，当事人陈述、证人证言为辅。因为言词证据更具有主观性、易变性,书证、物证更具有客观性、真实性。没有其他证据印证的当事人陈述或证人证言不得作为定案证据使用。(3)应当完善执行异议之诉的举证责任机制,充分保障申请执行人全面了解案外人全部举证证据的权利。申请执行人对不能自行调取核实的证据材料,可提供线索申请人民法院调查核实,但要限定在查清事实必要的范围内。人民法院认为案件审理需要,可以依职权主动调查取证,以准确查清案件事实。(4)提高民事证据证明标准。案外人不但要证明其对执行标的物享有的实体权利,还必须证明该权利具有合法性。同时,案外人还应当证明自己享有的实体权利与申请执行人据以申请执行的权利是否存在对立排斥,或者与之相比享有优先权。如果案外人在执行标的物上设定的实体权利与申请执行人享有的权利相互兼容,对执行标的的强制执行并不影响案外人实体权利的享有和行使,则不应支持其排除执行的诉讼请求。如果执行标的物不足以抵偿案外人优先实现的请求权,则其排除强制执行的请求理当获得支持。因此,在证明标准上,应当坚持高度盖然性的证明标准。案外人所提出的证据应当足以证明其实体权利的存在,并且享有优先实现的资格。(5)严格适用当事人自认制度。虽然当事人对于事实的承认可以作为认定案件事实的证据,但该自认陈述必须得到其他证据的印证支持。在实践中,被执行人与案外人合谋通过共同确认案外人的实体权利,对抗申请执行人对执行标的物的强制执行的情况较为多发,因此,被执行人对案外人的权利主张表示承认的,不能免除案外人的举证责任。强化当事人对自认事实印证性举证责任更加有利于查明案件事实,堵绝被执行人与案外人恶意串通、滥用诉权的漏洞。

结　语

执行异议之诉是现行民事诉讼制度中的新型诉讼制度,对于执行异议之诉相关程序的完善,需要不断实践总结和加强理论研究。目前关键在于应当依法严格把握执行异议之诉的受理条件,避免部分当事人滥用执行救济程序,损害高效执行的司法权威。应当准确理解执行异议之诉及其诉讼标的性质,统一执法理念。在案件审理中,严格落实案外人举证责任要求,坚持高度盖然性的证明标准。同时加大法治宣传,依法支持申请执行人对案外人提起执行异议之诉的损害赔偿请求,以有效遏制案外人滥用诉权,切实保障公民、法人合法权益。

案例分析

第三人撤销之诉是否应另行组成合议庭问题之探讨

——宋某与覃某、兰某第三人撤销之诉

覃子骅* 韩胜强** 周艳华***

一、裁判要点

第三人撤销之诉是否应另行组成合议庭审理,《民事诉讼法》以及最高人民法院《关于适用〈中华人民共和国民事诉讼法〉的解释》均没有明确规定。最高人民法院《关于审判人员在诉讼活动中执行回避制度若干问题的规定》(以下简称《审判人员执行回避制度规定》)第3条规定:凡在一个审判程序中参与过本案审判工作的审判人员,不得再参与该案其他程序的审判。第三人撤销之诉与原案诉讼虽然在案件当事人范围、诉讼标的等方面并不相同,但在评价相关法律文书是否存在错误的问题上,第三人撤销之诉与二审、再审诉讼程序具有相同性质和功能。因此,基于第三人撤销之诉产生的案件属于《审判人员执行回避制度规定》所称的"本案",第三人撤销之诉属于《审判人员执行回避制度规定》所称的"该案其他审判程序",原案合议庭成员依法应当回避,第三人撤销之

* 广西壮族自治区高级人民法院环境资源审判庭庭长、员额法官。

** 广西壮族自治区高级人民法院环境资源审判庭员额法官。

*** 广西壮族自治区高级人民法院环境资源审判庭法官助理。

诉应另行组织合议庭审理。

二、相关法律规定

《审判人员执行回避制度规定》

第三条 凡在一个审判程序中参与过本案审判工作的审判人员，不得再参与该案其他程序的审判。但是，经过第二审程序发回重审的案件，在一审法院作出裁判后又进入第二审程序的，原第二审程序中合议庭组成人员不受本条规定的限制。

三、基本案情

宋某向一审法院起诉请求：(1)撤销百色市中级人民法院(2015)百中民一终字第636号民事判决；(2)确认位于田东县那拨镇福星村那尧屯约600亩的林地承包权归其所有；(3)确认位于田东县那拨镇福星村那尧屯约600亩地上的林木归其所有；(4)本案的诉讼费用由覃某、兰某承担。

百色市中级人民法院一审查明事实：2009年11月26日，覃某与兰某经协商一致签订《林地转包协议书》，由覃某将田东县那拨镇福星村那尧屯原先发包给其承包的林地转包给兰某，合同约定：承包期限为20年，即自2009年11月26日起至2030年1月30日止。兰某应向覃某支付发包前种植速生桉的补偿金和租金共122,500元，该款项分两期支付，第一期款项70,000元在签订合同生效之日起30日内支付，第二期款项52,500元在合同签订的4个月内支付。兰某至今未向覃某支付合同约定的补偿金和林地租金。覃某遂起诉请求：判令解除双方签订的《林地转包协议书》并返还林地。田东县人民法院经审理后作出(2014)东民二初字第1110号民事判决：(1)解除覃某与兰某签订的《林业转包协议书》；(2)《林业转包协议书》中所涉位于田东县那拨镇福星村那尧屯的林地及地上林木归覃某所有。兰某不服一审判决，提起上诉。百色市中级人民法院经审理作出(2015)百中民一终字第636号民事判决，维持(2014)东民二初字第1110号民事判决。

百色市中级人民法院另查明：2009年11月26日，宋某与兰某签订《林地承包经营权流转合同》，双方约定：兰某将田东县那拨镇福星村那尧屯约600亩的林地转让给宋某经营，转让期限自2009年11月26日起至2029年1月31日止，共20年；承包金125,500元。同日，宋某与兰某签订《利润分成协议书》，约定对田东县那拨镇福星村那尧屯约600亩的林地联营造林及利润分配。合同签订之后，宋某分别于2010年1月8日、2010年1月13日向兰某支付了70,000元及52,500元的承包金。

四、裁判结果

百色市中级人民法院一审认为，宋某和兰某系合伙开发造林的合伙人，在生效的百色市中级人民法院（2015）百中民一终字第636号案件中，二人是必要共同诉讼当事人，故宋某不是提起第三人撤销之诉的适格"第三人"。百色市中级人民法院作出（2016）桂10民撤1号民事判决：驳回宋某的诉讼请求。

宋某不服一审判决，以一审主审法官曾参与百色市中级人民法院（2015）百中民一终字第636号原审案件的审理，应当回避而没有回避，程序违法等为由提起上诉，请求撤销一审判决，依法改判或发回重审。

广西壮族自治区高级人民法院二审认为，本案一审合议庭成员之一，曾经参与了（2015）百中民一终字第636号民事判决一案的审判工作，其应当回避而未回避，严重违反了法定程序。广西壮族自治区高级人民法院作出（2017）桂民终541号民事裁定：（1）撤销百色市中级人民法院（2016）桂10民撤1号民事判决；（2）本案发回百色市中级人民法院重审。

五、法理评析

第三人撤销之诉系有独立请求权的第三人或者案件处理结果同其有法律上利害关系的无独立请求权的第三人因不能归责于本人的事由未参加诉讼，但有证据证明发生法律效力的判决、裁定、调解书的部分或者全部内容错误，损害其民事权益的，在法律规定的期间内，向作出该判决、裁定、调解书的人民法院提起的诉讼。对于第三人撤销之诉之合议庭的组成，最高人民法院《关于适用〈中华人民共和国民事诉讼法〉的解释》第294条规定："人民法院对第三人撤销之诉案件，应当组成合议庭开庭审理。"但对于第三人撤销之诉是否应另行组成合议庭进行审理，《民事诉讼法》以及该解释均没有明确规定。

有观点认为，第三人撤销之诉是基于第三人提出的新事实和新理由提起的诉讼，而且是对新的实体内容的审理，与再审对原审审理的内容进行再次审理并予以纠正不同，原审判人员参加合议庭审理，有利于更好地查明案件的全部事实，更准确和更高效地作出裁判。即使撤销了原生效裁判，也并不意味着原审裁判是错案，不必担心原审审判人员参与审理会影响裁判结果的公正。因此，第三人撤销之诉不须另行组成合议庭进行审理。

还有观点认为，根据最高人民法院《关于适用〈中华人民共和国民事诉讼法〉的解释》第45条“在一个审判程序中参与过本案审判工作的审判人员，不得再参与该案其他程序的审判。发回重审的案件，在一审法院作出裁判后又进入第二审程序的，原第二审程序中合议庭组成人员不受前款规定的限制”之规定，对于重新审理的案件，在不影响审理公正的前提下，可以允许原审判人员继续对案件进行审理，故第三人撤销之诉无须另行组成合议庭审理。如《最高人民法院民事诉讼法司法解释理解和适用》（人民法院出版社2015年版）中就存在上述观点。

另有观点认为，《审判人员执行回避制度规定》第3条规定：凡在一个审判程序中参与过本案审判工作的审判人员，不得再参与该案其他程序的审判。第三人撤销之诉的审理依赖于对业已发生法律效力的法律文书是否存在错误及是否损害第三人民事权益问题所作的判断结果。所以，尽管原案诉讼与第三人撤销之诉在案件当事人范围、诉讼标的等方面并不相同，但在评价相关法律文书是否存在错误的问题上，第三人撤销之诉与二审、再审诉讼程序具有相同性质和功能。而第三人撤销之诉与发回重审程序存在本质不同，发回重审对案件法律关系并未作出实质性处理。因此，基于第三人撤销之诉产生的案件属于《审判人员执行回避制度规定》所称的“本案”，第三人撤销之诉属于《审判人员执行回避制度规定》所称的“该案其他审判程序”。因此，原案合议庭成员依法应当回避，第三人撤销之诉应另行组织合议庭审理。笔者同意该观点。广西壮族自治区高级人民法院二审最后采纳这一观点。根据《民事诉讼法》第170条第1款第4项、最高人民法院《关于适用〈中华人民共和国民事诉讼法〉的解释》第325条第2项之规定，本案一审合议庭成员之一，参与了百色市中级人民法院（2015）百中民一终字第636号原案的审判工作，其应当回避而未回避，严重违反法定程序。故裁定撤销原判，发回重审。这一观点也在最高人民法院于2015年6月30日作出的（2015）民一终字第114号民事裁定、北京高院《关于审理第三人撤销之诉案件适用法律若干问题的研讨纪要》、广东高院《关于审理第三人撤销之诉案件疑难问题的解答》得到确认。

如何认定受贿犯罪中为他人谋取不正当利益，致公共财产、国家和人民利益遭受损失等加重情节

——周某、梁某受贿、放纵走私案

韦宗昆[*]

一、基本案情

被告人周某，男，1978年9月16日出生。曾因受贿5,000元于2015年10月30日被广西壮族自治区钦州市钦北区人民检察院不起诉。因涉嫌受贿于2016年1月9日被刑事拘留，同月25日被逮捕。

被告人梁某，男，1986年4月7日出生。因涉嫌受贿于2016年1月9日被刑事拘留，同月27日被逮捕。

广西壮族自治区钦州市钦南区人民检察院指控被告人周某、梁某经商量后，利用二人担任钦州保税港区海关关员职务之便，在2015年3月至11月，为韦某（另案处理）采取以高支棉纱冒充低支棉纱或以木浆名义报关，从中夹藏高值品的方式走私货物提供帮助，使韦某的走私货物得以通关，致使国家税收遭受损失。周某、梁某分4次共同收受韦某通过杨某给予的好处费209万元，周某单独收受韦某给予的价值人民币54,862元的比亚迪SUV汽车一辆。钦州市钦南区人民检察院认为，被告人周某、梁某身为海关工作人员，利用职务上之便及利用本人职权或地位形成的便利条件，通过其他国家工作人员职务上的行为，为韦某走

* 广西壮族自治区高级人民法院刑二庭副庭长。

私谋取不正当利益,非法收受他人财物,数额巨大且有其他特别严重情节,并且徇私舞弊,放纵走私,情节严重,其二人行为已触犯《刑法》第385条、第388条、第411条,应当以受贿罪和放纵走私罪追究刑事责任,并实行数罪并罚。

周某及其辩护人认为,周某的行为不构成放纵走私罪。

梁某的辩护人认为,对梁某不应数罪并罚,而应以受贿罪从重处罚。

广西壮族自治区钦州市钦南区人民法院审理查明。具体事实如下:

1. 2015年7月17日,韦某以高支棉纱冒充低支棉纱报关通关后,周某在钦州保税港区七十二泾码头港新大排档对面停车处收受韦某通过杨某给予的好处费24万元。

2. 2015年8月7日,在韦某以高支棉纱冒充低支棉纱报关通关后,梁某在梧州市环球大酒店门口停车处收受韦某通过杨某给予的好处费55万元。

3. 2015年9月18日,在韦某以木浆名义报关夹藏高值品走私通关后,周某在钦州市白海豚大酒店停车场收受韦某通过杨某给予的好处费70万元。

4. 2015年11月3日,在韦某以木浆名义报关夹藏高值品走私通关后,梁某叫其父亲在梧州海关对面停车场收受韦某通过杨某给予的好处费60万元。

5. 2015年7月,周某单独收受韦某通过杨某送给的白色比亚迪SUV车辆一辆。经物价部门鉴定,该车价值54,862元。

另查明,2015年11月18日,钦州海关缉私分局根据情报,在钦州保税港区查获了一起货运渠道夹藏走私案件,抓获韦某等犯罪嫌疑人,现场查扣了集装箱8柜。经钦州保税港区海关通关管理科核定,走私奶粉的偷逃税款为368,875.39元,走私杏仁的偷逃税款为104,270.58元,走私红木的偷逃税款为106,542.27元,合计偷逃关税579,688.24元。

案发后,梁某的亲属代其向钦州市钦南区人民检察院退出赃款1万元。

此外,广西壮族自治区钦州市钦南区人民法院在列写认定事实的证据时,将钦州市钦北区人民检察院不起诉决定书(内容为周某曾因受贿5,000元于2015年10月30日被钦州市钦北区人民检察院不起诉)作为认定事实的证据确认。

二、审理结果

钦州市钦南区人民法院认为:被告人周某、梁某身为海关工作人员,利用职务上之便及利用本人职权或地位形成的便利条件,通过其他国家工作人员职务上的行为,为他人谋取不正当利益,非法收受他人财物,共同受贿209万元,周某还单独受贿价值 54,862 元的比亚迪 SUV 车辆一辆，数额巨大；二被告人徇私舞弊，放纵走私，情节严重，其二人行为触犯了《刑法》第 385 条、第 388 条、第 411 条的规定，构成受贿罪和放纵走私罪。在本案中，周某、梁某构成受贿罪和放纵走私罪，应实行数罪并罚。在共同犯罪中，二被告人均是主犯，应按照二人参与的全部犯罪处罚。二被告人如实供述了主要犯罪事实，可以从轻处罚。梁某家属代其退出小部分赃款，可酌情从轻处罚。由于没有相关证据证实两被告人的受贿行为致使国家遭受损失的金额，海关部门核算的韦某偷逃的税额由于该核算的货物尚未出关，不能计入已造成国家遭受损失的金额。根据最高人民法院、最高人民检察院《关于办理贪污贿赂刑事案件适用法律若干问题的解释》（以下简称《贪污贿赂解释》）第 2 条第 1 款“贪污或者受贿数额在二十万元以上不满三百万元的，应当认定为刑法第三百八十三条第一款规定的‘数额巨大’，依法判处三年以上十年以下有期徒刑，并处罚金或者没收财产”的规定，对周某、梁某犯受贿罪科以 3 年以上 10 年以下有期徒刑，并处罚金的刑罚。根据《刑法》第 400 条、第 411 条的规定，对周某、梁某犯放纵走私罪科以 5 年以下有期徒刑或者拘役的刑罚，并根据《刑法》第 69 条的规定，对周某、梁某实行数罪并罚。综上，根据周某、梁某犯罪的事实、性质、情节及对社会的危害程度，并结合其认罪、悔罪表现，决定对周某、梁某从轻处罚。依照《刑法》第 385 条第 1 款、第 386 条、第 388 条、第 383 条、第 411 条、第 61 条、第 62 条、第 64 条、第 67 条第 3 款、第 69 条、第 52 条、第 53 条、第 47 条和最高人民法院、最高人民检察院《贪污贿赂解释》第 2 条第 1 款、第 18 条、第 19 条的规定，判决如下：

“一、被告人周某犯受贿罪，判处有期徒刑六年九个月，并处罚金人民币三十万元，犯放纵走私罪，判处有期徒刑二年，总和刑期八年九个月，决定执行有期徒刑八年，并处罚金人民币三十万元；

“二、被告人梁某犯受贿罪，判处有期徒刑六年二个月，并处罚金人民币三十万元，犯放纵走私罪，判处有期徒刑二年，总和刑期八年二个月，决定执行有期徒刑七年六个月，并处罚金人民币三十万元；

“三、依法没收被告人周某受贿所得车牌号为湘 M8XJ98 白色比亚迪 SUV 汽车一辆及被告人梁某退出的受贿所得人民币 1 万元，上缴国库，对被告人周某、梁某尚未退出的受贿所得人民币 208 万元，继续予以追缴上缴国库。”

一审宣判后，广西壮族自治区钦州市钦南区人民检察院提出抗诉，认为原审判决对被告人周某、梁某适用法律错误，导致量刑畸轻，理由是：(1) 一审判决以没有相关证据证实二被告人的受贿行为致使国家遭受损失的金额为由，未认定周某、梁某的受贿罪中具有其他特别严重情节，属适用法律错误。(2)一审判决适用法律错误，导致量刑畸轻。周某、梁某共同受贿数额巨大，且具有特别严重情节，依法应处10年以上有期徒刑，并处罚金或者没收财产。广西壮族自治区钦州市人民检察院除支持钦州市钦南区人民检察院的抗诉外，还提出被告人周某曾因涉嫌受贿犯罪，于2015年11月28日被钦州市钦北区人民检察院刑事立案追究，同年10月30日作出相对不起诉处理。周甦受到刑事追究后仍然收受韦某给予的好处费，符合《贪污贿赂解释》第1条第2款第3项规定，即"曾因故意犯罪受过刑事追究"，依法应当认定为具有"其他特别严重情节"，依法应判处10年以上有期徒刑、无期徒刑或者死刑，并处罚金或者没收财产。

钦州市中级人民法院审理后认为：被告人周某、梁某身为海关工作人员，利用职务上的便利，非法收受韦某财物，放纵韦某等人走私货物，为韦某等人谋取不正当利益，造成国家海关税收损失，其行为构成受贿罪。其中，周某、梁某共同受贿209万元，周某单独受贿比亚迪SUV车辆一辆，价值54,862元。周某、梁某共同受贿150万元以上，且为韦某等人谋取不正当利益，致使国家海关税收遭受损失，具有其他特别严重情节。周某因受贿被钦州市钦北区人民检察院作出相对不起诉决定，属于因故意犯罪受过刑事追究，具有其他特别严重情节。梁某身为海关工作人员，负有货物进口监管职责，且直接参与对韦某走私进口的监管工作，收受贿赂，放纵韦某等走私货物入境，情节严重。周某身为海关工作人员，参与对韦某走私进口的货物入库和协助核查税票工作，收受贿赂，放纵韦某等走私货物入境，情节严重，其二人行为均构成放纵走私罪。梁某、周某犯数罪，应实行数罪并罚。在共同犯罪中，周某、梁某均起主要作用，均系主犯，应按照其两人参与的全部犯罪处罚。周某、梁某如实供述其主要犯罪事实，依法可以从轻处罚。梁某家属代其退出小部分赃款，酌情从轻处罚。综上，一审判决定罪准确，审判程序合法，对放纵走私罪和赃款的处理和追缴符合法律规定，但对周某、梁某受贿犯罪情节认定错误，量刑不当，根据查清的事实，依法改判。依照《刑事诉讼法》第225条第1款第2项、第47条，《刑法》第385条第1款、第386条、第383条第1款第3项、第411条、第61条、第62条、第64条、第67条第3款、第69条、第52条、第53条、第47条和最高人民法院、最高人民检察院《贪污贿赂解释》第3条第3款、第18条、第19条第1款的规定，判决如下：

"一、维持广西壮族自治区钦州市钦南区人民法院(2016)桂0702刑初273号刑事判决第三项，即依法没收被告人周某受贿所得车牌号为湘M8XJ98白色比亚迪SUV汽车一辆及被告人梁某退出的受贿所得人民币1万元，上缴国库；对被告人周某、梁某尚未退出的受贿所得人民币208万元，继续追缴上缴国库。

“二、撤销钦广西壮族自治区钦州市南区人民法院(2016)桂 0702 刑初 273 号刑事判决第一、二项,即被告人周某犯受贿罪,判处有期徒刑六年九个月,并处罚金人民币三十万元,犯放纵走私罪,判处有期徒刑二年,总和刑期八年九个月,决定执行有期徒刑八年,并处罚金人民币三十万元;被告人梁某犯受贿罪,判处有期徒刑六年二个月,并处罚金人民币三十万元,犯放纵走私罪,判处有期徒刑二年,总和刑期八年二个月,决定执行有期徒刑七年六个月,并处罚金人民币三十万元。

“三、原审被告人周某犯受贿罪,判处有期徒刑十一年,并处罚金人民币五十万元,犯放纵走私罪,判处有期徒刑二年,总和刑期十三年,决定执行有期徒刑十二年,并处罚金人民币五十万元。

“四、原审被告人梁超鹏犯受贿罪,判处有期徒刑十年,并处罚金人民币五十万元,犯放纵走私罪,判处有期徒刑二年,总和刑期十二年,决定执行有期徒刑十一年,并处罚金人民币五十万元。”

三、裁判理由

(一)收受贿赂后放纵走私犯罪应数罪并罚

2012 年 9 月 12 日通过的最高人民法院、最高人民检察院《关于办理渎职刑事案件适用法律若干问题的解释(一)》(以下简称《渎职罪司法解释(一)》)第 3 条规定:“国家机关工作人员实施渎职犯罪并收受贿赂,同时构成受贿罪的,除刑法另有规定外,以渎职犯罪和受贿罪数罪并罚。”这里的“除刑法另有规定外”是指《刑法》第 399 条第 4 款规定的“司法工作人员收受贿赂,有前三款行为(第一款是徇私枉法罪,第二款是民事、行政枉法裁判罪,第三款是执行判决、裁定失职罪和执行判决、裁定滥用职权罪)的,同时又构成本法第三百八十五条规定之罪的,依照处罚较重的规定定罪处罚”。可见,本案中二被告人触犯放纵走私罪名不属于“刑法另有规定外”的情形,依法应当数罪并罚。此外,根据 2002 年 7 月 8 日最高人民法院、最高人民检察院、海关总署《关于办理走私刑事案件适用法律若干问题的意见》第 16 条第 2 款规定,“海关工作人员收受贿赂又放纵走私的,应以受贿罪和放纵走私罪数罪并罚”。由此观之,前后两个司法解释的规定是相同的,本案依照上述司法解释或者文件规定,对二被告人数罪并罚是正确的。

(二)为他人谋取不正当利益,致使公共财产、国家和人民利益遭受损失,以及因故意犯罪受过刑事追究的加重情节的认定

《刑法修正案(九)》将传统上单纯以数额来追究贪污犯罪,转变为“数额 + 情节”

的方式；但是，它没有具体明确“有其他较重情节”“有其他严重情节”“有其他特别严重情节”的认定。2016 年 4 月 18 日实施的《贪污贿赂解释》的第 1 条、第 2 条、第 3 条分别规定贪污贿赂数额达到不同量刑幅度一定犯罪数额标准，同时具有第 1 条第 1 款、第 2 款规定的九种情节之一的，即可以认定行为人“有其他较重情节”“有其他严重情节”“有其他特别严重情节”，应当加重处罚。《贪污贿赂解释》出台后，刑事审判中认定行为人具有《贪污贿赂解释》第 1 条第 1 款第 1 项“贪污救灾、抢险、防汛、优抚、扶贫、移民、救济、防疫、社会捐助等特定款物”、第 1 条第 2 款第 1 项“多次索贿”而加重处罚的案例多见，但是其他七种情节则较少见，特别是像本案的两种加重处罚情节更少见。这主要涉及以下问题：

1. 为他人谋取不正当利益，致使公共财产、国家和人民利益遭受损失的认定

(1)“为他人谋取不正当利益，致使公共财产、国家和人民利益遭受损失”的范围。如上所述，本案中行为人放纵走私行为造成公共财产、国家和人民利益损失，一般是因行为人受贿犯罪引发，且直接与渎职犯罪相关联，所以与渎职犯罪造成损失等同。因此，在认定行为人受贿的同时造成的公共财产、国家、人民利益损失，应当依照《渎职罪司法解释（一）》第 1 条确定的危害后果来确定损失的范围，即因受贿犯罪同时渎职并造成人员伤亡、造成经济损失、造成恶劣社会影响或者其他致使公共财产、国家和人民利益遭受损失的情形。例如，担负食品药品监管职责的国家工作人员受贿后，放纵他人在自己管辖范围内贩卖假药假酒，造成重大人员伤亡的，同时受贿数额达到《贪污贿赂解释》有关数额标准的，可以认定其具有“有其他较重情节”“有其他严重情节”“有其他特别严重情节”，并加重处罚。具体到本案，应当以被告人受贿后放纵他人走私，造成国家关税流失，认定相关损失后果。

(2)在走私物品已被扣押时，公共财产、国家和人民利益遭受损失的认定。本案中，一审法院和公诉机关分歧在于，案发时海关已扣押最后一批走私货物，并对该批扣押物品偷逃的税款进行了核算。一审法院认为，由于该批货物尚未出关，不能计入已造成国家遭受损失的金额。但是，公诉机关坚持以海关部门对扣押在案的走私物品偷逃的税额，作为二被告人受贿后放纵走私造成国家、人民利益损失的依据。我们认为，一审法院的观点值得商榷。本案中，韦某向二被告人行贿的目的是为走私货物通关提供帮助以偷逃关税。因此，二被告人受贿后放纵他人走私犯罪，直接后果就是造成了国家税款流失。根据《渎职罪司法解释（一）》第 8 条第 1 款的规定：“本解释规定的‘经济损失’，是指渎职犯罪或者与渎职犯罪相关联的犯罪立案时已经实际造成的财产损失，包括为挽回渎职犯罪所造成损失而支付的各种开支、费用等。立案后

至提起公诉前持续发生的经济损失,应一并计入渎职犯罪造成的经济损失等”。第 3 款又规定:“渎职犯罪或者与渎职犯罪相关联的犯罪立案后,犯罪分子及其亲友自行挽回的经济损失,司法机关或者犯罪分子所在单位及其上级主管部门挽回的经济损失,或者因客观原因减少的损失,不予扣减,但可以作为酌情从轻处罚情节。”因此,海关根据案发时已查扣的走私货物计算出来偷逃的税款,不是否定二被告人的行为造成国家税收损失的理由。

此外,韦某出于偷逃关税的目的,没有如实申报通关货物,而海关在案发后根据扣押后查实的货物以计核所应缴纳的关税,证实韦某被查扣在案的走私货物偷逃关税达 579 余万元,足可说明税款流失在通关时事实上已客观存在。从走私普通货物、物品罪的犯罪构成要件看,行为人偷逃关税数额较大,即构成本罪。因此,韦某的行为已构成走私犯罪且是犯罪既遂。在这一前提下,理应认定偷逃的关税是应交而未交的国家关税损失。本案韦某案发后已被抓获归案,且涉嫌犯罪,不可能再补缴偷逃的税款,就算执法机关将查扣在案的走私物品拍卖充抵偷逃的税款,也应当视为“渎职犯罪相关联的犯罪立案后,司法机关挽回的经济损失”。

据此,本案二被告人放纵走私 25 单,第 25 单是被执法机关扣押,扣押时通过计核发现偷逃税款 500 多万元,应当认定为《渎职罪司法解释(一)》第 8 条第 1 款规定的“与渎职犯罪相关联的犯罪立案时已经实际造成的财产损失”。前 24 单已放行(既有行贿人韦某证言证实,还有通关单和随附单据在案佐证),造成国家税收流失客观存在,虽然侦查机关没有委托评估具体损失,但也应当作为量刑情节。

2. 因故意犯罪受过刑事追究的理解

周某因受贿被检察机关不起诉,这是否属于《贪污贿赂解释》第 1 条第 2 款第 3 项规定的“曾因故意犯罪受过刑事追究”加重情节是有争议的。我们认为,这里可以从三个维度进行分析:一是“受过刑事追究”不是“受过刑事处罚”。“受过刑事追究”的含义要广于“受过刑事处罚”,“受过刑事追究”既包括较轻的刑事犯罪,也包括不起诉或者免予刑事处罚等处理措施。二是因职务犯罪受过刑事追究应当认定为加重处罚情节。《贪污贿赂解释》第 1 条第 2 款第 2 项将“曾因贪污、受贿、挪用公款受过党纪、行政处分”作为加重情节,那么周某曾因受贿被办案机关认定作出相对不起诉决定,其行为性质显然要比“曾因贪污、受贿、挪用公款受过党纪、行政处分”更为严重。举轻以明重,应当对周某从重处罚。三是“曾因故意犯罪受过刑事追究”的前罪与后罪没有时间限制,即只要存在“曾因故意犯罪受过刑事追究”的前罪,行为人任何时候再犯贪污贿赂犯罪,都应当认定为有加重情节。

（三）受贿造成损失并加重处罚与渎职犯罪数罪并罚之间是否存在重复评价

换言之，受贿犯罪造成损失，该损失在作为加重情节的同时又作为渎职犯罪事实进行评价，是否存在重复评价的问题。我们认为，适用该加重情节须符合一定的前提要件，即行为人是在“为他人谋取不正当利益”的前提下，致使公共财产、国家和人民利益遭受损失。一般而言，受贿罪以“为他人谋取利益”为法定要件，但是否实际为他人谋取利益、所谋取的利益正当与否均不影响受贿罪的认定。从危害结果的角度观之，受贿的结果有三种情形，分别是：收受财物后未实施相关职务行为，收受财物后正常履职，收受财物后违法行使职权为他人谋取不正当利益。第三种情形直接以妨害公权力正当行使、损害国家或者他人利益为交换条件，具有明显更为严重的危害性，理应从严惩处。本案中，二被告人收受贿赂后徇私舞弊、放纵他人走私犯罪，以损害国家利益作为与他人交换的条件，为他人谋取不正当利益，性质恶劣，造成他人偷逃税款579万余元的损失，认定二人具有为他人谋取不正当利益，致使公共财产、国家和人民利益遭受损失，给予从重处罚，符合罪责刑相适应原则。最高法院刑二庭在对《贪污贿赂解释》的理解与适用时曾指出，将“为他人谋取不正当利益，致使公共财产、国家和人民利益遭受损失的”规定为受贿罪的加重情节的同时，在《贪污贿赂解释》第17条明确受贿又渎职的实行数罪并罚，是源于“为他人谋取利益”在受贿罪构成体系中的定位分歧，择一重处罚和数罪并罚均有一定道理，实践中可以根据个案情况具体掌握。本案中，二审法院在认定二被告人有其他特别严重情节的同时，分别在10年以上有期徒刑起点上以受贿罪分别判处11年、10年，并在数罪并罚时采用限制加重原则，彰显了刑法的谦抑性，符合罪责刑相适应原则，不属于重复评价。

以涉嫌虚假诉讼提起第三人撤销之诉的原告资格认定

——张某与韦甲、韦乙、韦丙第三人撤销之诉再审案

梁　瑜*　潘　莉**　杨　钉***

【案件基本信息】

1. 裁判书字号

广西壮族自治区高级人民法院(2017)桂民再456号民事裁定书

2. 案由:第三人撤销之诉

3. 当事人

再审申请人(一审起诉人、二审上诉人):张某

被申请人:韦甲、韦乙、韦丙

【基本案情】

柳南区法院作出(2013)南民初(一)第1924、1925号民事判决书、(2014)南民初(二)字第120号民事调解书,分别确定韦甲、韦乙共同返还张某借款80万元、62万元、70万元的义务。2013年6月27日,柳城县人民法院根据张某的申请对登记在韦乙名下的房屋进行了查封。上述法律文书发生法律效力后,因韦甲、韦乙不履行还款义务,张某于2014年4月向人民法院申请对上述判决书、调解书强制执行。2014年3

* 广西壮族自治区高级人民法院立案庭庭长。

** 广西壮族自治区高级人民法院立案庭副庭长。

*** 广西壮族自治区高级人民法院立案庭法官。

月25日，柳南区法院以(2014)南民初(一)字第646号受理了韦丙诉韦甲、韦乙民间借贷纠纷一案，韦丙仅提供落款时间为2008年1月5日的借条作为证据，该借条载明"今借到韦丙人民币捌拾万元整(￥800,000.－)，每月利息壹万陆仟元整(￥16,000.－)，借款人：韦甲"。柳南区法院于同年5月15日适用简易程序，与该院(2014)南民初(一)字第645号原告韦丁诉被告韦甲、韦乙民间借贷纠纷一案(以下简称645号案)合并开庭审理。两案同时立案、同时开庭，根据双方当事人庭审中快速达成的调解协议，柳南区法院分别作出民事调解书。在646号案中，韦甲、韦乙共同偿还韦丙借款本金80万元及利息104万元；在645号案中，由韦甲、韦乙共同偿还韦丁借款本金50万元及利息50万元。645号、646号调解书生效后，韦丁、韦丙均申请强制执行，并通过参与分配获得张某申请查封的韦乙的房屋所得的部分执行款。2014年8月7日，张某以韦丙与韦甲系兄弟，虚构法律关系起诉逃避债务，转移被执行财产的嫌疑为由，对韦丙参与分配张某申请查封的财产提出执行异议被驳回后，张某向柳南区人民法院提起本案第三人撤销之诉，同时诉请撤销本案涉及646号调解书及关联案件645号调解书。

【案件焦点】

在涉嫌虚假诉讼中，债权人是否具有第三人撤销之诉的原告主体资格。

【法院裁判要旨】

柳州市柳南区人民法院经审理认为：张某对646号调解书的诉讼标的不享有权利，该案件的处理结果与其没有法律上的利害关系，其不是适格的第三人，无权以第三人身份参与诉讼为由裁定不予受理。

张某不服，提起上诉。柳州市中级人民法院经审理认为：张某在韦丙诉韦甲、韦乙民间借贷纠纷的案件中不符合《民事诉讼法》第56条规定的第三人的情形，提起本案第三人撤销之诉主体不适格，不符合法律规定的起诉条件为由驳回张某上诉。

张某对二审裁定不服，申请再审。广西壮族自治区高级人民法院经审理认为：张某以646号调解书的原告韦丙分别与该两案的被告韦甲、韦乙存在近亲属关系，通过虚构法律关系逃避债务，造成张某首先申请查封的财产被两案稀释债权而大部分债权得不到清偿，致使其合法权益受损为由提起诉讼，要求撤销646号调解书，本案为第三人对生效调解书提起的第三人撤销之诉。由于646号案的原告韦丙在张某查封韦乙名下的房屋并且已取得生效执行依据后同时提起诉讼，该案中证明债权债务关系的证据材料均仅有借条,无其他材料,借款金额大、利息高。张某在再审审查过程中虽未能提供 646 号案的原告韦丙与韦甲、韦乙之间存在近亲属关系的证明,但其提交了关联案 645 号案的原告韦丁与被告韦甲、韦乙之间存在近亲属关系的证明,鉴于 646 号案存在上述不符合常理之处,该案调解书生效后立即申请参与对张某查封在先的财产进行分配,并实质影响了张某债权的受偿额,客观上形成了张某与 646 号案件处理结果在法律上的利害关系,且张某系在知道其民事权益受到损害之日起 6 个月内,向作出 646 号调解书的人民法院提出撤销之诉,符合《民事诉讼法》第 56 条规定的第三人撤销之诉的起诉条件。综上,张某申请再审的理由成立,广西壮族自治区高级人民法院予以支持。依照《民事诉讼法》第 207 条第 1 款、第 170 条第 1 款第 2 项,最高人民法院《关于适用〈中华人民共和国民事诉讼法〉的解释》第 407 条、第 332 条规定,裁定撤销柳州市柳南区人民法院(2014)南民立字第 11 号民事裁定和柳州市中级人民法院(2015)柳市立民终字第 10 号民事裁定;本案由柳州市柳南区人民法院立案受理。

【法官后语】

本案的争议焦点为在涉嫌虚假诉讼中,债权人是否具有第三人撤销之诉的原告主体资格。根据《民事诉讼法》第 56 条"对当事人双方的诉讼标的,第三人认为有独立请求权的,有权提起诉讼。对当事人双方的诉讼标的,第三人虽然没有独立请求权,但案件处理结果同他有法律上的利害关系的,可以申请参加诉讼,或者由人民法院通知他参加诉讼。人民法院判决承担民事责任的第三人,有当事人的诉讼权利义务。前两款规定的第三人,因不能归责于本人的事由未参加诉讼,但有证据证明发生法律效力的判决、裁定、调解书的部分或者全部内容错误,损害其民事权益的,可以自知道或者应当知道其民事权益受到损害之日起六个月内,向作出该判决、裁定、调解书的人民法院提起诉讼。人民法院经审理,诉讼请求成立的,应当改变或者撤销原判决、裁定、调解书;诉讼请求不成立的,驳回诉讼请求"的规定,本案的原告显然不是上述法律条文规定的有独立请求权的第三人或无独立请求权的第三人,因此,一、二审法院根据上述法律规定,认为本案原告不具有提起第三人撤销之诉的原告主体资格。但广西壮族自治区高级人民法院经审理认为本案原告具有提起第三人撤销之诉的主体资格,主要理由包括以下几点:

1. 第三人撤销之诉是我国第三人事后保障程序中的一项重要诉讼制度,它的存在有其正当性及必要性,并充分发挥其效能——遏制恶意诉讼,为受他人间裁判、调解效力所及的第三人提供有效、充分的事后救济。我国立法机关在设置第三人撤销之诉制度时,更多地考虑到了司法实践中恶意诉讼、虚假诉讼频发,非诚信诉讼行为泛滥的现实状况。立法者正是由此出发,试图通过建立第三人撤销之诉制度,遏制和防止诉讼欺诈行为,粉碎原审当事人恶意串通损害第三人利益的阴谋,减少恶意诉讼、虚假诉讼的发生。当第三人遭遇原审当事人恶意串通、虚假自认、骗取判决等不法侵害,且因为不能归责于自身的原因未参加诉讼,就可以通过提起第三人撤销之诉,获得救济。由此可见,第三人撤销之诉是指在法律上有利害关系的第三人,因不能归责于已的事由而未参加诉讼,但原审生效判决、裁定或调解书侵害了其合法权益,第三人可以依法请求法院撤销或改变原审生效判决、裁定、调解书中对其不利的全部或部分内容的一种诉讼程序。第三人撤销之诉制度的创设,为未参加诉讼的第三人在应否受他人生效判决、裁定、调解书的拘束,应受该判决、裁定、调解书拘束的范围以及应该以何种方法摆脱该生效判决、裁定、调解书的拘束,提供了合理而有效的安排。

2. 本案中,涉案 646 号调解书的当事人之间的民间借贷纠纷仅有一张借条证明,并没有银行转账凭证或出借人支付能力证明等其他辅助型证据加以佐证存在事实上的借贷关系,且涉案 646 号案的原告韦丙在张某查封韦乙名下的房屋并且已取得生效执行依据后才提起诉讼,该起诉的时间节点过于明显,此外,涉案 646 号案民间借贷纠纷存在利息远远大于本金的不合理现象,综合以上几点,涉案的 646 号调解书所涉及的民间借贷存在明显的虚假嫌疑,被查封的房屋变现后,如果款项执行分配给 646 号案的原告,张某的债权清偿率可能会受到影响,故广西壮族自治区高级人民法院认为在立案审查阶段,如果有明显的证据或事实显示原审存在虚假诉讼的可能性,则第三人撤销之诉中的"第三人"应突破有独立请求权或无独立请求权中的"第三人"的限制,可作扩大解释,即债权人的债务人与他人存在虚假诉讼嫌疑的前提下,债权人可以具有提起第三人撤销之诉的原告主体资格。因为存在虚假诉讼时,会导致债权人的债务人偿付能力下降,并可能会损害到债权人的合法权益,致使其债权不能或不能全部获得清偿。因此,具体到本案中,赋予张某提起第三人撤销之诉的原告主体资格更符合立法本意,也更有利于保护债权人的合法权益。

技术转让合同中技术指导义务之履行问题研究

兰丹丹*

一、技术指导应界定为技术转让合同的一种法定协助义务

合同的权利义务是合同履行之基础,一般以双方的自由约定为原则,但在相关权利义务没有明确约定的情形下,人民法院应根据合同的性质、目的和交易习惯进行确定。从字面上看,技术转让合同是一方交付技术另一方支付技术对价的知识产权类双务合同,具体应包括专利权转让、专利申请权转让、技术秘密转让、专利实施许可合同,双务一般表现为出让方提供专利权属资料或实施专利有关的技术资料,甚至包括政府许可生产技术产品的批文等全部技术资料、提供必要的技术指导;受让方按照约定一次性或分期性支付技术转让费。实践中由于技术转让合同本身及合同标的的特殊性,在相关权利义务内容没有明确约定的情形下,当事人往往因技术的交付、使用问题而引起纠纷,如何判定所转让技术的完整性和实用性,是审判中法官必须面对的问题。技术转让合同中出让方的技术交付义务不能简单以技术资料的交接完成作为履行义务认定标准,出让方应重在保证所转让技术的有效实施,以达到双方约定的合同目标,因此技术指导便成为技术转让合同一方潜在的不可或缺的义务,技术转让合同纠纷的焦点亦主要在于技术指导义务的违反。当事人提起此类纠纷的请求依据主要是《合同法》第 60 条、第 345 条、第 347 条、第 348 条、第 349 条中关于技术资料交付、技术指导、保证技术实用性的相关规定,因此如何理解适用上述法律规范成为实务处理此类纠

---

* 广西壮族自治区高级人民法院民三庭审判员。

纷的核心问题。《合同法》第60条规定,“当事人应当按照约定全面履行自己的义务。当事人应当遵循诚实信用原则,根据合同的性质、目的和交易习惯履行通知、协助、保密等义务”。第345条规定,“专利实施许可合同的让与人应当按照约定许可受让人实施专利,交付实施专利有关的技术资料,提供必要的技术指导”。第347条规定,“技术秘密转让合同的让与人应当按照约定提供技术资料,进行技术指导,保证技术的实用性、可靠性,承担保密义务”。第349条规定,“技术转让合同的让与人应当保证自己是所提供的技术的合法拥有者,并保证所提供的技术完整、无误、有效,能够达到约定的目标”。可见,如同买卖合同中出卖人对交易标的物的质量、权利承担瑕疵担保责任一样,技术转让合同出让方亦应当对所转让技术的完整性、实用性承担保证责任,当事人不会为了没有实用价值的技术进行交易,因此不管合同双方对技术指导义务是否作出约定,出让方均有提供必要技术指导的义务,所不同的是关于技术指导的内容和时间法律没有明确规定,实践中当事人之间的争议亦是围绕出让方应何时进行技术指导,需进行何种程度、何种范围的技术指导以及技术指导的相关费用如何计算等。笔者认为,该内容一般是由当事人另行约定,没有约定时应根据《合同法》第62条规定按照通常的技术指导标准或结合合同目的的特定标准履行。

简言之,技术指导应界定为技术转让合同的一种法定协助义务。即使技术转让合同双方当事人没有关于技术指导义务的约定,出让方亦不能以其已全部交付技术资料、受让方签收并已支付转让费为由,主张技术转让合同因债务已履行完毕而终止;技术出让方具有履行技术指导的法定义务,关键是配合受让方实现技术转让的目的,在受让方未成功地完成所转让技术的实施之前,出让方具有根据约定或请求进行技术指导的义务,以保证所转让技术的实用性和可靠性;技术指导是一种协助的义务性质,是在受让方既有的技术实施基础上进行指导与协助,需以双方的约定或受让方的请求为前提。无疑,技术指导义务的以上特征要素,加大了法官审理案件中对该义务是否违反的审查认定难度。

二、违反技术指导义务之合同解除

我国合同法上,合同解除分为协议解除、约定解除和法定解除三种类型,从《合同法》第94条法定解除的规定内容看,一般认为该条第1项属于不可抗力解除,第2项属于预期违约解除,第3项属于迟延履行的催告解除,第4项为违约解除的一般规定,该项未区分违约行为所违反的义务类型,可将其理解为违约解除的概括规定。第5项“法律规定的其他情形”应包括总则第69条规定行使不安抗辩权后的合同解除、分则中有关法定解除权的规定及特别法上关于法定解除权的其他规定。本文阐述的违反技术指导义务之合同解除是归入第 4 项违反一般义务致使不能实现合同目的法定解除事由予以讨论。

下文以一则案件为例指出相关问题——海南葫芦娃药业集团股份有限公司与广西科伦制药有限公司药品技术转让合同纠纷案。[1]

基本案情:2014 年 10 月 17 日,海南葫芦娃药业集团股份有限公司作为转让方(甲方)与广西科伦制药有限公司作为受让方(乙方)签订头孢克肟原料药《技术开发(转让)合同》(编号:20140926 -1)和盐酸头孢吡肟原料药《技术开发(转让)合同》(编号:20140926 -2)。合同约定甲方将其拥有的头孢克肟原料药技术以及盐酸头孢吡肟原料药技术转让给乙方,其中头孢克肟原料药技术的转让价为人民币 298 万元、盐酸头孢吡肟原料药技术的转让价为人民币 159 万元,合同签订后 6 个工作日内先付转让价款的 70%,剩余价款于批文及所有资料经乙方验收合格后 10 个工作日内付清。《转让协议》签订且乙方按约定支付完相应款项后,甲方将有关协议品种及《转让协议》前以甲方名义进行申报和已经获得的生产批文以及相关专利、资料和技术等全部移交给乙方,并且提供乙方所需的全部有效的政府批文、证件和许可。甲乙双方需相互配合,及时提供必要资料,加快药品技术转让注册登记。如甲方所提供资料不完全,导致本协议无法履行转让未完成,甲方应当返还乙方支付的全部价款。但不管该技术转让是否获得乙方药监部门批准,甲方无须退还乙方所付转让款。2014 年 10 月 20 日,双方又分别签订《关于头孢克肟转让协议的补充协议》《关于盐酸头孢吡肟转让协议的补充协议》,补充约定甲方提供标的项目转让所需文件资料的原件范围,及约定乙方在交接签收资料后 5 天内未书面提出异议,则视为乙方验收合格,乙方验收合格后,视为原转让协议已履行完毕。乙方于 10 个工作日内付清剩余款项。2014 年 12 月 12 日,甲方出具了《头孢克肟技术转让资料交接单》及《盐酸头孢吡肟技术转让资料交接单》,乙方在上述交接单上签字接收。后甲方为乙方开具 457 万元的增值税发票。2016 年 3 月 10 日,乙方向甲方发出催告函,催告甲方在收到函件后 5 个工作日内派员到乙方处进行现场工艺验证指导。但直至同月 30 日,甲方未派员进行技术指导,也未书面回函提出处理意见和提出异议。2016 年 3 月 31 日,乙方向甲方发出《合同解除告知函》,要求解除与甲方签订的《转让协议书》及《补充协议》。双方因合同能否解除以及解除后果等产生诉讼。广西科伦制药有限公司起诉请求判决双方

[1] (2018)桂民终 133、134 号案件。

签订的药品技术转让合同关系解除，海南葫芦娃药业集团股份有限公司返还药品技术转让款457万元；海南葫芦娃药业集团股份有限公司则起诉请求依法确认双方签订的合同有效并已经终止，确认广西科伦制药有限公司单方解除涉案合同的行为无效。

终审法院经审理认为，关于涉案协议是否已经解除的问题。从合同的履行情况看，双方已经按照约定履行完毕药品相关批文及生产技术资料的交接工作，科伦制药公司经验收合格并向葫芦娃公司付清了全部转让款金额，对上述履行情况双方均予以认可。科伦制药公司认为葫芦娃公司没有履行约定的以及法定的技术指导义务，导致其无法生产出合格的样品，无法注册申报，无法完成技术转让登记，合同目的不能实现。根据查明的事实，涉案协议双方没有关于技术指导的明确约定，葫芦娃公司无法按照约定履行。虽然《合同法》第347条、国家食品药品监督管理局《药品技术转让注册管理规定》第11条等均规定技术出让方应当对受让方进行技术指导，指导受让方完成样品试制、规模放大以及批生产等各项工作，但基于技术转让合同本身及交易双方的特殊性，技术指导应是法律要求出让方应当履行的一种法定附随义务，该义务的关键是在配合受让方实施所转让的技术，为的是保证所转让技术的实用性、可靠性，因此，是否需要技术指导一般是由双方作出约定，如无明确约定的则根据受让方的需求及请求实施，即使没有履行，在没有证据证实所需要的技术指导会导致所转让技术根本无法实施的情况下，一般亦不宜以此认定出让方构成根本性违约。本案中，科伦制药公司主张葫芦娃公司没有按其请求履行技术指导义务，致其未能生产出合格药品，构成根本性违约，为此请求解除合同。但科伦制药公司仅提供了国家食品药品监督管理局关于涉案药品注册的质量标准及要求等证据，拟证明葫芦娃公司所转出的药品技术不符合国家执行标准，不能生产出合格产品，而对其是否实际进行过样品试制，是否向葫芦娃公司提出技术指导的请求，以及所主张试制出来的药品不合格等，均未能提供证据证实。涉案药品技术是经国家食品药品监督管理局审核同意注册，并核发有新药证书及药品批准文号，科伦制药公司提出所转出的药品技术不符合国家执行标准，没有依据。同时，科伦制药公司作为一个药品生产企业，理应知晓基本的药品技术应用和生产流程，即药品从技术到生产是一个尚需不断验证的过程，签订涉案合同时，科伦制药公司对涉案药品技术的相关情况及葫芦娃公司对该药品尚未投入生产是知晓的，其愿意购入该药品技术进行自我验证而投入生产，是其真实意思表示，亦符合药品技术转让的交易习惯，现其提出所转让药品技术不符合国家标准，葫芦娃公司未履行技术指导义务，存在根本性违约行为，没有依据，不能支持。因此，上诉人行使单方解除合同行为不符合《合同法》第96条的规定，应自始无效。鉴于科伦制药公司至今尚未成功实施药品的生产，如科伦制药公司提出请求，葫芦娃公司仍然具有对其所转让技术进行技术指导的义务，因此虽然双方已经按照约定履行完毕药品相关批文及生产技术资料的交接工作，科伦制药公司经验收合格并向葫芦娃公司付清了全部转让款，亦仅能视为双方就涉案合同约定的主要义务履行完毕，而不是合同的全部义务，葫芦娃公司主张涉案合同因履行完毕而终止，亦不能支持。

（一）解除权人之举证责任

技术指导是出让方的法定义务，因此，因违反该义务而享有的法定解除权人是受让方。但如前所述，因法律对技术指导义务的行使时间和内容没有明确规定，具体要根据受让方技术实施过程中的需要予以确定，受让方提起解除合同之诉时，必须完成以下举证责任：一是举证证明在接收技术资料后及时进行了相关技术实施行为；二是举证证明在技术实施过程中遇到技术障碍，曾向出让方提出技术指导的请求；三是举证证明出让方拒绝提供的技术指导，致使其技术转让合同目的不能实现。

（二）出让方的技术指导义务范围

技术转让合同可视为一种商事交易行为，即双方为追求一定的经济利益而进行交易，有盈利必有商业风险。从上则案件可推，该类合同的商业风险应侧重于所转让技术的实施与实用性转化，因此，受让人在购买技术转让合同时，理应对所购技术的实施与应用推广具有基本的了解和把握，即受让方本身应具备最基本的技术实施资本与能力，因此技术指导不是技术转让合同中出让方的主要义务，出让方的主要义务是提供技术资料，保证资料的完整性和有效性。因技术实用转化涉及的成本较高、过程较为复杂，实践中存在大量未进行生产应用推广的技术所有人，便转让其拥有的合法技术，由受让人进行技术实施生产。因此，根据交易习惯和行业惯例，笔者认为，技术转让合同主要约束的是技术本身的转让，技术实施不应是该类合同主要约定的内容，受让方如因技术实施存有问题，应与出让方另行作出关于技术实施的约定，如《技术实施合同》等。技术转让合同中，出让方的技术指导义务范围如双方没有明确约定，裁判时不宜作扩大认定，受让方是技术实施的主要承担方，应以受让方的技术实施的能力范围为主导，故在没有充分证据证实的情形下，不宜将违反技术指导义务认定为构成根本违约的合同法定解除事由而判令合同解除。

（三）违反技术指导义务之责任承担

1. 未致合同解除的情形。如违约技术指导义务未引起合同解除的，根据合同法规定,违约方仅承担违约责任,即继续履行、采取补救措施或者赔偿损失等。除双方有惩罚性违约金约定外,采取补救措施或赔偿损失应以违约方的过错程度及违约行为造成的实际损失范围为限,一般指违反该履行行为造成的该部分履行利益损失,而不包括信赖利益等其他范围的损失。

2. 导致合同解除的情形。如违反技术指导义务致使合同解除的,会产生合同解除与违约责任并存的两种责任情形。合同解除效果的依据是《合同法》第 97 条的规定,即“合同解除后,尚未履行的,终止履行;已经履行的,根据履行情况和合同性质,当事人可以要求恢复原状、采取其他补救措施,并有权要求赔偿损失”,然而,对于该条规定中“恢复原状”性质范围、解除后“赔偿损失”的性质及其与违约责任的关系如何,理论上或审判实践中均存在不同观点与不同理解,对此需要进一步的深入探讨。笔者大致认可以下观点与做法:

(1)恢复原状——恢复原状是旨在使已经履行的给付发生恢复原状的清算了结关系,具有债权效力的一种独立请求权,不以违约方过错为要件,双方均具有恢复原状的清算义务。具体应遵循以下返还规则:①受领为实物给付物时,原则上应当实物返还,除非实物返还事实上或法律上不可能或极其困难时,应当折价返还;②对金钱给付,应同时返还自受领之日起的利息;③给付物产生的孳息或使用给付物产生的收益同样应当返还;④劳务或其他给付行为不能实物返还的,应当折价返还,折价返还的具体数额,一般依照当事人的约定,无约定时则由法官依合理价格折价补偿;⑤双方因解除产生的对待返还义务,可准用同时履行抗辩权的规定;⑥返还义务人不履行、不完全履行和迟延履行返还义务,准用债的履行或合同义务履行相关规则,尤其是违约责任相关规则予以救济;⑦返还物产生的必要费用,以他方接受返还时所得到的利益为限;⑧返还原则上不得损害第三人已取得的权利。

(2)赔偿损失——合同法定解除后的“赔偿损失”并非独立的请求权基础,其与《合同法》第 107 条关于违约责任的赔偿损失系同一内容,即违约后损害后果可归责于违约方的履行利益赔偿。值得注意的是:①解除权人是否可同时请求信赖利益损失赔偿。韩世远先生认为,合同解除场合的损害赔偿,依然是因违约而发生的损害赔偿,以履行利益为主,也可以包括信赖利益、固有利益等其他损害,即在当事人难以证明自己遭受履行利益损害时,可以选择请求信赖利益损害赔偿,也可以同时请求固有利益的损害赔偿。笔者认同此种观点,即赔偿损失请求范围以违约后的履行利益赔偿为主,但如违约方存在《合同法》第 42 条规定的恶意磋商等违背诚信的行为时,解除权人亦可依据该条规定主张信赖利益的损失赔偿。②违约金条款的效力问题。合同解除后,当事人可否在主张违约金条款的同时,继续主张《合同法》第 97 条的损害赔偿,对此理论上一般持否定解释。原因在于:《合同法》第 114 条规定的违约金属于赔偿性违约金,是对违约导致的损害赔偿额的预定,一般情况下,违约金中当事人双方所预定的损害赔偿足以涵盖解除下的损害赔偿,基于对意思自治的尊重,应优先适用违约金条款。但笔者认为,如违约金请求权与损害赔偿请求权所指向的损害不是同一损害的,如一个指向给付本身的损害,一个指向延迟损害的,因二者目的不同,此种情形下可以同时主张违约金条款和《合同法》第 97 条的损害赔偿。

容留他人吸毒罪构成要件研究

张　芳*

裁判要点

容留他人吸毒是否构成犯罪要分两个层次考虑。首先，要考查犯罪的主观构成要件，容留他人吸毒是指明知他人吸毒仍提供场所，行为人主观上提供场所的目的是给他人吸毒。其次，该如何看待行为人的客观行为——容留行为，对于为他人吸毒提供场所的行为是否可以简单认定为容留行为，此时还需要考虑行为人对所提供的场所是否有绝对的控制权，以及对发现他人在自己提供的场所吸毒是否有制止或报告义务。

相关法条

《刑法》

第三百五十四条　容留他人吸食、注射毒品的，处三年以下有期徒刑、拘役或者管制，并处罚金。

案例索引

一审：广西壮族自治区崇左市江州区人民法院（2015）江刑初字第81号(2015年12月2日)

二审：广西壮族自治区崇左市中级人民法院（2016）桂14刑终59号（2017年5月31日）

---

* 广西壮族自治区高级人民法院民一庭。

内容摘要

崇左市江州区人民检察院指控莫某容留他人吸食毒品，构成容留他人吸毒罪。崇左市江洲区人民法院以容留他人吸毒罪判处被告人莫某有期徒刑 6 个月，并处罚金人民币 3000 元。宣判后，莫某不服，提出上诉。崇左市中级人民法院在审理本案过程中，二审合议庭就莫某是否构成容留他人吸毒罪存在争议，经崇左市中级人民法院审委会讨论后决定请示广西壮族自治区高级人民法院。广西高院审查后对莫某是否构罪的问题也存在分歧，考虑到本案极具代表性，决定请示最高人民法院。最高人民法院批复认为莫某不构成容留他人吸毒罪，认为是否构成容留他人吸毒罪要从主、客观两个方面来考虑，且要符合主客观相一致的原则。历时两年，二审法院最终判决莫某无罪。

基本案情

广西壮族自治区崇左市江州区人民检察院指控：2014 年 9 月 12 日晚，被告人莫某在崇左市建设路“好歌汇歌城 KTV”开了 205 包厢请马甲等人唱歌喝酒。其间，马甲、何某、梁某、黄某、马乙在包厢内吸食毒品，莫某看见但并未制止。次日凌晨 1 时许，公安民警到该包厢进行检查，当场查获上述吸毒人员 5 人，扣押了一个装有白色粉末的金色碟子。经鉴定，该白色粉末中检出氯胺酮。经用氯胺酮胶体金检测法分别对马甲、何某、梁某、黄某、马乙的尿液进行检测，结果均呈阳性。

江州区人民检察院认为，莫某容留他人吸食毒品，其行为已触犯《刑法》第 354 条的规定，构成容留他人吸毒罪，提请法院依法判处。

莫某及其辩护人辩称：(1)莫某不是订包厢的唯一人，且订包厢的时候不知道马甲、梁某吸食 K 粉，也不认识其他的吸毒人员，其见到马甲等人吸食 K 粉后劝告无果才离开包厢，直至马甲等人被公安人员查获，其才被叫回来结账；(2)莫某存在投案自首、从犯、初犯、偶犯、认罪态度较好等从轻、减轻情节，请求法院从轻处罚。

法院经审理查明：2014 年 9 月 12 日晚，被告人莫某在位于崇左市江州区建设路的“好歌汇歌城 KTV”开好二楼 205 号包厢，和马甲、何某、梁某、黄某、马乙、蒙某等人进入包厢喝酒。其间，有人开始在包厢内吸食毒品氯胺酮，被告人莫某看见后未予以制止，便和先期离开的蒙某等退出包厢，来到该 KTV 一楼处和保安刘某喝茶。2014 年 9 月 13 日凌晨 1 时许，公安人员查获包厢内吸毒人员，并在现场查获 1 只沾有疑似毒品物粉末的金色塑料碟子和 1 根塑料吸管。经对包厢内吸毒人员马甲、何某、梁某、黄某、马乙 5 人的尿液用氯胺酮胶体金检测法进行现场检测，结果均呈阳性。公安人员将包厢内吸毒人员带回派出所调查后，莫某到该 KTV 柜台处为 205 包厢的消费付款结账。马甲、何某、梁某、黄某、马甲因吸食毒品于 2014 年 9 月 13 日被崇左市公安局江州分局分别处以行政拘留 10 日，罚款人民币 2000 元。经崇左市公安局物证鉴定所鉴定，现场查获的金色塑料碟子上的疑似毒品物是氯胺酮。

裁判结果

广西壮族自治区崇左市江州区人民法院于 2015 年 12 月 2 日作出（2015）江刑初字第 81 号刑事判决，以容留他人吸毒罪判处被告人莫某有期徒刑 6 个月，并处罚金人民币 3000 元。宣判后，莫某不服，提出上诉，广西壮族自治区崇左市中级人民法院于 2017 年 5 月 31 日作出（2017）桂 14 刑终 59 号刑事判决：撤销崇左市江州区人民法院（2015）江刑初字第 81 号刑事判决，即被告人莫某犯容留他人吸毒罪，判处有期徒刑 6 个月，并处罚金人民币 3000 元；上诉人莫某无罪。

裁判理由

法院生效裁判认为：上诉人莫某在其所开的包厢内看见他人吸食毒品不予制止的行为不符合容留他人吸毒罪的构成要件，不构成容留他人吸毒罪。首先，证人马甲、梁某的证言证实，莫某到 KTV 开包厢的主观目的是宴请他人饮酒娱乐，而非为吸毒提供场所。因此其开包厢时主观上没有提供场所供他人吸食毒品的故意，不符合容留吸毒罪主观方面构成要件。其次，《禁毒法》第 27 条、第 65 条第 2 款规定：娱乐场所应当建立巡查制度，发现娱乐场所内有毒品违法犯罪活动的，应当立即向公安机关报告；娱乐场所经营管理人员明知场所内发生聚众吸食、注射毒品或贩毒活动，不向公安机关报告的，依法追究刑事责任，或者依照有关法律、行政法规的规定给予处罚。因此，对在娱乐场所发生的毒品违法犯罪活动，经营管理人员发现后有向公安机关报告的义务。本案所涉场所属于娱乐场所，莫某是到该场所正常消费的人员，其在该场所内无制止他人吸食毒品的义务。因此，莫某在其所开包厢内发现他人吸食毒品不予制止，其不作为行为不符合容留他人吸毒罪的客观方面构成要件。最后，虽然《禁毒法》没有赋予消费者在娱乐场所发现有毒品违法犯罪行为时有制止或者向公安机关报告的义务，但如果发现有毒品违法犯罪行为时实施将包厢的门反锁、为吸毒者通风报信等行为，阻断了经营管理者的巡查、报告义务的，应负刑事责任或其他责任。但莫某在其所开的包厢内发现他人吸毒即离开，没有实施阻断经营管理者的巡查、报告义务,即没有实施符合容留吸毒罪客观方面构成要件的积极行为。

案例注解

本案中莫某是否构成容留他人吸毒罪?

首先,我国《刑法》第 354 条规定,容留他人吸食、注射毒品的,处 3 年以下有期徒刑、拘役或者管制,并处罚金。司法实践中,多数情况是只要行为人提供场所供他人吸食毒品就认定为容留他人吸毒罪,而不再考虑行为人的主观方面。我们认为主客观相一致原则是实现刑罚正义必须坚持的原则。从容留他人吸毒罪的主观要件来看,容留他人吸毒是指明知他人吸毒仍提供场所,这种提供场所的目的是为他人吸食毒品提供便利,因此在提供场所上行为人主观上应是一种直接故意。本案中,有证据证实莫某到 KTV 开包厢的主观目的是和朋友喝酒,而非为他人吸毒提供场所,因此,莫某开包厢时主观上没有提供场所供他人吸食毒品的故意,不符合容留他人吸毒的主观方面的构成要件,不符合主客观相一致的原则,不构成容留他人吸毒罪。

其次,从行为人的客观行为来看。何谓容留,容留是指他人在自己管理的场所吸食、注射毒品或者为他人吸食、注射毒品提供场所的行为。莫某在 KTV 开包厢与朋友喝酒,在喝酒的过程中状态发生了变化,有人在包厢内吸毒,而莫某选择了离开 KTV 包厢而没有予以制止。对于莫某消极未予制止他人在自己开的 KTV 包厢内吸毒的行为该如何看待?我们认为,不能简单地认为莫某为他人吸食毒品提供了场所,而要考察开包厢的人即莫某是否有制止他人在包厢内吸食毒品或向公安机关报告的义务了,且这种消极不制止的不作为的行为是否构成犯罪,我们认为,这需要从不作为犯罪的角度来考虑。一般不作为犯的义务来源有四种:一是法律明文规定的义务;二是职务或业务上要求的义务;三是法律行为引起的义务;四是先行行为引起的义务。很明显,莫某不具备第二、三种所规定的义务。关于第一种即法律明文规定的义务。《禁毒法》第 27 条、第 65 条第 2 款规定,娱乐场所应当建立巡查制度,发现娱乐场所内有毒品违法犯罪活动的,应当立即向公安机关报告;娱乐场所经营管理人员明知场所内发生聚众吸食、注射毒品或贩毒活动,不向公安机关报告的,依法追究刑事责任,或者依照有关法律、行政法规的规定给予处罚。因此,对在娱乐场所发生的毒品违法犯罪活动,经营管理人员发现后有向公安机关报告的义务。法律只是明文规定娱乐场所的经营管理者有制止的义务,也是从其娱乐场所管理者的权利出发来考虑。而本案,莫某作为娱乐场所的正常消费者,法律没有规定其发现他人吸毒后有报告及制止义务。关于第四种即先行行为引起的义务。先行行为引起的义务是指由于行为人的行为而使刑法所保护的社会关系处于危险状态时,行为人负有以采取有效措施排除危险或防止结果发生的特定义务。本案被告人莫某为请朋友喝酒开包厢的行为不属于刑法理论上的先行行为,因此莫某对于部分人员在包厢内吸毒是没有制止义务的。显然,本案莫某不应承担刑事责任。

最后,我们亦可从权利与义务的关系来考察莫某发现他人吸毒是否有制止和报告义务。莫某作为一个普通公民,其不是公职人员,没有权利也没有能力去制止这种涉毒行为;法律之所以只规定了娱乐场所的管理人员有巡查和报告的义务,也是其娱乐场所管理者的权利出发来考虑的,也可以说 KTV 的管理者才拥有包厢真正意义上的管理权和控制权,且作为包厢的经营者能够获取经济利益,因此才在法律上赋予管理者的义务,而本案莫某作为娱乐场所的消费人员,其没有管理者的权利,故其也没有义务去制止这种行为。因此,莫某不构成容留他人吸毒罪。

本案例参照运用中应注意的问题

关于容留他人吸毒罪,提供场所人是否有制止及报告的义务,这在实践中也要根据具体的情形进行把握,不能生搬硬套本案例。例如,房主出租房屋后,发现他人在房屋内吸食、注射毒品的,房东不构成本罪,但承租人构成本罪。因为承租人此时行为对房屋有绝对的控制权,就有制止或报告他人在房间内吸毒的义务;而房东将房屋出租出去后,对房屋已经不具有绝对的控制权,法律也没有规定其有报告义务,故房东不构成此罪。

图书在版编目(CIP)数据

广西审判实务与探索. 2019 年. 第 3 辑 : 总第 13 辑 / 戴红兵主编. -- 北京 : 法律出版社, 2019
ISBN 978 - 7 - 5118 - 8661 - 3

Ⅰ. ①广… Ⅱ. ①戴… Ⅲ. ①法院 - 审判 - 工作 - 研究 - 广西 Ⅳ. ①D926.22

中国版本图书馆 CIP 数据核字(2019)第 284233 号

广西审判实务与探索(2019 年第 3 辑)(总第 13 辑)
GUANGXI SHENPAN SHIWU YU TANSUO
(2019 NIAN DI 3 JI)(ZONG DI 13 JI)

戴红兵 主编

责任编辑 章 雯 田 浩
装帧设计 汪奇峰

出版 法律出版社
总发行 中国法律图书有限公司
经销 新华书店
印刷 中煤(北京)印务有限公司
责任印制 胡晓雅

编辑统筹 法商出版分社
开本 710 毫米×1000 毫米 1/16
印张 19.25
字数 327 千
版本 2019 年 12 月第 1 版
印次 2019 年 12 月第 1 次印刷

法律出版社/北京市丰台区莲花池西里 7 号(100073)
网址/www.lawpress.com.cn
投稿邮箱/info@lawpress.com.cn
举报维权邮箱/jbwq@lawpress.com.cn
销售热线/400 - 660 - 8393
咨询电话/010 - 63939796

中国法律图书有限公司/北京市丰台区莲花池西里 7 号(100073)
全国各地中法图分、子公司销售电话:
统一销售客服/400 - 660 - 8393/6393
第一法律书店/010 - 83938432/8433 西安分公司/029 - 85330678 重庆分公司/023 - 67453036
上海分公司/021 - 62071010/1636 深圳分公司/0755 - 83072995

书号:ISBN 978 - 7 - 5118 - 8661 - 3 **定价**:48.00 元
(如有缺页或倒装,中国法律图书有限公司负责退换)